KB230537

“농담도 참 못해요”

“농담도 참 못해요”

"농담도 참 못해요"

노잼 권영국이 말하는
이토록 즐거운 진보정치

권영국 지음
윤지나·이재훈 대담

사월의책

"농담도 참 못해요"
노잼 권영국이 말하는 이토록 즐거운 진보정치

1판 1쇄 발행 2026년 2월 25일

지은이 권영국·윤지나·이재훈
펴낸이 안희곤
펴낸곳 사월의책

편집 박동수
디자인 김현진

등록번호 2009년 8월 20일 제2012-118호
주소 경기도 고양시 일산서구 중앙로 1388 동관 B113호
전화 031)912-9491 │ 팩스 031)913-9491
이메일 aprilbooks@aprilbooks.net
홈페이지 www.aprilbooks.net
블로그 blog.naver.com/aprilbooks

ISBN 979-11-92092-64-5 03340

* 책값은 뒤표지에 있습니다.

'그'에 대한 짧은 스케치

권영국이라는 정치인을 한마디로 표현해 보라면 나는 "네 이놈!"에 대해 이야기하겠다.

2025년 5월 14일 '1,700차 일본군 성노예제 문제 해결을 위한 수요시위'가 열렸다. 대선 후보인 권영국은 이 자리에 발언자로 초청받았고, 그날 시위에 참석한 유일한 대선 후보였다. 대선이 시작된 직후 '쪽대본'은 일상이 됐다. 그날도 밀려드는 업무들 속에 메시지 팀은 간신히 발언 초안을 작성해 수행비서에게 들려 보냈다. 볕 좋은 봄날의 수요시위, 발언은 이렇게 시작된다.

"날씨가 따뜻해지다 못해 살짝 덥습니다. 얼마 전까지만 해도 약간 쌀쌀해서 5월인데 날씨가 참 얄궂다 생각했는데, 이젠 또 덥다 보니 6월은 또 얼마나 더워질지 걱정됩니다. 매주 수요일마다 이곳에 나오는 여러분들께서 아마 더 잘 느끼시겠습니다."

포근한 날씨에 어울리게 날씨 이야기로 분위기를 풀면서 담백하게 시작해 보자는 취지를 담았다. 물론 권영국 후보는 써준 대로 읽는 사람이 아니다. 메시지를 미리 읽고 요지를 뽑아내 자신의 말로 풀어내는 편이었기에, 경험상 어느 정도 내용이 달라질 것을 예상했다. 그래도 봄날의 분위기는 살려주겠지, 그렇게 생각하면서 그날 오후 후보가 출연할 방송인터뷰 준비에 전념하고 있었다.

그런데 시위가 진행되던 그 시각 한 당원 채팅방에 이런 메시지가 올라왔다. "권영국 후보가 사자후를 토했다는데요?" 아이고, 봄날 컨셉은 물 건너갔구나. 그래도 권영국이 집회 현장에서 내일은 없는 듯 사자후를 토하는 게 하루이틀의 일도 아닌데 그 당원은 왜 굳이 그런 소식을 전한 걸까? 궁금하던 차에 영상도 올라왔다. 영상 속 권영국은 어딘가를 향해 이렇게 외치고 있었다. "네 이놈! 조용히 하지 못할까?"

엥? '봄날'은 어디 가고 '네 이놈'이라니? 대선 기간 중 권영국의 이름을 처음으로 떠들썩하게 알린 사건이라 많이들 알고 있기는 하지만, 상황을 다시 설명하자면 이렇다. 수요시위가 열리는 날이면 보수단체는 늘 인근에서 맞불집회를 열곤 했다. 1,700차 시위가 열린 이날도 보수단체가 확성기를 들고 시위를 방해하고 있었다. 권영국은 발언 차례가 되자 마이크를 건네받고는 곧장 보수단체 쪽으로 몸을 돌렸다. 그리고 이렇게 외쳤다.

"네 이놈! 조용히 하지 못할까? 감히 전쟁 범죄의 피해자들을 모욕해? 너희들이 인간이야? 양심을 가진 인간이냔 말이다! 그리고 경찰에게 이야기한다. 집회를 방해하고 있는 저 인간 이하들을 왜 방치하고 있는가? 당장 집회·시위 법률 위반으로 현행범으로 체포하라!"

메시지 팀이 애써 작성한 발언문은 단 한 줄도 그의 입에서 나

"농담도 참 못해요"

가지 못했지만 아무래도 상관없었다. 권영국의 꾸밈없는 사자후에 정신없이 일하던 스태프들 속까지 뻥 뚫렸으니 그거면 충분했다. 시위를 방해하는 저 몰염치한 자들에게 정치가 말해야 하지만 제대로 말한 적 없었던 말을, 권영국이라는 정치인은 날것 그대로 토해냈다.

권영국이 외친 모든 말은 닳고 닳은 정치인, 좋게 말해서 '숙련된' 정치인들은 거의 하지 않는 말들이다. "네 이놈! 조용히 하지 못할까?"라는 사극 대사 같은 꾸짖음, "너희들이 인간이야?"라고 묻는 돌직구 외침, 경찰에게 체포를 요구하는 모습까지, 어느 정도 경력이 쌓인 정치인들은 서로 헐뜯고 싸울지언정 유권자인 시민을 향해서는 언제나 깍듯한 시늉을 하기 마련이다. 그런데 권영국은 달랐다. 정치인이, 그것도 한 정당의 대표가, 게다가 대선 후보가 유권자들이 지켜보는 현장에서 유권자를 꾸짖었다.

그에게는 분명한 '선'—용인할 수 있는 '線'이자 추구해야 할 '善'—이 있었다. 그 시간 그 장소에서 권영국은 대선 후보로서 자신을 어필하는 대신, 투사로서 그 상황에 대응하는 것이 더 중요하다고 판단했던 것 같다. 바로 이 점이 권영국이라는 인물이 다른 정치인들과 구분되는 지점이다. 그는 정치인이지만 활동가처럼 움직이고, 변호사이지만 투사처럼 일했다. 이런 입체적 인물형은 어떻게 만들어진 것일까.

21대 대선 이후 더 넓어지고 깊어진 권영국의 고민을 나누기에 앞서, 어린 시절부터 대선까지 권영국이 밟아온 길을 간략하게 소개한다. 수업 빼먹으면 세상이 무너지는 줄 알았던 수줍고 겁많던 소년이 내란세력 청산과 사회대전환의 기수가 되기까지의 이야기다.

권영국은 강원도 태백의 탄광촌에서 광부의 아들로 태어나 경상북도 문경에서 학창 시절을 보냈다. 가난했던 탓에 취업이 용이한 포항제철공업고등학교로 진학했고, 고등학교에서 익힌 경험과 공부를 바탕으로 서울대학교 공과대학 금속공학과에 진학했다.

그 스스로 자주 이야기하듯이, 이때까지 그는 '체제 순응적'인간이었다. 정치도 사회도 운동도 법도 그에게는 다른 나라 이야기였다. 하지만 시대가 결국 그의 정신을 깨웠다. 그가 대학에 입학한 것은 1981년, 군사독재 정권이 철저히 감추고자 했던 5·18의 진실을 알리는 것이 대학생들의 가장 중요한 투쟁 이슈였던 바로 그 시기에 권영국은 처음 드넓은 세상으로 나섰다.

그리고 그곳에서 그는 자신의 표현 그대로 "피 흘리는 현실"과 마주친다. 캠퍼스 안에서 전두환 군사독재를 규탄하며 시위하던 선배 한 사람이 경찰의 진압에 머리가 터져 피를 줄줄 흘리며 붙잡혀 가는 모습을 목격한 것이다. 권영국은 그 자리에서 30분을 얼어붙어 있었다고 한다. 이 일을 계기로 그는 세상의 진실에 처음 눈을 뜨게 된다. 하지만 그렇다고 해서 그가 곧장 지금의 모습이 된 것은 아니다. 시위 대열에 합류해 구호를 외치며 독재정권을 성토하는 집회 참여자가 된 정도였다.

1985년 그는 전공을 살려 울산시 울주군 온산읍에 위치한 '풍산금속'이라는 방위산업체에 병역특례로 입사하게 된다. 고등학교, 대학교에 진학했을 때와 마찬가지로 이번에도 가난한 탓에 서둘러 돈을 벌어야 한다는 이유 하나로 내린 결정이었다. 그런데 이곳에서 그의 삶은 완전히 바뀐다. 거리의 변호사, 정의당 대표, 대선 후보 권영국의 여정이 여기서 시작되었다.

"농담도 참 못해요"

풍산금속 엔지니어 권영국은 훗날 그가 변호사로서 무수하게 지원, 관여하게 될 투쟁들을 집약적으로 경험했다. 처음은 민주적 노동조합을 설립하는 일이었다. 1987년 6월 항쟁에 이어 시작된 노동자 대투쟁의 물결이 울산까지 밀려왔다. 그는 동료들과 함께 당시 어용노조였던 기존 노조를 불신임하고 민주노조를 세우려다가 징계를 받고 다른 공장으로 부당 전보를 당했다.

전보된 공장은 훗날 정치인으로 다시 인연을 맺게 되는 경북 경주시의 안강공장. 그런데 여기서 어느 날 폭발사고가 일어나 동료 노동자가 사망하는 사건이 벌어졌다. 아마도 '산재 전문 변호사' 권영국이 직접 목격한 첫 번째 산재 사건이었을 것이다. 사람이 죽었는데 회사는 방위산업체라는 이유로 군사기밀을 내세워 사고를 덮으려고만 했다. 도저히 참을 수 없었던 권영국은 항의 활동을 조직하고 다시 한 번 노조 조직을 시도했지만, 돌아온 것은 해고였다. 당연히 병역특례도 취소됐다.

권영국은 부당해고에 맞서 복직 투쟁을 벌였다. 그러다 감옥에 갔다. 1년 6개월을 살고 나왔는데 다시 40일 뒤에 수배가 떨어졌다. 6개월을 도망 다니다 붙잡혔고, 다시 감옥에서 2년을 살았다. 1993년 만기 출소 후 3년간 복직 투쟁을 했지만 끝내 복직에는 실패했다. 1995년, 그의 나이 서른셋이었다. 눈앞의 불의를 외면하지 못해 불같이 투쟁만 하다가 30대 중반이 된 것이다.

변 호사 권영국의 이야기는 이제부터 시작된다. 이제 뭘 하며 살아야 하나 고민하다가, 학창 시절에 교내 시위를 주도하다 구속됐던 고향 선배의 권유로 사법시험 준비에 돌입했다. 더 이상 아내를 고생시킬 수 없으니 딱 3년만 공부하겠다고 약속했다.

그리고 약속대로 3년 만에 사법시험에 합격했다. 사법연수원 2년을 거쳐 마침내 '돈 잘 버는 법률사무소'에 취업하려던 찰나, 그의 인생을 흔드는 또 하나의 사건이 벌어진다. 고향 후배이자 변호사로는 선배인 권두섭 변호사가 민주노총 법률원 설립계획서를 들고 권영국을 찾아온 것이다. '돈 잘 버는 변호사'와 '고생길 변호사'의 중대 갈림길에서 권영국이 끝내 택한 것은 후자였다. '어차피 언젠가 할 거라면 지금부터 하자.'

그의 결단을 도운 것은 풍산금속에서 노조 만들던 시절에 들었던 단 한 마디 말이었다. 당시 생산직 노동자가 서울대 나온 엔지니어 권영국에게 이렇게 말했단다. "상황이 불리해지면 당신은 얼마든지 떠날 수 있잖아요, 우리가 그런 당신을 어떻게 믿고 따르겠어요?" 이때 권영국은 앞으로의 인생을 저당 잡는 약속을 한다. "먼저 가라고 하지 않는 한 떠나지 않겠습니다." 대선을 치르면서 몇 번이나 인용했던 말이다.

2002년부터 민주노총 법률원장, 2008년부터 2014년까지 민주사회를위한변호사모임(민변) 노동위원장, 그리고 숱한 대리인, 변호인, 공동대표, 공동위원장. 통칭 '거리의 변호사'로 지내온 시간은 이 지면에 담아내기에는 너무 방대하다. 대선을 치러낸 지금도 그 치열한 삶을 어떻게 하면 제대로 요약할 수 있을지 잘 모르겠다.

그는 발전산업 민영화 시도에 맞선 파업의 법률대리인이었다. 이주노조 합법화 소송의 대리인이었다. 용산참사 구속 철거민의 공동 변호인이었다. 쌍용자동차 정리해고 노동자들의 공동 소송 대리인이었다. 교사·공무원 정당가입 사건의 공동 변호인이었다. 전교조 법외노조 사건의 공동 소송대리인이었다. 구의역 김군, 평택항 이선호, 동국제강 이동우, 디엘이앤씨 강보경 등 수많은 산재

"농담도 참 못해요"

희생자들의 유족 대리인이었다. 태안화력발전소 김용균 특조위의 간사였다. 광우병소 수입 반대 촛불집회, 론스타 게이트, 세월호 참사, 박근혜 퇴진 운동에도 권영국이 있었다. 'SPC파리바게뜨 노동자 힘내라 공동행동', '쿠팡 노동자의 건강한 노동과 인권을 위한 대책위원회'에 권영국은 지금도 있다.

거리의 변호사로 전국을 뛰어다니던 권영국이 처음으로 현실 정치에 뛰어들기로 결심한 날을 정확히 기억한다. 2014년 11월 13일, 전태일 열사의 44주기. 그날 쌍용자동차 정리해고 무효소송의 대법원 판결이 있었다. 노동자가 패소한 1심을 뒤집고 항소심에서 해고 무효 판결을 받아냈기에 판결에 대한 기대가 컸다. 그런데 대법원은 또다시, 그리고 최종적으로 판결을 뒤집었다.* (*훗날 알려진 사실이지만, 이 판결은 박근혜 전 대통령과 양승태 전 대법원장 사이에 있었던 '사법거래'의 결과였다.)

그날 밤 권영국은 SNS에 "사법 정의에 대한 미련을 버린다"고 썼다. "대법원에 일말의 기대를 했다는 자체가 너무 부끄럽고 참담하다"며, "천민자본과 이를 옹호하는 권력의 카르텔이 너무도 강고한 이 땅에서 노동자들이 법원의 판결을 통해 자신의 권리를 보장받겠다는 망상을 버리기로 한다"라고 선언했다. 그러나 냉소의 늪으로 들어가지는 않았다. 그는 다시 시작할 길을 모색했다. "우린 다시 시작해야 한다. 서로 나뉘어 자신의 발등만을 들여다볼 것이 아니라 전체 숲을 보며 가장 낮은 곳에서부터 새로운 정치적 모색을 해야 한다." 현실 정치에 뛰어들겠다는 선언이었다.

현실 정치인 권영국의 첫 시도는 '창당'이었다. 시민 스스로가 정치에 참여하고 정치의 주인이 되는 정치가 필요하다고 믿었다.

그런 생각을 담아 2015년 12월부터 '시민혁명당' 창당에 나섰다. 결과적으로 창당 작업은 실패했다.

두 번째 시도는 '무소속 출마'였다. 2016년 20대 총선에서 용산참사의 책임자 김석기 전 서울경찰청장이 경북 경주시에서 새누리당(현 국민의힘) 예비후보로 출마했다. 살인진압 책임자가 국회의원이 되겠다고 나선 상황을 권영국은 손 놓고 방관하지 못했다. 총선이 채 넉 달도 남지 않았던 때에 용산참사 현장 앞에서 출마의 뜻을 밝히고 경주로 향했다. 풍산금속 안강공장에서 일했다는 짧은 인연이 있을 뿐 경주에는 별다른 연고도 없었다. 소속된 정당도 없어 지원도 마땅치 않았다. 선거는 코앞에 다가와 있었다.

그런데 권영국은 놀랍게도 이 선거에서 15.9퍼센트를 득표했다. 기호 2번을 받은 더불어민주당 후보보다도 7.5퍼센트포인트를 더 받은 것이다. '차력쇼'라는 말밖에는 설명할 말이 없었다. 진보 진영의 모두가 그의 저력에 놀랐다. 15퍼센트를 넘긴 덕분에 선거비용도 전액 보전받았다. 그는 보전비용 전액을 경주시 장학회와 이주노동자 지원 단체에 기부했다.

21대 총선을 반 년 앞둔 2019년 10월 권영국은 마침내 정의당에 입당했다. 하지만 공교롭게도 21대 총선을 기점으로 정의당의 기세는 지속적으로 하락하기 시작했다. 준-연동형 비례대표제 도입이라는 정치개혁을 이끌어냈지만 위성정당이라는 암초에 부딪히며 비례대표 5명과 지역구 1명을 당선시키는 데 그쳤다. 권영국은 21대 총선에서 다시 경주에 출마했다. 11.5퍼센트, 지난 총선에 비해 득표율은 떨어졌지만, 정의당 후보로는 심상정, 여영국, 이정미, 윤소하라는 당시의 현역 국회의원들 다음으로

"농담도 참 못해요"

높은 득표율이었다.

그리고 다시 돌아온 22대 총선, 정의당(총선 당시 당명은 '녹색정의당')은 창당 이래 처음으로 원외로 밀려나게 된다. 정당 득표율 2.14퍼센트로 의원을 낼 수 있는 3퍼센트에 미치지 못했다. 4선 중진 심상정 의원도 3위로 낙선했다. 이 선거에서 권영국은 지역구 대신 비례대표 4번으로 출마했고, 결과적으로 세 번째 도전도 낙선으로 끝나고 말았다.

원외 정당이 된 뒤 정의당의 당내 분위기는 꽤나 침체되었다. 많은 현역 정치인이 당을 떠났고, 남은 이들도 의지를 잃고 주저앉았으며, 당은 무리한 재정 운용으로 빚더미에 올라 있었다. 곧바로 대표단 선출 선거가 실시됐지만 후보에 등록하겠다고 나선 사람은 당연히 없었다. 정의당의 대표직은 홍세화 선생의 말대로 "오르고 싶지 않은 무대", 아니, 오르는 게 이상한 무대나 다름없었다.

한 차례 선거가 무산된 뒤 다시 열린 선거에 권영국이 나섰다. 대표 출마선언문에서 그는 이렇게 말했다. "누군가는 다시 시작해야 하는 일이기에 정의당과 진보정치를 살려야 한다는 당원님과 지지자분들의 간절함을 보며 용기를 낸다." 먼저 가라고 하지 않는 한 떠나지 않겠다던 평생의 약속처럼 권영국은 당원과 지지자들의 간절함에 결국 응답했다. "광야에서 처음부터 새로 시작한다는 각오로 임하겠다." 평생 광야에서 싸워온 권영국에게 이 말은 비유가 아니었다. 하지만 이때 그는 예상도 못했을 것이다. 6개월 뒤 내란이 벌어질 것이라고는. 그리고 이어서 치러질 조기 대선에서 자신이 대선후보로까지 나서게 될 줄은.

여기까지가 이 책을 펼쳐 든 당신이 잘 알지 못했을 권영국의 생애사다. 탄광촌에서 태어난 가난한 소년, 노조를 만들기 위해 몸 던진 노동투사, 거리와 농성장을 사무실로 삼은 노동변호사, 현실 정치인, 그리고 정의당의 대표직에 오르기까지 그는 늘 밝은 곳보다는 그늘진 곳에 서 있었고, 자신을 필요로 하는 곳이면 어디든 달려갔다.

2016년 첫 출마 이후 약 10년이 되어가니 더 이상 정치 경력이 적다고는 할 수 없지만, 그는 그 시간의 대부분을 '거리의 변호사'로 살았다. 그래서 기성정치의 관행과 문화에 물들지 않을 수 있었다. 물들기를 거부했다고 하는 것이 더 정확할지도 모르겠다. 실은 정의당 대표가 되고도 한참을 그랬다. 당원들이 농담처럼 '거리의 당대표'라고 부를 정도였다.

물들지 않음, 때 묻지 않음. "네 이놈!"은 그런 권영국의 성격이 응축된 발언이었다. 이런 특징은 정치인으로서 장점일까, 아니면 단점일까. 21대 대선에서는 장점이었던 것 같기도 하다. 얼굴과 행보가 이미 익숙한 정치인들의 틈새에서 갑자기 등장한 권영국이라는 인물은 유권자들에게 새로워 보였고 야성이 넘쳐 보였다. 하지만 앞으로도 그럴 수 있을까. 권영국은 대선을 거치며 자의든 타의든 진보정치의 대표선수 중 한 명으로 거듭났다. 그렇다면 다음 선거에서도 그가 새롭고 야성 있는 인물로 받아들여지리라는 보장은 없다. 그만큼 그의 '체급'이 올라가버린 것이다.

새로움과 야성으로는 더 이상 승부할 수 없을 것이다. 거시적인 철학과 리더십으로 대중에게 다가가 진보정치의 필요성을 설득하지 않으면 안 된다. 이 책은 권영국을 현실 정치의 진흙밭에 던져 놓고 얼마나 때가 묻을지 확인하기 위해 기획됐다. 잔뜩 진흙에 더

"농담도 참 못해요"

럽혀져 '프로'가 될지, 여전히 때 묻지 않은 '야인'으로 남을지, 아니면 구태의연한 이분법을 멋지게 비웃고 그 사이에 난 완전히 새로운 길을 열지를 따져 묻고자 했다. 당원이자 당직자인 나의 요구이고, 지지자들의 요구이며, 진보정치를 지켜보는 시민들의 요구이기도 할 것이다.

그런 이유로 앞으로 나올 대담에 권영국의 옛날이야기는 그리 많이 언급되지 않을 것이다. 그보다는 정의당의 대표이자 진보정치의 대표 선수로서 그가 앞으로 걷게 될 길에 좀 더 많은 분량이 할애될 것이다. 하지만 권영국의 생각과 고민은 그가 걸어온 삶에서 나오는 것이니 아주 안 할 수는 없다. 이 '들어가는 글'에 그의 삶을 거의 억지로 욱여넣은 이유다. 권영국이라는 인물의 삶을 조금 더 자세히 들여다보고 싶다면 그의 저서 『정의를 버리며』(북콤마, 2016)와 『거리에 핀 정의』(북콤마, 2020)를 읽어보기를 권한다.

이 책은 두 편의 대담과 권영국 자신이 직접 쓴 원고로 이루어져 있다. CBS 윤지나 기자(보도국 디지털뉴스제작센터장)와 한겨레 이재훈 기자(『한겨레21』편집장)가 대담자로 나서서 권영국의 생각을 이끌어내는 역할을 맡아주었다.

2006년부터 기자 생활을 하면서 정치와 사회 분야를 훑어온 베테랑인 윤지나 기자는 대선 때 CBS 산하의 뉴미디어 '씨리얼'(C-Real) 채널에서 〈권영국? 처음 듣는 당신을 위한 10분 요약〉 콘텐츠를 제작해 큰 화제를 모았다. "사건사고 담당하는 사회부 기자가 권영국 전화번호가 없다면 일 제대로 안 한다고 봐도 된다"라는 윤 기자의 말은 권영국의 일생을 너무나 선명하게 요약했다. 권영국이라는 인물의 강점과 약점을 비판적이고 종합적인 관점에서 드러내는 데 있어 경험과 관찰력을 두루 갖춘 윤지나 기자는 최적의 인터뷰어다. 윤 기자와 권영국의 대담은 특히 대선 여정에 주목하고자 했다.

2003년부터 기자 생활을 하며 정치와 사회를 진지하게 고민해 온 이재훈 기자는 오랫동안 진보정치에 깊은 애정을 품어왔다. 『한겨레21』은 21대 대선이 끝난 이후에도 '진보정치가 필요해'라는 제하로 권영국의 주요 의제들과 관련된 현장 및 당사자들을 살피는 연재를 기획해 권영국 캠프의 대선 여정이 헛되지 않게 했다. 인터뷰이 못지않은 애정과 전문성으로 진보정치의 미래를 물어줄 인터뷰어로 그의 이름을 떠올리는 것은 어쩌면 당연했다. 이 기자와 권영국의 대담은 '앞으로의 진보정치'를 중심으로 진행됐다.

갑작스럽게 치러진 조기 대선은 후발주자인 권영국에게는 여러모로 불리한 환경이었다. '구원투수'로 등판해 이름조차 제대로 알리지 못한 상황에서 선거를 치러야 했고, 조기 대선인 까닭에 선거운동 기간도 너무나 짧았던 데다, 여론조사에서 1퍼센트 이상을 차지한 적이 없어 언론 노출도 타 후보들에 비해 극히 적었다. 차분하게 정책과 비전을 이야기할 수 없었던 아쉬움을 담아 이 책을 낸다. 권영국이 대선에서 하고 싶었지만 미처 다 하지 못한 이야기들, 앞으로 진보정치가 대중에게 닿기 위해 지겹도록 하게 될 이야기들을 이 책에 담았다. 지난 대선을 계기로 권영국과 진보정치에 관심이 생긴 시민들께 가닿을 수 있기를 기대하며.

강남규 (정의당 공보차장)

"농담도 참 못해요"

제1부

대선 후 1년, 권영국의 대차대조표

윤지나 대담

프롤로그

공고한 양당제의 벽 앞에서, 선거는 더 나은 사람을 뽑는 과정이 아니라 덜 나쁜 사람을 고르는 의식이 되어버렸다. 최악의 상황을 피하기 위해 우리는 점점 더 방어적인 선택으로 내몰린다. '더 많은 사람이 존엄을 인정받는 사회를 만들자'는 제안은 언제나 '그게 가능하겠어?'라는 의심, '일단 나부터 잘살고 싶다'는 욕망 앞에서 힘을 잃는다. 그렇게 하여 제3의 선택지는 여전히 현실이 아닌 이상으로만 남는다.

이런 시대에 여전히 제3의 선택지를 들고 서 있는 사람이 있다. 인권과 노동의 현장에서 오래 싸워온 권영국. 시민사회에서는 익숙했지만 정치 무대에서는 여전히 낯선 이름이었다. 그러나 21대 대선 TV토론에서 그는 짧은 순간 강렬한 인상을 남겼다. CBS 유튜브 채널 '씨리얼'이 다룬 여러 후보 중에서도 가장 많은 관심을 받은 인물 역시 권영국이었다.

단호한 어조로 다른 후보들과는 다른 질문을 던지는 그의 모습에 사람들은 속삭였다. "저 사람, 누구지?" 당선권에서 멀리 있었던 그에게 스포트라이트가 집중되지는 않았지만, '씨리얼'이 제작한 〈권영국? 처음 듣는 당신을 위한 10분 요약〉이라는 영상은 예상 밖의 조회 수를 기록했고, 댓글 창에는 그의 신념과 궤적에 대한 응원이 쏟아졌다.

그러나 공감은 표로 이어지지 않았다. 이후의 길은 여전히 험난하다. "지금 당신 삶을 당장 바꿔주겠다"고 외치는 거대 정당 사이에서, "함께 더 나은 사회를 만들자"는 목소리가 얼마나 설득력을 가질 수 있을까.

정의당이 '이상주의자들의 모임'이나 '일부 운동권들의 집단'이 아니라, 실제로 제도를 바꾸고 나라를 운영할 수 있는 세력임을 어떻게 증명할 수 있을까? 그들은 어떤 전략을 세웠고, 어떤 전략을 벼려왔을까? 그리고 인간의 본성, 개인의 이기심을 어디까지 인정하며 그것을 어떻게 정치의 언어로 번역하고 있을까? 두 차례의 긴 인터뷰 동안 질문은 결국 하나로 귀결됐다.

"당신이 꿈꾸는 세상이 아름답다는 건 알겠다. 하지만 '부자 되고 싶은 유권자'가 그 세상에 동의하겠는가? 그래서 표를 얻고, 실제로 권력을 잡을 수 있겠는가?"

이 물음에 권영국은 도덕이나 이상으로 답하지 않았다. 그는 '부자가 되고 싶은 이기적 개인'이야말로 가장 합리적인 선택으로 진보정치를 지지해야 한다는 이유를 차근차근, 그러나 단호하게 설명했다. 냉소와 염세, 편견과 방어적 태도에 젖어 있던 나의 질문들은 그의 답변에 하나씩 조용히 무너져 내렸다. 이 책은 그 깨짐의 기록이다.

권영국과 진보정치가 추구하는 세계는 단지 '좋은 말'의 나열이 아니다. 그것은 먹고, 마시고, 일하고, 교환하며 살아가는 우리의

제1부 대선 후 1년, 권영국의 대차대조표

구체적인 삶의 질을 바꾸려는 실천의 언어다. 이해하고, 믿고, 실
행하면 삶은 더 나아질 수 있다는 단순하지만 오랫동안 잊힌 진실.
그 진실을 향해 나아가는 여정이 이 대담에 담겨 있다.

저기 TV토론 잘하는 저 아저씨는 누구?

:: 하얀색 에코백을 멘 수수한 아저씨

진보정치의 부활이라는 무거운 짐을 진 정치인 권영국은 어떤 사람일까. 정치부 기자 시절 수많은 정치인을 만나봤지만 비슷한 사람을 떠올리기 어려웠다. 그에게는 정치인에게 당연한 자질로 흔히 여겨지는 '관종' 성향도, 상대에게 멋있어 보이려는 꾸밈도 없었기 때문이다. "도대체 뭘 믿고 이렇게 다니세요?" 조롱에 가까운 질문에도 권영국은 꼿꼿하지만 다정한 태도로 답을 해줬다. 인터뷰가 진행된 2025년 8~9월은 마침 이재명 정부의 지지율이 높을 때인지라, 정치지형 상으로 이른바 '왼쪽 공간' 확보와 관련해 초조함 같은 게 보이지 않을까 생각했다. 발견한 것은 초조함보다는 일종의 기다림, 호흡을 고르며 때를 기다리는 태도에 가까웠다.

윤지나 안녕하세요. 주말을 이용해 인터뷰를 하니 권영국의 평소 모습을 볼 수 있겠다, 기대를 하고 왔습니다. 연예인의 공항패션을 구경할 수 있겠다는 기대감이랄까요? 그런데 개량한복에 에코백을 메셨네요.(한숨) 긴 인터뷰를 통해 '거리의 변호사'라는 수

식어가 담은 의미들에서 더 확장된 모습을 권영국에게서 발견하는 게 오늘의 목표입니다.

그런 의미에서 바로 에코백에 대해 여쭙고 싶은데요. '정치판 아저씨'들이 보통 쓰는 아이템은 아니거든요. 뭔가 들고 다녀도 서류 가방이나 가죽 느낌의 백팩 이런 걸 주로 들죠. 완전히 그런 톤과는 다른 하얀색 면 소재 에코백을 들고 오셨네요. 굳이 매직으로 이름까지 바깥에 써놓으실 필요가 있나요? 절대 잃어버리면 안 되는 애착 백인가요?

권영국 애착 백까지는 아니고요.(웃음) 기자회견이나 집회 같은 데를 가면 가방들이 막 섞여서 이름을 써놓아야 해요. 비슷하게 생긴 게 많습니다.

윤지나 크지 않은 에코백인데, 안에는 주로 무엇을 가지고 다니시죠? 가방이 마침 에코백인 것도 인상적인데 안에도 빵빵하게 뭘 가득 넣고 다니시네요.

권영국 보통은 서류죠.

윤지나 당대표이시지만 본인이 실무도 꽤 많이 하시나 봐요. 정치판은 말이 넘치는 곳인데, 대표님은 말보다 서류를 더 친근하게 느끼시는 스타일인가 싶고.

권영국 그게 참… 네, 맞아요. 변호사 습관 때문에 그런 것 같아요. 자료나 이런 걸 챙기고 다녀야 필요할 때 바로 볼 수 있으니까. 그래서 가방이 없고 읽을 게 없으면 불안합니다.

윤지나 패션에 따로 신경 쓸 시간은 없으신지 만날 때마다 '권영국이 오늘은 멋을 부렸네?' 하고 느껴본 적은 한 번도 없는 것 같습니다. 항상 수수하긴 한데 뭔가 단정하고 우아하기도 해요. 개량한복이 잘 어울리시기는 하는데요, 멋을 내고 싶지는 않으세요?

권영국　단정하게 보이고 싶기는 하죠. 제일 좋아하는 복장은 이렇게 약간은 개량한복 같은 스타일이에요. 허리춤에 상의를 집어넣지 않아도 되는 종류요. 지금 입고 다니는, 제가 좋아하는 옷들은 거의 4~5년은 된 것 같아요. 평소에도 되도록이면 편한 복장을 하려고 하고요. 양복을 입는 경우는 법원에 간다든가 또는 특별한 기자회견이 있거나, 예를 들면 방송 출연이나 이런 경우에 좀 갖춰 입고요.

윤지나　미디어 시대인데 외모에는 큰 관심을 기울이지는 않는 것 같네요. 관종 기질도 별로 없으신 것 같고…. 자신을 멋있게 드러내는 것은 공공연하게 요구받지는 않는, 하지만 정치인들이 알아서 하는 영역인데요, 정치인으로서 필요한 자질 아닌가요? 내가 좀 극복해야겠다, 뭐 그런 생각을 해보신 적은 없어요? 누구는 철봉 하는 인증샷도 올리고 그랬잖아요.

권영국　조국 대표 얘긴가요? 저는 그것을 보면서 좀 안타까운 마음이 들기도 했어요. 진심은 그렇지 않을 텐데, 사람들의 입방아에 오르기 딱 좋은 소재들이잖아요. 예를 들면 출소하고 찍은 된장찌개 사진이라든지… 의도가 전혀 없다고 할 수는 없는데, 그 사진을 보면 굳이 저런 식으로 뭔가를 보여줘야 하나 싶었어요. 사람이 뭔가 앞뒤가 다르게 행동한다는 느낌이 드니까 거부감을 일으키는 것 같아요. 먹는 것에 누가 뭐라고 합니까, 소고기를 먹든 찌개를 먹든.

윤지나　어떤 이미지나 메시지를 위해 개인 외모나 에피소드를 보여주는 걸 어색해 하시나 봐요. 구체적으로 뭘 먹었다, 뭘 했다 이런 걸로 이미지 메이킹을 할 마음은 없어도 적어도 세련됨이나 쿨함, 이 정도의 이미지는 고민해볼 필요는 있지 않아요?

제1부　대선 후 1년, 권영국의 대차대조표

권영국 조국 대표처럼 아무리 대중적인 매력을 가지고 있다 한들 정치의 가장 근본에는 정말로 자기가 뭔가 하려고 하는 진솔한 의지, 사람에 대한 연민, 애정 이런 게 있어야 된다고 봐요. 사람들에게 관심을 얻으려는 게 나쁜 일은 아니지만, 결국 정치의 근본까지 가지 않으면 오래 가지 않는 매력이라고 생각합니다.

:: '노잼' 인간, 그러나 이상한 카리스마

윤지나 나는 나만의 진정성으로, 나만의 매력으로 승부하겠다는 건가요?

권영국 (당황한 웃음) 사실은 제가 "노잼이야, 노잼" 이런 얘기도 많이 들어요. 어느 자리에서든 적절한 비유로 사람들을 즐겁게 할 줄 아는 노회찬 대표가 부러워서 『노회찬의 말하기』, 그 책을 한번 봐야 하나 생각도 했고요. 저는 노회찬 대표가 그래서 조금 부러웠지요.

윤지나 조금? 노잼이라면서 조금 부럽나요?(웃음) 그렇다면 나만의 매력이랄 수 있는 건요?

권영국 뭐, 나는 나대로 사니까.(웃음) 그냥 진지한 게 제 신조 같은 것이 되었기 때문에 그래요. 정치인으로서는 당연히 스포트라이트를 즐기는 관종 기질이 있어야 하는 것 같은데 부족하지 않나, 이런 지적을 받을 만합니다. 지금까지 제가 주로 활동해온 일이, 어떤 현안이나 사안의 문제점을 파악하고 대책을 만들고, 이런 식으로 문제를 해결하기 위한 싸움, 운동을 해왔잖아요.

그러다 보니까, 다시 말하자면 나 개인에 대한 초점을 맞추기보다는 사안을 중심으로 활동을 하다 보니까 이렇게 된 것 같아요.

그런 활동을 하는데 나 자신을 부각시키는 것 자체도 이상하고 그런 노력을 별로 하지 않았던 것 같아요.

윤지나 그렇다면 그런 성정, 진지함, 이런 것들을 어떤 식으로든 자원이나 캐릭터로 만들어야겠다, 혹은 포장으로 이용해야겠다, 이런 고민도 거의 안 하시는 느낌이에요. 진정성으로만 승부한다고 되겠습니까.

권영국 저는 그냥 정말로 필요한 활동을 하고, 또 필요한 정책을 내고…, 그런 게 정치인의 역할 아니면 운동을 이끄는 역할 아닌가 생각해요.

윤지나 '카리스마적 정치인'이라는 막스 베버의 설명이 있잖아요. 정치인의 카리스마라는 게 얼마나 영향력이 있고 정치를 하는 데 중요한 자원이면, 예전부터 그런 자질이나 현상을 설명, 해석하는 단어가 생겼겠어요.

권영국 지금은 사람들이 노회찬 대표처럼 유머도 있고 부드러운 이미지를 좋아하지만, 한때는 전투적이고 강한, 매우 일관성 있고 지도력 있는 리더십 그런 게 부각되던 시절도 있었죠. 독재정권 때 특히요. 그런데 두 가지 모두 제가 기본적으로 가지고 있는 성격과는 멀어요. 슬프지만 노력한다고 해서 제대로 되는 건 아닌 것 같아요.

윤지나 그러고 보니 생각나는 게 대선 때 대표님이 반려견 '말이'를 안고 동물권 관련해서 만드신 영상이에요. 대표님이 무표정한 얼굴로 말이를 계속 토닥토닥 해주면서 자기 혼자 동물권 보장의 필요성에 대해 줄줄이 얘기하고… 계속 이렇게 설명하는 포맷인가 하면서 돌려서 보는데 2분여 내내 그러고 계시더라고요. 전혀 쇼맨십이 느껴지지 않았습니다.

제1부 대선 후 1년, 권영국의 대차대조표

권영국 그래도 그게 조회수가 엄청 나왔어요.

윤지나 나원참, 우리 대표님을 어쩌나. 진지한 게 이 정도면 병이십니다.(웃음) 말이와 함께 나온 영상을 편집하신 분이 최선을 다해서 영상 콘텐츠에 맞는 순간을 살려보려고 애를 쓴 게 눈에 보이더라고요. 저한테는 그게 나름대로 웃음을 자아내는 개그 포인트였는데, 대표님의 평소 성격을 알면 더 재미있는 부분이었을 수도 있고요.

권영국 제가 유머 이런 걸 잘 발휘할 줄 몰라요. 뭐, 가끔은 될 수도 있겠죠? 저로서는 그래도 조회수가 440만, 이런 건 상상도 못 했던 일이고 대박이었습니다. 동물권 공약 발표를 한 날이라서 동물권에 대해 설명을 잘하고 싶다, 이런 생각뿐이었죠. 댓글에 오죽하면 '말이를 대통령으로!'라고 쓴 게 있더라고요.

윤지나 말이는 잘 있어요?

권영국 14년을 살았으니까 나이가 많죠. 거의 80세라고 하니까 확실히 달라졌어요. 잘 지내야죠.

:: 평생 일탈 중, 그래도 한때는 극강 모범생

윤지나 권 대표님은 저엉~말 진지하고 신중한 성격, 그런데 권위적이지는 않아서 저 같은 사람이 막 질문을 해도 스스럼없이 대답해주는 그런 분 같아요. 오죽하면 대선 때 대표님이 직접 말씀하시거나 소개하는 발언에서 "한평생 춥게 살아도 그 향기를 팔지 않는 매화, 매화처럼 살기 위해 노력해 왔던 사람"이라고 하시더라고요. 함께 시간을 보낸 사람들은 다 동의할 것 같아요. 저는 인상 깊었던 게 "수업을 빼먹으면 세상이 무너지기라도 하는 줄 알왔던 수줍은 소년"이거든요? 정치인이 수줍어하는 인간일 수가 있나? 언제까지 수줍음 많은 사람으로 살았던 거예요?

권영국 제가 대학교 1학년 때 수업을 빼먹고 세상이 무너지는 줄 알았어요.

윤지나 대학교 때라고요? 너무하시네요.

권영국 고등학교 때까지는 수업을 빼먹거나 이런 건 전혀 생각을 못했던 거죠. 대학교 때 군에 갔던 친구가 휴가를 나와서 놀아달라고 하는 거예요. 그래서 수업을 빠지게 된 건데 친구와 함께 있는 동안 수업이 끝날 때까지 친구 얘기가 잘 안 들릴 정도로 머릿속이 하얀 상태였어요. 그 경험을 하고 나서 이제 한 번 두 번 빠지기 시작했죠. 아, 지구가 망하지는 않는구나.(웃음) 대학교 1학년 초반까지 수업을 빠지거나 하는 그런 생각이나 행동은 전혀 못하는 사람이었습니다.

윤지나 지금도 모범 시민, 모범 세계인 이미지인데 어릴 때는 극강 모범생이셨군요. 모범생이 보통은 인기가 없는데 매력 있는 모범생이었을까요?

권영국 갈 데 없는 '범생이'였는데 옆에서 보면 얼마나 답답했을까 싶어요. 고등학교 2학년 때인가 수학여행을 갔거든요. 애들이 몰래 수통에다가 술을 담아왔어요. 그걸 저한테 먹이려고 했지만 실패했던 기억이 나요.

윤지나 힘들게 수통에 술을 숨겨온 친구들을 생각해서 좀 드셨어야죠. 끝까지 버텼던 건 모범생으로서 술은 용납할 수 없다, 이런 거였나요? 이 정도면 같이 놀기 싫은 친구 아닌가요?

권영국 일종의 프라이드 같은 거죠. 나는 지킬 건 지킬 거야, 이러면서 끝까지 안 먹었어요. 친구들이 얼마나 답답했을까요? 그래

제1부 대선 후 1년, 권영국의 대차대조표

도 왕따는 아니었어요. 저는 늘 바른 생활을 했기 때문에 친구들이 일종의 존중? 같은 걸 해줬죠. 잘났다고 막 젠체하고 이런 건 없었으니까 인정을 해줬던 것 같아요. 그리고 가끔 "야, 그렇게 하면 안 돼!" 이런 말을 던지곤 하는데, 아예 무시하지도 못했을 거고.

윤지나 정치권에서 흔히 보는 스타일의 카리스마는 아니지만 일종의 카리스마가 어릴 때부터 있었던 거네요. 특이한 유형이에요. 비슷하다고 느낀 사람 있으세요?

권영국 잘 없는 것 같아요.(웃음)

윤지나 그럼 살아오면서 가장 큰 일탈은 뭘까요? 내가 아닌 건 아니고 지킬 건 지키는 권영국인데! 그래도 이런 짓은 해봤다, 하는 것이라면?

권영국 뭐가 있었나.

윤지나 세상에, 굳이 기억을 더듬어가며 찾아야 하다니.

권영국 수업 빼먹었던 게 어떻게 보면 가장 큰 일탈이었는데요. 한번 바뀌기 시작하니까 또 진짜로 시위에 가장 열렬한 참여자가 되더라고요.

윤지나 그건 일종의 모범생적 일탈이라고 볼 수 있겠죠. 열렬한 시위 참여는 열렬한 모범생이기 때문에 가능한 면이 있잖아요. 이 사회의 어떤 부분이 원칙에 어긋나는 방식으로 굴러가는 것, 모범적이지 못한 진행은 못 참겠다! 이런 거랄까요.

권영국 늦게 배운 도둑질이 날 새는 줄 모른다고 하죠. 저는 고등학교 때까지 굉장히 체제 내적 인간이었던 거죠. 학교 교과서, 이게 나의 절대적인 행동 기준이었어요. 그러니까 우리나라가 정말로 한강의 기적을 이룬 사회라고 생각했고, 박정희 대통령에 대한 비판 의식도 전혀 갖고 있지 않았습니다.

윤지나 불합리나 부조리를 전혀 의식하지 못하고, 가르침 받은 대로 실천하는 모범생!

권영국 독특하죠. 그렇게 오랫동안 광부 생활을 한 아버지 밑에서 자라면서도* 사회적인 인식을 갖지 않으려고 했던 건지, 그렇게 할 줄 몰랐던 건지, 그런 상태로 컸어요. 그런 게 왜 불만으로 쌓이지 않았을까 이유를 생각해봤는데요, 저는 인정받는 학교생활을 계속했잖아요. 그러니까 매우 모범생처럼 행동하고 공부도 잘하는 편이었으니 선생님들이 저에 대해 인정해 줬죠. 아이들도 함부로 건드리지 않았고요. 그게 아마 다른 비판적 의식을 갖지 못하게 만든 것 아닐까 싶어요. 누구라도 칭찬, 인정받는 게 그만큼 중요한 거죠. 만들어진 질서 속에서 내가 인정을 받고 있는 거니까, 그 질서에 대해 사실 비판적인 인식을 갖기는 힘들었던 것 같아요. (*권영국은 1963년 강원도 태백에서 광부의 아들로 태어났다. 어린 시절 물로 주린 배를 채울 정도로 가정형편이 넉넉지 않아 기술을 배워 일찍 자립하기 위해 포항제철공업고등학교에 진학했고, 이후 서울대 금속공학과에 입학한다.)

윤지나 아, 기득권에서 비판적인 목소리가 나오지 못하는 이유를 일찍 경험하셨네요.

권영국 게다가 저는 그걸 기득권으로 생각도 못했어요. 왜냐하면 내가 열심히 공부하고 노력한 결과라고 생각했으니까요. 내가 특별히 어떤 특혜를 받은 것도 아니었고요.

윤지나 그마저도 기득권에서 주로 받드는 능력주의 담론과 비슷하네요.

권영국 그런데 대학교 가서, 그러니까 그때가 1981년이니까 전두환 당선되고 다음 해였는데요. 전국이 서슬 퍼렇던 때죠. 도로부터 시작해서 학교 안까지 경찰들이 서 있고, 청자켓과 청바지를 입은 머리 짧은 친구들이 엄청나게 들어와 있었어요. 당시는 '사복경찰'이라는 표현을 썼는데 일 터지면 바로 '백골단'으로 변하는 거예요. 학내 시위조차 그때는 절대로 용납하지 않았기 때문에 학교에 수백 명이 잔디밭에 진을 치고 있곤 했죠.

윤지나 전두환이 대통령이던 때군요. 대통령 같은 어른의 말씀이나 위에서 내려오는 지시는 무조건 따르는 게 모범생인데… 모범생 권영국의 선택은?

권영국 학교 기숙사에 있는데 갑자기 재채기가 나오고 눈을 못 뜨겠더라고요. 아, 이게 고등학교 때 TV에서 보던 최루탄이구나, 직감적으로 느꼈고 뭐가 어떻게 된 건지 이해도 제대로 안 된 상태였는데 시위가 벌어진 곳으로 바로 뛰어나갔어요. 그때는 왜 그랬는지 모르겠는데 그냥 몸이 그렇게 움직였어요.

그렇게 뛰어나갔는데 시위를 주동한 것으로 보이는 학생, 저한테는 선배겠죠, 도서관 쪽으로 경찰에 끌려 내려오는 모습을 딱 맞닥뜨렸어요. 한 대여섯 명이 그 학생을 끌고 내려오는데 완전히 90도가 되게 사람의 목부터 꽉 누르고 아무 말도 못하게 입을 틀어막았더라고요. 머리가 터져서 피가 막 흐르고 있으니 그런 걸 처음 보는 저한테는 얼마나 공포스러웠겠어요.

윤지나 그런 장면이 펼쳐질 때 주변은 다들 공포에 질려서 쥐 죽은 듯 조용했겠어요.

권영국 일단 저는 아무것도 안 보이고 그 장면만 보였어요. 그 자리에서 얼어붙어 버렸지요. 한편으로는 공포가 일었고 다른 한편으로는 어? 뭐지? 내가 알고 있었던 세계, 우리 대한민국이라는 데가 이런 곳이었어? 어린 시절 동네 어른들이 늘 "저 새끼들, 부모들이 논 팔고 소 팔아서 서울로 유학 보내놓았더니 공부하기 싫어 만날 데모질이나 하고 다녀!"라고 했고, 이런 말을 듣고 자란 저에게는 시위에 대한 부정적인 인식이 각인돼 있었죠. 그런데 공부하기 싫어서 농땡이 치는 놈이라면 저렇게 피를 흘리면서 끌려갈 리는 없잖아요.

윤지나 모범생 권영국의 본격 의심 시작, 사고 대전환이 시작된 순간이군요.

권영국 너무 공포스러워서 한 30분 정도였을까? 가만히 서 있다가 정신을 차리고 기숙사로 돌아갔던 기억이 납니다. 의문이 막 들기 시작한 거죠. 내가 그동안 뭔가 잘못 생각했구나. 그리고 이제 기숙사 방에 네 명이 있었거든요. 나 말고 두 명은 재수생, 한 명은 의대 2학년. 이들에게 이런저런 얘기를 제가 묻고 또 묻고 했죠. 그러고는 아, 나는 참 바보처럼 살았구나 생각했어요. 제가 제 책에 '피 흘리는 현실과의 조우'라고 쓴 부분이 이 대목이에요. 사회에 대한 인식을 바꾸는 결정적 계기가 된 장면이에요. 인생 최대의 일탈적 사건이 일어난 거죠.

윤지나 그렇게 시작한 일탈의 삶을 쉬지 않고 살고 계십니다. 평소에 이렇게 조곤조곤 말씀하시고 신중하신 스타일이잖아요. 그런데 가끔 시위 현장 같은 데서 대표님이 소리 지르고 분노를 터뜨리기도 하는 모습을 보거든요? 나한테 이런 모습이 있는지 그때쯤 아신 거예요?

권영국 사람이 악에 받치면 그렇게 되거든요. 대학교 다닐 때야 뭐, 저는 언더서클에 들어가지도 않았고, 그냥 정말로 열심히 뒤에서 시위를 쫓아다니는 학생이었고, 졸업한 뒤 취업에서부터 그런 게 발동되기 시작한 거예요. 노동야학에 3학년, 4학년 때 잠깐 참여를 했다가 기본적인 근로기준법…, 그때는 장명국 선생이라고 있었어요. 그분이 쓴 『노동법 해설』이라고 하는 책이 대중들에게 읽히는 거의 유일한 노동법 책자였거든요. 그러니까 기본적인 근로기준법은 제가 알고 있었죠.

그런데 취업을 해서 들어간 풍산금속 온산공장,* 거기서 일을 하다 보니까 노동시간이고 퇴근시간이고 별로 중요하지 않은 거예요. 그리고 굉장히 수직적인 위계조직이라 회의를 하면 부장이든 누구든 회의를 이끄는 사람에게 질문하는 경우가 없어요. (*권영국은 풍산금속 온산공장에서 노조 민주화 투쟁에 앞장섰다가 노조가 없던 안강공장으로 전보되었다. 1988년 8월 집속탄 개발 부서에서 폭발 사고가 발생해 한 노동자가 사망했고, '풍산금속 안강공장은 치외법권 지대인가?'라는 유가족 유인물을 지역 담벼락들에 붙였다가 '회사 명예훼손 및 군사기밀 누설'을 이유로 해고되었다. 치열한 복직 투쟁 끝에 노조 설립과 복직을 쟁취했으나, 이후 단체교섭 직권 조인에 반대하는 파업으로 다시 해고되었고, 두 차례에 걸쳐 구속, 복역의 대가를 치러야 했다. 마지막 출소 후 3여 년에 걸쳐 복직을 위해 싸웠으나 끝내 회사로 돌아가지는 못했다. 1996년 새로운 길을 모색하며 3여 년을 공부한 끝에 1999년 사법시험에 합격했고, 노동·인권 변호사의 길을 걷기 시작한 건 2002년 사법연수원 수료 이후부터다.)

윤지나 그즈음이면 이미 일탈이 몸에 밴 대표님, 다들 조용한데 혼자만 질문하신 건가요? 혹시 공격적으로 이게 아니라면서 거세게 항의를 하셨나요?

권영국 저는 예의가 없다는 얘기를 들어본 적이 없어요. 문제제기가 담긴 질문을 할 수도 있고, 업무과정 자체에 대해 궁금한 사항을 질문할 수도 있잖아요. 그런데 대부분 위에서 하는 지시에 너무 익숙해 있었어요. 당시에는 수평적 관계를 이상한 관계로 생각하는 분위기라서 저는 굉장히 답답했습니다.

윤지나 예의가 없다는 말을 들어본 적은 없다고 말하실 때 표정이 너무 단호해서 놀랐습니다. 고등학교 당시 '기득권 모범생'으로 살면서 문제를 제기할 일이 많이 없었잖아요. 대학교 때부터 '내가 생각했던 세계가 이런 세계였나' 하고 사고 전환을 한 다음부터 질문이 많아지신 거예요? 갑자기 삶이 너무 피곤해졌겠는데요.

권영국 아뇨. 갈등의 상황이 생겼다기보다는 제가 알지 못했던 것을 새롭게 알게 되는 듯한 느낌들이 오히려 더 강했던 것 같아요. 사고 자체도 그전에는 굉장히 순응적이었다가 이제는 뭔가 스스로 자꾸 생각하려고 하는 이런 게 더 저한테 맞았던 것 같아요.

여야 정권 바꿔봤잖아요, 삶이 나아졌나요?

:: 기대 이하의 득표율, 기대 이상의 후원금

윤지나 그렇게 일탈이 길어져서 모범생 권영국은 사회운동가로, 정치인으로 분투하는 삶을 한창 살고 계십니다. 지난 대선에는 진보정치 세력의 대표로 나섰는데요. 이제 화제를 권영국 개인에게서 사회와 정치 쪽으로 돌려보죠.

본인이 빛나는 것보다 사태 해결에 집중하느라 관종 기질도 전혀 키우지 못한 대표님이 대선에 운명처럼 끌려 나왔어요. 대선 출마를 결심한 이유가 있을 텐데요. 특별한 계기가 있었나요?

권영국 진보정치가 대중들의 인식으로부터 사라져서는 안 된다고 생각했기 때문입니다. 정의당은 유일한 원내 진보정당이었는데, 2024년 4월 총선에서 '녹색정의당'이라는 이름의 선거연합 정당으로 출전했지만 국회 의석을 한 석도 건지지 못했죠. 이로써 독자적 진보정치를 추구하던 정치세력들은 모두 원외 정당으로 밀려났어요. 원외 정당에는 마이크도 따라붙지 않아요. 국고보조금도 지원되지 않고요. 방송에서 볼 기회가 없으니, 큰 사고라도 치지 않으면 대중들의 뇌리에서 잊히게 되죠. 실제로 그랬어요. 원외로 밀려나 몇 개월이 지나자 "아직도 정의당이 있느냐"는 반문들이 여기저기서 들려오더군요.

윤지나 진보정치가 정치세력으로서 주목받지 못한다는 사실이 실제 정치 현장에서도 안 좋은 결과들로 나타났다고 보신 거군요.

권영국 여성 이슈, 젠더 이슈, 장애인 이슈, 신공항 건설과 같은 토건개발 이슈, 원전 이슈, 성소수자 이슈, 세금(감세) 이슈, 이주민 이슈… 이런 문제들에서 민주당 정책을 정면으로 비판하는 원내의 목소리들이 크게 약화됐죠.

특히 시민들은 윤석열 탄핵 광장에서 사회적 약자와 소수자 문제, 차별과 불평등의 문제, 기후생태의 문제 등을 주요 과제로 제시했어요. 우리의 삶을 바꾸기 위해서는 사회를 근본적으로 개혁해야 한다고요. 하지만 원외 진보정당들을 제외한 원내 민주정당, 진보정당들은 압도적 정권 교체와 내란세력 척결을 강조하는 데 모든 전력을 집중했습니다.

윤석열 탄핵 광장은 어땠나요. 응원봉 불빛처럼 광장의 목소리들이 다양하고 평등하게 펼쳐졌죠. 그런데 파면 이후 대선 국면으로 접어들자 정치가 온통 '압도적 정권 교체'와 '이재명 타도'로 양분됐어요. 공약들은 성장, 투자, 기업하기 좋은 나라 일색이 되어갔고요. 노동자, 농민, 여성, 장애인, 성소수자, 기후생태 등 평범한 우리 이웃의 삶과 고통을 이야기할 정치가 잘 보이지 않았어요.

윤지나 아, 상황을 보니 내가 역할을 할 수밖에 없구나, 하고 나름 고민이 많이 되셨겠어요. 정치인들한테 '난가병'이라고 있잖아요. 이제 내 차례인가? 내가 나설 땐가? 이렇게 생각하는 걸 두고 조롱조로 얘기하는 건데요, 대표님은 그런 권력 의지로 나온 느낌은 아니었거든요.

권영국 약자들과 소수자들이 광장에서 외친 목소리들, 이들과 함께 싸우고 있는 진보정치가 대선에서 지워지지 않도록 해야 한다는 절박감이 엄청 컸습니다. 고민을 거듭하게 만들더라고요. 진보정치의 맏이 역할을 해왔던 진보정당의 대표잖아요. 대표의 대선 출마를 기다리고 있는 당원들의 기대를 외면할 수는 없었습니다. 그래서 내부 경선에 나섰고 경선을 통과하여 마침내 21대 대선 후보*로 나서게 된 겁니다. (*권영국은 2024년 총선 후 진보정당 위기론이 대두하자 아무도 맡지 않으려는 당대표를 맡으며 무거운 '부활의 짐'을 졌다. 이후 25년 4월 정의, 노동, 녹색당과 노동·사회운동 단체가 참여한 '사회대전환 연대회의'의 대통령 후보로 선출되었고, 노동절인 5월 1일 '민주노동당' 후보로 출마를 선언했다.)

윤지나 정확하게 말하면 정의당 대선 후보가 아니라 민주노동당 후보였죠. '민주노동당' 이름을 다시 갖고 왔는데요. 왜 정의당이 아닌 민주노동당 후보로 나서게 된 거죠?

권영국 제21대 대선에서 독자적 진보정치를 추구하는 정당과 노동·사회운동 단체들이 공동으로 선거를 치르기로 합의했기 때문입니다. 민주노동당과 통합진보당 이후 진보 세력들이 계속해서 갈라지고 분열해 왔죠. 그러다가 오랜만에 정의당, 노동당, 녹색당을 중심으로 노동·사회운동 단체들이 모여 대선에 대한 공동대응을 모색한 겁니다.

12·3 비상계엄 선포 이후 윤석열 탄핵과 내란세력 청산을 위한 투쟁 광장에서는 '가자! 평등으로'라는 구호를 함께 외쳤어요. 단순히 민주당으로의 정권 교체에 그치지 말고 우리의 삶을 바꿀 수 있도록 사회대개혁의 중요성을 강조하는 또 하나의 흐름이 형성됐던 거죠.

윤지나 정의당이 진보정치를 위한 일종의 플랫폼 역할을 한 셈이군요. TV토론에 참가할 수 있다는 점이 매우 중요했고요.

권영국 네. 독자적 진보정치 세력으로서 '신호등 연대'*를 강화한 거죠. 대선을 공동으로 치르는 것을 목표로 '가자! 평등으로 사회대전환 대선 연대회의'를 출범시켰습니다. (*노동당, 녹색당, 정의당을 각각 상징하는 빨강, 녹색, 노랑의 신호등 색깔을 두고 붙인 이름.)

윤지나 정의당 후보가 아니라 연합한 진보정치 세력의 후보다, 이렇게 인식되도록 하기 위해 정당명도 변경하신 거고요. 정의당 입장에서는 일종의 양보를 한 셈이에요. 말씀하신대로 '맏이'의 무게를 진 거군요.

권영국 연대회의에 참가한 여러 단위들에서 대선 기간 동안 한시적으로 당명을 변경해달라고 요청을 했습니다. 플랫폼 정당 이름을 정의당 그대로 사용하면 외부에서는 정의당 선거로 인식하게 될 테니까요. 대선 공동대응의 취지를 살리자는 거였죠. 당내에서 논쟁이 격렬했지만, 진보정치의 연대연합을 강화하자는 대의가 수용됐습니다. 마침내 당원 투표를 통해 한시적으로나마 '민주노동당'으로 이름을 바꾸게 되었습니다.

윤지나 하고 많은 이름 중에 '민주노동당'을 당명으로 택한 이유는요?

권영국 '민주노동당'은 노동자·민중의 정치세력화를 목적으로 1987년 6·10 민주화 운동 이후 만들어진 진보정당이죠. 무상급식, 부유세 같이 보수정당과 차별화된 정책으로 대중들로부터 크게 주목받았던 정당이에요. 진보정당이 분열되기 전의 초심으로 돌아가자는 의미가 새 당명에 담겼어요. 옛 민주노동당처럼 차별화된 정책으로 진보정치에서 멀어진 대중들의 마음을 돌려보자는 의미였던 겁니다.

윤지나　그렇게 민주노동당 후보로 나섰지만 사회적 사건에서 직접 도움을 받거나 사건 당사자가 아니면 여전히 권영국을 모르는 분들이 많았지요. 그래서 대선 TV토론 때가 되어서야 "오, 저런 사람이 있었네?" 하는 반응이 많았고요. 선거운동 기간 동안 점점 시간이 갈수록 권영국 후보와 사회대개혁의 의미에 대해 사람들이 호응해 주는 게 느껴졌는지요?

권영국　1차 토론에서 꽤 강한 인상을 심어줬다고들 해요. 갑자기 트럼프를 향해 레드카드를 꺼내고, 김문수 후보에게 "당신은 자격이 없다, 사퇴할 생각 없습니까?" 이런 말을 단도직입적으로 묻고 했으니까요. 다른 후보들이 모두 기업, 성장, 이런 종류의 얘기를 하는데 저는 노동, 불평등, 무권리 노동자, 성소수자 얘기하고 산재 희생자들을 일일이 호명하니까 가려져 있던 얘기들이 튀어나와서 눈에 띄었던 거죠. '지워졌던 이야기'들이 나오니까 "저 사람 누구야?" 이렇게 된 거죠.

윤지나　그때 이름 검색이 많이 됐어요. 토론회에서 트럼프 대통령에 대해 레드카드를 꺼내든 것 역시 인상 깊은 장면이었습니다. 퍼포먼스 면에서도 탁월했다?(웃음)

권영국　트럼프가 당선된 후 트럼프의 일방통행식 관세 협박이 전 세계를 강타했죠. 지금도 계속되고 있지만, 동맹국이냐 적국이냐도 가리지를 않아요. 자국의 천문학적인 무역 적자와 부채 문제를 해결하는 방안으로 관세 폭탄을 날려댔습니다. 자국 내에서는 인종차별, 여성차별, 이주민 단속 강화 등 온갖 차별과 혐오를 조장하며 민주주의를 위협하고 제왕처럼 행동하고 있고요.

결국 이런 관세 협박이 한국에도 가해졌어요. 3,500억 달러라는 천문학적 금액을 미국에 직접 투자하라고 강요하고, 관세 시행을 유예하거나 관세 비율을 낮추는 등 아주 변덕스럽게 굴었죠. 기존에 세계가 합의한 국제무역 질서가 있는데, 트럼프의 일방통행식 관세 정책으로 단숨에 무력화돼 버린 거예요.

초등학교 시절 동네에서 마주쳤던 동네 깡패들 같지 않습니까? 마치 맡겨둔 돈 찾아가는 것처럼 '지나가고 싶으면 돈 다 내놔' 하던 깡패들 말이에요. 강탈 그 자체죠. 저는 미국의 관세 협박은 미국이 자신이 가진 힘을 이용해 타국의 경제주권을 침해하는 약탈 행위이자 조공 요구라고 규정했어요.

윤지나 그런 문제의식을 레드카드를 통해 강조하려는 생각은 어떻게 나온 건가요? 토론 석상에서 효과적인 문제제기였어요.

권영국 TV토론을 준비하면서 제가, "미국의 요구에 그대로 굴복해서는 안 되니, 대선 후보로서 트럼프에게 분명하게 경고를 보내야 할 필요가 있다"고 얘기하자, 후보 비서실장을 맡고 있던 이은주 전 국회의원이 레드카드가 있다고 하더군요. 21대 국회 때 김문수 경사노위(대통령 소속 경제사회노동위원회) 위원장 인사청문회에서 축구심판용 레드카드를 사용했는데 아직도 보관하고 있다는 거예요. 그 카드를 받아서 TV토론에 나섰죠.

대선이 끝나고 모교인 문경중학교를 찾은 적이 있어요. 후배들 수업하는 모습을 보고 싶어 교장선생님 안내로 복도를 지나가는데, 후배들이 저를 알아보고 수업 중에 복도로 쏟아져 나왔습니다. 그리고 사인을 요청받았는데, 원하는 글귀를 물었더니 가장 많은 요청이 '레드카드'를 써달라는 주문이었어요. 아마도 중학생들에게는 붉은 경고가 가장 마음에 들었나 보죠?

윤지나 TV토론 이후에 사람들을 만나니 어떻던가요? 좀 호의

적이 되었나요? 알아보는 횟수도 눈에 띄게 늘고요?

권영국 저를 알아본 사람들이 다들 "TV토론 잘 봤습니다~" 하며 인사하더라고요. "정치는 이렇게 해야 하는데!" 하시는 분도 있었고 나름대로 힘이 났지요. 득표율이 생각보다 꽤 나올 것 같다는 환상도 가졌고요. 한 5퍼센트까지도 생각을 해봤어요. 적어도 3퍼센트는 넘지 않을까 했는데⋯ 실망이었죠.

출구조사가 1.3퍼센트로 나왔을 때 좀 더 올라가지 않을까라는 약간의 기대가 있었어요. 직전에 민주당의 자체 여론조사가 있었는데 거기서 권영국 후보가 2~3퍼센트 정도? 그쯤 나왔다는 얘기를 들었거든요. 거기에 많이 못 미친 결과이니 실망이 컸죠. 쭉 개표결과를 보는데 우리 득표 상황 자체를 중계해주지 않기에 좀 자다가 새벽에 일어나서 다시 봤는데, 글쎄 1퍼센트 밑으로 내려갔더라고요. 마음의 상처가 컸죠. '이야, 이 성적을 가지고 내가 바깥에 나갈 수는 있을까.'

왜냐하면 제가 광장의 목소리를 최대한 대변해 보자, 노동자 서민들, 사회적 약자, 소수자들의 애기를 내가 대변한다면서 진보 후보로 나왔는데, 득표율이 너무 낮으니까 다 제 탓, 제 책임처럼 느껴졌습니다.

윤지나 책임감도 강하고 부담감도 무겁게 느끼시는 타입이군요. 다 자기 책임이라니⋯. 어쨌든 그렇게 힘들어하고 있는 중에 바로 후원금이 엄청나게 모이는 일이 벌어진 거군요?

권영국 그렇죠. 처음엔 '이건 또 뭐야?' 했습니다. 대선 기간 중에 운동을 하면서 호응해 주시는 분들을 보면서 후원금이 들어오기는 할 것 같다고 생각하긴 했죠. 그런데 대선 결과가 나오고 그 짧은 시간에 집중적으로 그렇게 후원금*이 몰릴 줄은 전혀 몰랐죠. (*6월 3일 대선 출구조사가 발표된 밤 8시부터 3만 5천 건, 약 13억 원의 후원금이 모금되었다. 소셜네트워크를 중심으로 "1번 후보에게 투표했지만, 권 후보님의 정치적 자세에 감동해 후원했다"는 등의 글을 단 '후원 인증'이 이어지기도 했다.)

윤지나 대선이 끝나고 들어온 후원금의 성격은 대표님이 기대하셨던 성격의 후원금과 성격이 좀 다를 수도 있다는 생각이 드는데요. 밤 8시부터 계좌가 닫히기 전까지 후원금을 보낸 사람들의 마음은 무엇이었다고 보세요?

권영국 그때 반응을 알죠. '미안, 미안하다.' 보내주는 분들이 짧게 멘트를 달아서 후원금을 보내요. 멘트를 보면 "미안합니다, 다음에도 꼭 나와 주세요." 이런 식의 미안하다는 말이 엄청 많았어요. '우리가 필요한 건 돈보다 표인데, 표로 좀 주시지' 그러다가, 이제 마음을 고쳐먹고 '돈도 주고 표도 좀 주시지' 했습니다.(웃음) 그러면서 그 마음들을 읽게 됐죠.

이분들이 얼마나 고심을 했을까. '윤석열 시즌2'가 되면 안 된다고 하는 그 고민들이 다 들어가 있었어요. '지난번에 정권을 바꿔봤는데 안 바뀌더라, 그래서 저는 내 삶을 이야기하는 5번을 찍었습니다' 하는 분들도 있고, '저쪽에 또 넘어가면 안 되기 때문에 할 수 없이 1번을 찍었습니다, 미안합니다' 하는 분들, 이렇게 후원금에는 두 개의 마음이 함께 있었던 거죠.

:: '잘사니즘'으로 이룬 것은 무엇인가

윤지나 적어도 대선에 권영국이 나와서 하고자 했던 얘기에 많은 분들을 공감케 한 것까지는 어느 정도 성공한 게 아닐까요? 경선 출마 선언문의 인상적인 표현을 통해 권 대표님의 생각을 다시 한 번 들어보고 싶습니다. "각자도생과 잘사니즘의 두 가지 선택지만이 아니라 함께 돌보고 연대하는 사회를 만들겠다." 제가 이 대목을 여쭙고 싶은 이유는, 내란 청산과 잘사니즘이 워낙 강력한 어젠다였잖아요. 여기에 멈추지 않고, 한 걸음 더 나아가야 하는 이유를 설명하고 설득해내는 게 너무 어려웠을 것 같아요.

권영국 진보정치가 과연 우리 사회의 대안 세력으로서 인정받을 수 있느냐의 문제겠죠.

윤지나 공고화된 양당 체제만 아니었다면 지금까지 확보한 신뢰와 인정을 바탕으로 제도권 내에서 정책으로 펼칠 기회가 더 많았을 것 같은데요. 지금 체제에서는 제3정당이 의미 있는 세력을 이루어 발을 붙이기가 너무 어려운 상황이죠. 그러니까 처음부터 어마어마한 정치적 지지 기반을 확보하고 시작하지 않으면 안 된다는 얘기가 되거든요. 그럴 수가 없다면, 차근차근 유권자를 설득하며 시작하는 방법밖에 없는데… 당장 지난 대선에서 효과를 거둔 내란 청산과 잘사니즘, 이것들 이상의 설득력을 발휘할 비전이나 어젠다가 있었을까요?

권영국 이건 제가 다른 방식으로 한번 이야기해 보죠. 2016년 12월 24일 창원 광장 박근혜 퇴진 촛불집회에서 24세 청년 전기공 노동자가 무대에 올라가서 이렇게 얘기합니다. "이대로 20년, 30년 더 살라고 하면 저는 살 수 없을 것 같아요. 박근혜가 퇴진하면 내 삶도 정말 나아질까요?" 큰 기대를 걸었던 노무현 정부를 이미 거친 후였죠. 이 청년은 아마 비정규직 노동자였을 텐데, 일한 대가도 최저임금이었을 테고, 좋아하는 여자가 있음에도 결혼할 엄두를 내지 못한다고 했던 기억이에요.

그러니까 저 수구꼴통 정권을 끌어내리는 데 성공했다고 치자. 전에도 바꿔봤는데 비정규직으로서의 삶은 달라지지 않았다는 거죠. "정권 바꾸면 정말 내 삶이 달라질까요?" 이렇게 질문을 던질 수밖에 없는 거예요. 여기에 답이 있는 거죠. 2025년 윤석열 탄핵 광장에서 이 얘기는 얼마나 다를까요? 그래서 말하는 겁니다. 우리는 정권 교체에 머물러서는 안 됩니다. 정권 교체를 넘어서서 우리 삶을 바꿀 수 있는 근본적인 사회 개혁이 필요합니다. 그래서 탄핵 국면에서 시민사회단체들이 만든 연대 투쟁체의 이름도 '윤석열 정권퇴진 비상행동'이 아니고 '정권퇴진과 사회대개혁 비상행동' 이렇게 붙이게 된 거예요. 이미 쓰라린 경험에 대한 반성적 성찰이 있었던 거죠.

윤지나 '쓰라린 경험'… 문재인 정부가 들어서면 내 삶의 20년 뒤를 내다볼 수 있을 줄 알았는데 아니었다….

권영국 문재인 정부가 '촛불정부'를 자임하면서 적폐를 청산하고 불평등, 양극화 이런 문제를 해결하겠다면서 시작했죠. 비정규직 문제도 처음에는 해결하려는 시도를 약간 하다가 결국은 저항에 부딪혀서 실패했고요. 비정규직 노동자는 그래도 노동자성이 인정이 됩니다. 노동자의 권리를 인정하지 않는 방식으로 프리랜서, 특고(특수고용), 플랫폼 노동자와 같은 가짜 자영업자들이 엄청나게 늘어났죠. 왜 '가짜'라고 하냐면 이분들의 노동이 가짜라는 게 아니고, 소득세를 내는 자영업자로 위장된 노동자들이어서 그렇게 부르죠. 이분들은 노동자들임에도 불구하고 근로기준법 밖으로 완전히 밀려난, 법 바깥에 존재하는 분들이고, 아무런 보호도 받지 못하는 노동자죠. 이런 노동자가 거의 806만 명 정도*가 있습니다. (*국가데이터처 통계에 따르면, 2017년 문재인 정부 초반 654.2만

명이던 비정규직 규모는 2021년 말 806.6만 명까지 증가했다. 임금근로자 중 비중으로 따지면 38.4퍼센트로 역대 최고치였다. 지금은 860여 만 명으로 추산되고 있다.)

윤지나 법이나 제도가 사회와 기술의 변화를 따라가지 못하는 거죠. 기대했던 정권이 제대로 대응하지 못했던 점도 크고요. 2017년에 그 청년이 이야기했던 얘기가 다시 반복되네요.

권영국 그뿐이 아니에요. 또 자산 불평등도 너무 심화됐습니다. 문재인 정부가 부동산 문제 해결은 자신 있다고 얘기했었거든요. 하지만 비정규직 규모나 그 근로조건처럼 부동산도 반대 방향으로 갔죠. 정권만 바뀌어서는 안 된다는 결론에 이를 수밖에 없는 겁니다. 사회를 다 바꿔야 해요. 내란 청산과 잘사니즘으로 끝나면 안 됩니다.

윤지나 그런데 말씀하신 내용이 '잘사니즘'이라는 표현에 이미 다 들어가 있다고 볼 수는 없는 건가요? 직관적인 표현이기도 해서 엄청 잘 와 닿거든요.

권영국 '잘사니즘', 이 표현이 가리키는 게 뭘까요. 사람은 누구나 평등하고 존엄하게 태어났다 이렇게 얘기들 하잖아요. 잘사니즘이 우리 누구나 다 자기가 가지고 있는 재능, 존재에 대한 존엄 이런 것들이 인정돼서 잘사는 것을 염두에 둔 말일까요? 지금 얘기되고 있는 잘사니즘은 불평등을 심화시킬 수밖에 없는 이 구조에 근거해서 더 돈을 벌게 해주겠다, 여기서 머물고 있다고 생각해요.

윤지나 예를 들면 부동산에 투자하는 것보다 주식에 투자하는 게 더 이득이다, 누구나 주식부자가 되는 사회, 이런 얘기라고 하시는 거죠?

권영국 맞아요. '잘사니즘'을 내세우면서 우선 주식 투자부터 하라고 권유하는 게 사실이잖아요. 이런 것들이 옳은가요? 착실히 노동을 하면 당신도 정말로 대우받으면서 살 수 있다, 이렇게 얘기하지는 않잖아요. 자본이 노동을 착취하는 구조, 양극화와 불평등을 심화시키는 이 구조를 어떤 식으로 완화하고 해소해 나갈지에 대한 이야기로 '잘사니즘'을 채워야 하는데, 이건 그대로 두고 잘살자고만 하는 게 어떤 의미일까요. 결국 가진 것에 의해 규정되고 서열화되는 사회, 이 부분은 여전히 해결이 안 되는 겁니다.

:: 코스피 5천이 되면 내 삶이 나아질까?

윤지나 이재명 정부가 들어서고 잘사니즘을 상징하는 표어로 등장한 것이 '코스피 5천'입니다. 사람들은 '5천피'라고도 하더군요. 대표님 말씀은 이 역시 불평등과 양극화 심화가 불가피한 현재 구조 위에서 나온 얘기라는 거군요.

권영국 주식 투자가 정말로 우리를 잘살게 해줄까요? 내란 청산을 한 다음에 주식을 하면 평범한 사람들의 삶이 바뀔까요? 저는 그렇게 생각하지 않습니다. 예를 들면요, 대통령이 나서서 "산재 사망사고 근절 원년을 만들자"고 얘기를 하고 전 부처에서 대책을 내라고 했잖아요. 그런데 사망사고는 왜 계속 일어날까요? 구조를 바꾸지 않고 주장과 선언만 한다고 사망사고를 줄이지는 못한다는 애깁니다. 노동자를 위험으로 내모는 원인을 건드려야 하거든요.

윤지나 주식은 우리 삶이나 노동의 후퇴라는 구조적 문제를 해결하는 데는 아무런 도움을 주지 않는다?

권영국 광주 학동 철거사건*의 실제 사례를 들어 설명할게요. 설

제1부 대선 후 1년, 권영국의 대차대조표

계 시 평당 28만 원으로 공사 철거비가 책정되어 있었다고 합니다. 그런데 몇 단계 다단계 하도급을 거쳐 실제로 공사를 맡은 철거업체는 평당 4만원을 받고 철거 업무를 수행했다는 거죠. 상상이 가나요? 평당 인건비가 이렇다면 철거 기간을 대폭 축소하고 일을 빨리 끝내는 수밖에 없겠죠? 작업 기간이 길어지면 그만큼 인건비가 많이 들어가게 될 테니까요. 안전과 관련된 부분은 당연히 뒷전이 될 수밖에 없고요. 이런 구조가 바뀌지 않는 상황에서 다단계 하도급의 끝에 가 있는 사업주의 입장이 되어보면, 챙길 여유가 있을까요? (*2021년 6월 9일 광주광역시 동구 학동4구역 재개발 현장에서 철거 중이던 5층 건물이 무너져 시내버스와 차량을 덮친 대형 붕괴사고. 사망 9명을 포함해 17명의 사상자가 발생했다. 붕괴 원인과 관련해 철거 작업이 여러 차례 하도급을 거치며 단가 인하 압박을 받는 고질적 문제가 또 한 번 드러났다.)

윤지나 하지만 말씀하신 대로 주식 투자가 우리를 잘살게 해주는 것에 대해 회의적이라고 해도, 부동산에 지나치게 집중된 자산 선호라든지 이런 흐름을 바꾸는 데는 긍정적인 부분이 있잖아요. 그 결과 어떤 식으로든 우리 삶이 나아지는 데 영향을 줄 가능성은 없나요?

권영국 부동산은 매우 한정된 자원이고 불로소득이라는 얘기들은 많이 합니다. 그런데 주식은 다른가요? 생산적인가요? 이 회사가 가능성이 있으니 투자를 통해 기업을 살려야 되겠다는 취지를 가지고 투자하는 사람이 몇 퍼센트나 될까요?

윤지나 될 만한 기업을 알아보고 저 기업이 잘되면 나도 돈을 벌자, 이런 마음이랑 많이 다른 건 사실이죠.

권영국 주식 투자를 둘러싼 얘기들을 보세요. 시가총액 어느 기준 이하인 기업에 대해서는 함부로 투자하지 말라, 이런 이야기가 당연하게 나옵니다. 기술이 있는데 자본이 없어서 투자액을 모아야 할 기업은 스타트업이니까 아직은 안정된 상태가 아니겠죠. 그런데 주식시장의 생리가 이들에게 투자를 하도록 하나요? 가치를 높여 나가는 투자인가 아니면 주식을 통해 양도차익을 노리는 투자인가, 실제 투자자들이 어떤 동기를 갖고 움직이나 생각해보면 답이 나오죠.

윤지나 그래도 부동산과 주식은 다르지 않나요? 적어도 주식은 기업의 실적이라는 게 존재하고 기업의 노동자도 존재하고, 생산과 관련한 활동이 있잖아요.

권영국 원칙대로라면 그 말이 맞죠. 하지만 우리 주식시장에서 주류를 형성하고 있는 건 현재 존재하고 있는 구주, 이걸 사고팔고 하는 과정이에요. 이걸 사고팔고 한다고 정말 기업에 장기적인 생산적 도움이 될까요? 물론 주가가 올라가면 회계 상의 자산이 늘어나고 기업이 대출받을 때 이자율이 낮아지는 등 유리한 조건이 만들어질 수 있을 겁니다. 주식을 가진 주주들은 부자가 되겠죠. 하지만 주식시장에서 주식을 사고파는 돈이 직접 기업으로 들어가 그 기업의 투자에 쓰이냐는 겁니다. 결국 주식 투자는 주식을 사고파는 사람들 사이의 경쟁인 거죠.

제일 우려스러운 건 이런 겁니다. 기업이나 경제가 성장하고 있을 때는 주가가 올라가잖아요. 실물 가치가 늘어나는 데 비례해서 주가가 올라가면 괜찮아요. 문제는 실물 가치가 안 올라가는데 주가만 계속 올라가는 상황이에요. 허구라는 겁니다. 그저 돈 놓고 돈 먹기 판이라는 거죠.

이재명 대통령의 경우 부동산 가격을 과열시키지 않으려는 수단으로 부동산 쪽으로 돈이 몰려가지 않게 하자는 것, 부동산 문제 해결을 위한 출구를 찾으려는 의도도 있는 것 같아요.

윤지나 이미 부동산을 소유하고 있는 사람들의 이해를 건드리지 말아야 하니까 이런 식으로 주식시장에서 출구를 찾은 걸까요?

권영국 그런 점이 있을 겁니다. (잠시 생각) 부동산 기보유자들은 매우 보수적인 입장을 갖게 될 수밖에 없잖아요. 가진 재산을 지켜야 되니까. 그러니까 욕망을 다른 욕망으로 대체시키면서 지지 세력을 만들어가는 과정으로 보입니다.

:: 부동산과 주식 열광 뒤에 가려진 노동 폄훼

권영국 지금 우리 사회에서는 주식 투자를 불로소득이라고 얘기하지 않죠. 그러나 주식 투자는 실물 가치를 증가시키느냐, 생산성을 어떻게 높이느냐와 관련해 별로 기여하는 바가 없습니다. 자기가 열심히 땀을 흘려서 일을 하고 그 노동의 대가를 가지고도 인간다운 삶의 조건을 갖출 수 있고 그런 사회가 건강한 사회잖아요. 그런데 지금은 성실하게 일하는 대신 리스크를 감수하고 투자를 해야 삶이 나아진다고 주장하는 사회죠. 그런 사회가 과연 건강한 사회일까요?

윤지나 열심히 일을 하고 대가를 받아서 저축을 하고 미래를 설계하는 삶이 아니라, 얼마나 투자를 잘하는지가 삶의 질을 결정하는 상황이 됐다는 말씀이시군요. 주식에 대한 열광 뒤에서 노동의 가치가 훼손되고 있다는 점을 짚어주시네요. 주식과 노동이 이렇게 연결된다는 점은 미처 생각하지 못했어요.

권영국 일종의 가치 전도 현상이라고도 할 수 있겠죠. 주식 정보를 열심히 듣고 투자하는 것으로 삶의 가치를 담보하면 안 되는 것 아닐까요? 노동은 단순히 돈을 벌기 위해서만 하는 건 아니잖아요. 생계나 소득의 문제도 있지만 자기를 실현해 가는 과정이기도 합니다. 사회적 관계, 연대 이런 걸 맺어나가는 수단이기도 하고요. 이런 것까지 다 사라져 버리는 거예요. 오로지 물질적인 가치만 남는 거죠.

윤지나 그러고 보니 성실히 가정에 회사에 사회에 기여하고, 이런 식으로 살아도 나는 안정적으로 살 수 있고 존엄을 지킬 수 있다는 그런 확신이 사라진 지 오래됐네요.

권영국 제가 1980년대에 고등학교 다닐 때나 대학에 들어갔을 때까지만 해도 사람들이 그런 식으로 생각을 했죠. 내가 열심히 일을 해서 일정 부분 저축하고 지내다 보면, 반지하방에서 지상으로, 단칸 월세방에서 전세방으로, 하는 식의 계획이 가능했습니다. 여기에 맞춰 아이를 언제 출산할지도 설계하고요. 동시에 이런 계획들이 비단 나 혼자만의 얘기가 아니라 나의 노동이 나라의 경제에 기여를 하고 있다는 자부심으로까지 연결돼 있었죠. 이런 저변이 있다 보니까 아파트 청약이 당첨되면 서로 축하해주고 그랬던 거고요. 그런데 지금은 미래에 대한 설계가 불가능한 시대입니다.

윤지나 흙수저는 언제나 있었는데, 미래에 대한 설계가 불가능한 시대에 흙수저는 더 어렵고 힘들어졌습니다. 주식시장에 대한 정부의 드라이브도 이런 시대적 조건의 연장선상에서 비판적으로 바라봐야 된다는 지적이십니다. 그래서 요즘 청년들이 노동 소득이나 부동산 투자는 글렀고 접근 가능한 코인이나 주식을 하자, 이렇게 생각하는 분위가 된 걸까요?

권영국 주식이란 게 실물 가치가 증가할 때 일정 부분 함께 성장하는 거라면 괜찮은데, 실물 가치와 관계없이 오르는 거라면 정말 문제죠. 지금 우리 경제가 저성장 시대로 가고 있으니까 말이에요. 투자를 해서 당신의 삶을 개선하라는 얘기, 국가가 그걸 이렇게 '몰빵'을 할 정도로 권장해도 되는 정책인가 생각해 봐야 합니다. 내가 열심히 땅을 일구고 회사에서 일해서 내 삶의 일정 부분, 미래도 설계할 수 있고, 최소한의 존엄한 삶이 보장되는 사회로 가도록 하는 게 국가의 역할 아닐까요?

'열심히 일한 당신, 훌륭합니다.' 이런 인정을 해주는 사회로 가도록 유도하는 게 맞지, '투자를 하세요'라고 등 떠미는 게 국가 역할일까요? 그러면 투자를 안 하거나 못하는 사람은 어떻게 되는 겁니까? 지금 우리나라 주식 투자자들이 1,400만이라고 하는데 우리나라 인구가 5,200만이에요. 나머지 3,800만 명의 사람들은요? 그들이 제대로 살고 있지 않은 건 아니잖아요.

윤지나 지난 정권까지는 부동산 부자의 이익에 국가가 복무하던 측면이 있었는데, 지금은 주식 투자자들의 이익에 복무하는 시대이군요. 부동산 양극화에는 어떻게 해도 손을 대기 힘드니까 다른 자원을 동원하는 셈인데요. 주식 자산도 부동산처럼 양극화되고 슬픈 결말을 맞이할까요?

권영국 '국민의힘' 전신이나 보수 정권이 '대출해줄 테니까 집 사세요, 빚내서 집 사요'라고 했었는데 이런 게 통했던 세대는 5,60대예요. 이들은 이미 자리를 잡은 세대니까 이들에게는 '주식에 투자하세요'라고 말해도 문제가 없겠죠. 이렇게 해서 주식 투자로 또 양극화가 발생하는 겁니다. 일단 안 하는 사람 규모가 더 큰데 말이죠. 과연 국가가 정책적으로 사회를 더 불평등하게 하고 양극화를 심화시키는 방식의 정책을 권장하는 것이 맞나, 다시 한 번 질문하고 싶습니다.

윤지나 그러면 또 다른 양극화로 가는 방식이 아니라 더 나은 삶을 모두 누릴 수 있게 하는 정책적 권유는 어떤 모습일까요?

권영국 일단 이렇게 얘기해야죠. 당신은 노동을 통해서도 얼마든지 당신의 존엄성을 지키면서도 살아갈 수 있어요. 우리는 그 노동의 가치를 제대로 인정하는 사회를 만들기 위해서 최선의 노력을 다할 거예요, 이게 우선이죠.

주식시장에 대해서는, 주식이 작전 세력에게 휘둘리지 않도록 공정한 시장을 만들겠다고 얘기하는 건 맞죠. 그런데 주식 투자해서 돈 벌라고요? 우리 국민들 모두를 다 자산가를 만들고 싶어 하는 것 같은데 불가능합니다. 소수의 투자자들만이 주식을 통한 자산가가 될 수 있어요.

윤지나 그들이라면 일단 주식 투자에 넣는 돈의 규모가 다를 테니까요. 투자자 1,400만 명 중에는 주식으로 벌기는 했는데 차익 실현해 보면 밥 한 끼 값이고 그런 사람도 많을 거예요.

:: 성장 아닌 평등만으로도 충분히 잘살 수 있다

윤지나 21대 대선 캠페인에서 일찍부터 이재명 후보는 성장을 강조했죠. 그때 TV토론에서 대표님은 이재명 후보에게 여러 소중한 가치들에 대해 얘기하면서 언제 할 거냐 물었고, "해야 될 일들이지만 지금 당장 하기는 어렵다"면서 추후 과제로 돌리는 듯한 뉘앙스의 답변이 돌아왔어요. 대표님은 다소 화난 얼굴로 "영원히 못할 것 같다"고 잘라 말하셨고요.

권영국 해야 될 일이지만 논쟁과 갈등이 심화된 상황에서는 지금 당장 하기 어렵다며 나중으로 미루는 답변이었죠. 우리 사회에 놓인 문제로는 여러 가지가 있겠지만, 내란 세력을 청산하는 문제는 사법 정의와 법치에 따라 철저히 진행하면 될 문제입니다. 일종의 정치적 조건에 관한 거죠. 그러면 정치적 조건만 바꾸면 내 삶이 바뀌나요? 사회경제적 조건을 바꿔야 하는데 그러려면 우리 경제가 어디에 어떻게 와 있는가를 먼저 봐야 하겠죠. 지금까지는 성장을 지속해야만 살아남는다고 했잖아요. 무역하고 수출을 해야 해, 이 얘기는 제가 태어날 때부터 들었어요, 그래서 우리 경제가 규모로 보면 10위권이라고 말할 정도로 성장했고 스스로 '경제선진국'이라는 표현도 하게 되었죠. 그럼 언제까지 성장해야 삶이 나아질까요?

윤지나 성장하지 않으면 도태되는 자본주의 사회이니까 영원히 성장해야 하는 거 아닌가요?

권영국 경제 수준을 세계 10위권까지 올려놓았으면, 우리보다 경제 규모가 훨씬 작은 나라보다는 사회보장도 잘 돼있고 살기 좋아야 하는 거 아닌가요? 더 나아졌어야죠. 교육만 봐도, 사교육을 안 해도 되는 그런 사회여야 할 텐데요. 파이를 계속 키워야 한다고 하는데, 커져 있는 파이를 가지고 지속적으로 사회가 선순환하는 구조로 가고 있는지 따져 봐야죠.

게다가 최근 국제 무역이나 경제 질서를 보니, 트럼프 같은 약탈자가 등장해 기존의 질서를 다 무너뜨리고 있어요. 수출 의존적인 경제만으로 선순환을 할 수 있다는 전제에 회의가 들 뿐 아니라 근본적으로 위험할 수 있다는 걸 알게 됐죠. 불안정한 외부 조건에 따라 우리 경제가 시소를 탈 수밖에 없는데, 그렇다면 이런 구조를 극복해야 합니다. 그러려면 튼튼한 내수 시장이 필요한 거죠.

윤지나 소비가 필요하네요. 가처분소득 증가가 필요하고.

권영국 일반 서민이나 노동자들의 주머니가 두둑해야 가능한 일입니다. 그런데 문재인 정부의 '소주성', 소득주도성장도 실패하고 말았어요. 왜 그럴까요? 지금은 경제가 너무 양극화된 나머지 일반 서민들에게 소득이 줄고 있는 추세를 되돌리기가 힘들고, 웬만한 소득 지원으로는 소비 진작도 요원해서 결과적으로는 다시 수출에 의지해야 하는 상황인 거죠. 안은 이런데 또 밖에서는 트럼프라는 약탈자가 등장했습니다. 국가의 부가 아주 적을 때는 우리 1인당 국민소득이 1천 달러 이 정도였는데 지금은 너무 다르잖아요. 수출해서 벌어들인 돈은 다 어디로 갔나 고민을 하지 않을 수 없습니다. 수출해서 나라에 들어온 돈이 아래쪽으로 많이 이전이 됐다면 우리 시장이 지금보다 훨씬 튼튼할 수 있었겠죠.

윤지나 기업들이 수출해서 돈을 벌어들인 데는 서민과 노동자들의 기여가 상당했죠. 수출 기업들이 은행으로부터 대출받을 수 있도록 서민들의 저축이 씨드머니 역할을 했고요. 값싼 인건비로 노동을 제공해서 기여를 한 것은 말할 것도 없죠.

권영국 나라가 가난할 때는 절약해라, 저축이 애국이다, 그랬었죠. 그리고 저축은 서민 노동자들의 삶에도 중요했던 게, 빚은 일부만 지고 저축을 통해 집을 마련할 수 있었거든요. 1980년대까지는 확실히 그랬어요. 그런데 더 잘살게 됐다는 지금, 집을 사면 대출 갚는 데 허덕이며 평생을 보내는 삶을 살고 있어요. 이게 맞나요? 돈은 다 위에만 머물러 있어요.

핵심만 보면 아주 쉬워요. 그냥 이런 이상한 상황을 인식하고 문제를 풀면 됩니다. 이처럼 평등하지 않아서 빚어지는 문제가 실제 우리 사회에서 매우 핵심적이고 본질적인 문제라는 겁니다. 이 대

제1부 대선 후 1년, 권영국의 대차대조표

목에서 '더 중요한 것을 위해' 차별금지법 등을 뒤로 미룬다는 건 무슨 의미일까요? 여기서 차별은 핵심적이고 본질적인 문제를 해결하기 위해 반드시 접근해야 하는 이슈입니다. 차별이 단순히 성적 지향, 이주노동자, 이런 문제에 머무르는 게 아니기 때문이에요. 인종, 국적, 성별, 성적 취향, 종교, 학력… 이건 존재의 문제인 동시에 생존의 문제이기 때문이에요. 예를 들어 성소수자가 정체성을 드러내는 순간 채용이 안 되고 우리 사회로부터 완전히 배제되는 거예요. 실업자에 대한 사회안전망이 제대로 안 갖춰진 나라라면 굶어죽는 문제가 되고요. 이 사람들은 국가에 기여하지 않는 사람들인가요? 이런 것을 나중 문제라고 하는 건 이들에게는 먹고사는 문제, 생존을 위한 최소한의 조건을 나중으로 미루자는 말이 되는 겁니다.

:: 손바닥에 쓴 백성 '民'

윤지나 성장만 외치다가 진짜 삶의 조건을 바꾸는 건 못할 것 같다! 라는 일갈은 대선 때도 인상적인 방식으로 전달됐습니다. 성장, 성장, 영원히 성장하자면서 수출 대기업에 몰아줬는데 일반 서민들의 삶은 왜 그만큼 나아지지 않았을까, 이런 의문을 가져야 한다는 거군요.

TV토론에서 손바닥에 썼던 '백성 민(民)'도 누구를 위한 경제정책인가, 나아가 누구의 국가인가에 대한 이야기를 하고 싶었던 거겠죠. 게다가 패러디잖아요? 20대 대선에서 윤석열 당시 후보의 '임금 왕(王)'에 비교되는 장면이 연출됐는데, 대표님이 너무 진지한 표정으로 나는 아무것도 모른다는 듯이 손바닥을 펴보여서 재

있긴 했습니다. 어떻게 그런 생각을 또 하시게 되었어요?

권영국 김종대 TV토론 본부장의 아이디어였는데, 그때 내부적으로 설왕설래가 있었어요. 우리가 비록 정반대 방식이기는 하지만, 윤석열 같은 정치인의 문제적 행동을 본뜨는 게 맞느냐 하는 반론이 있었어요. 적어도 선명한 차이를 보여주면 된다, 하는 반론도 있었고요. 저도 거기에 동의를 해서 쓰고 나왔던 거죠. 토론 시작하기 전에 대기실 있잖아요. 그 안에 작은 방이 또 하나 있었는데, 거기 김종대 본부장과 저랑 둘만 들어가서 몰래 쓴 거예요.

윤지나 뭘 또 그렇게 신성한 의식처럼 하셨나요? 혹시 윤석열처럼 주술적 의미가 있는 것 아닙니까?(웃음)

권영국 방송에 송출되는 순간까지 우리 관계자를 비롯해서 대부분이 어떤 방식으로 글자가 노출되는지 몰라야 했으니까요. 실제 방송에서 손을 펼치기 전까지는 나랑 김종대 본부장 두 사람만 그 글씨를 봤고, 다른 분들은 화면을 통해 확인했죠. 손바닥의 글씨는 '발견되어야만' 한다, 이런 의도였으니까요.

윤지나 윤석열의 손바닥 왕 자는 들키면 안 되는 거였는데, 권영국의 백성 민 자는 반드시 들켜야만 하는 거였군요. 내용이나 형식 모두 반대네요.

권영국 윤석열은 '발각'된 거고 우리는 '발견'된 거죠.(웃음)

윤지나 그런데 왕이라는 글자를 윤석열이 쓰고 나왔을 때 사람들은 주술적 의미가 있느냐 하는 부분에 대해서는 관심이 많았는데, 대통령을 왕이라 여기는 사고방식 자체에 대해서는 크게 주목하지 않았던 것 같습니다. 군주를 모신 역사나 군주에 준하는 군사독재에 시달린 역사 때문인지 대통령 선출을 권력자 뽑는 행사로 보는 인식들이 아직도 많은 것 같아요.

제1부　대선 후 1년, 권영국의 대차대조표

권영국 맞습니다. 저는 대통령이란 절대 권력자가 아니라 민중들의 대표자임을 분명하게 대비시키고 싶었어요. 대통령 선거란 왕을 선출하는 행사가 아니라 주권자 자신이 부릴 민의의 대표를 뽑는 선거임을 환기시키고 싶었습니다. 그런데 실제 선거에서는 권력자를 뽑는 행사로 인식되는 것 같아 안타깝습니다. 대통령 자리를 거머쥐는 쪽이 모든 것을 가져가는 정치시스템이니 더욱 그렇게 느껴질 수밖에요. 심부름꾼이 아니라 권력자를 배출하는 선거라고 생각하다 보니 진영으로 갈라져 정책은 뒷전이고 상대를 헐뜯고 공격하는 데에 총력을 기울이게 되는 것이고요. 양당 진영 정치의 가장 큰 폐해 같은데요. 상대가 실패해야 승리할 수 있는 정치 구도이다 보니, '저 자는 절대로 안 돼!' '공존은 불가능해!'라며 서로를 악마화하는 정치가 점점 심화되고 있는 겁니다.

그러다 보니 상대의 약점을 끄집어내서 그것을 과장하고 지속적으로 확대 재생산하는 거죠. 정책 내용을 두고 호불호나 선택을 결정하기보다 저 사람은 내가 반대하니까 그 행동과 입에서 나오는 모든 게 싫어, 결국 감정적이고 정서적인 호불호 선거로 치닫게 되는 것이죠.

미디어의 영향도 있는 것 같은데 '쇼츠'라든지 이런 포맷으로는 정책 내용을 다루는 데 한계가 있고 그냥 이미지만 소비하는 거잖아요. 짧은 인상에 의해서 굉장히 많은 영향을 받는 환경이 만들어져 있는데, 이러한 미디어의 특징과 흐름을 잘 분석해가면서 새로운 미디어 환경에 적응하기 위한 노력을 더 기울여야 할 필요는 있겠습니다.

윤지나 갑자기 지지난 대선 때 '탈모' 공약이며 이번 대선에서 '스드메' 공약이 떠오르네요.* 더 나은 삶을 위한 얘기는 중요하고 무거워질 수밖에 없는데, 정의당 입장에서는 이런 얘기를 가볍게 전달하고 확산시키는 방법이 맞는지, 이런 고민들을 안에서 많이 했을 것 같아요. (*20대 대선에서 민주당 이재명 후보는 생활밀착형 공약의 일환으로 '탈모치료제 건강보험 적용' 공약을 내놓았다. 또 21대 대선을 앞두고 국민의힘은 청년층 결혼부담 경감 정책으로 스튜디오·드레스·메이크업을 말하는 '스드메 비용 정상화' 공약을 내놓았다. 중대한 대선 공약을 비웃음거리로 만든 공약들이었다.)

권영국 그런 엄중한 주제들을 '탈모'나 '스드메' 공약 같은 가십거리로 만들 수는 없죠. 사람의 생사가 달린 일, 예를 들면 산재 문제라든가 비정규직 차별 문제 같은 것을 가볍게 다룰 수는 없잖아요. 하지만 이런 문제를 또 너무 무겁게만 접근하면 특히 젊은 세대 같은 경우에는 처음부터 안 볼 테고요. 이런 점들을 인식하고는 있어요. 다만 이 두 가지를 어떻게 잘 조화시킬 것인가에 대해서는 더 많은 고민이 필요하겠죠.

윤지나 아직 결론에 이른 대안은 없는 것 같아요. 그런데 미국 뉴욕시장 선거에서 승리한 조란 맘다니 같은 경우도 있잖아요. 민주사회주의자를 자처하면서 급진적 공약도 내놓고, SNS를 성공적으로 이용하고 있다는 평가를 받고 있는데요.

권영국 좀 더 연구를 해야 하는데, 맘다니는 기본적으로 젊다는 이점이 있는 것 같고, 또 하나는 제안한 공약 자체가 미국에서는 꽤나 파격적인 내용이라 관심을 모은 듯합니다. 게다가 오랫동안 자신을 '민주적 사회주의자'라고 하면서 일상적으로 저변에서 활동을 하고 있었단 말이죠. 그런 것들이 이번 기회에 성공적으로 표출된 게 아닌가 싶어요.

윤지나 제가 맘다니를 보면서 인상적이었던 건, 자신을 '힙'하다고 생각하는 뉴요커들이 많잖아요. 지금은 '강남좌파'라는 말이 조국 대표 때문에 의미가 좀 달라지긴 했지만 한때는 '많이 가졌지만 개념 있는 사람들'이라는 뉘앙스였다는 말이죠. 뉴욕에서 그런 강남좌파 같은 사람들한테 맘다니가 호소력이 있었다는 것, 그런 지점은 정의당도 참고할 만하지 않나요?

권영국 물론이죠. 얼마 전에 우리 정의당 당사가 들어 있는 벤처 단지 구내식당에 밥을 먹으러 갔는데 한 40대 후반 내지 50대 초반쯤 되어 보이는 남자분이 저를 유심히 보는 거예요. 그러더니 안녕하세요, 하면서 자기도 이번 대선에서 저를 찍었다는 거예요. 그래서 어디에 근무하세요? 이런 대화를 건네는데, 그분이 "이번에 권 후보님을 찍은 사람들은 노동자가 아니라 그 토론 내용을 보고 찍었을 겁니다" 하시더라고요. 또 저희 당사가 있는 건물 1층에도 음식점이 있는데 비싸서 못 가던 곳을 기회가 생겨서 갔는데, 사장님과 매니저가 '찐팬'이라면서 너무 환대를 해주시는 거예요. 제 나름대로는 가능성을 보려고 노력하고 있습니다.

진보정치를 어떻게 설득할까? 그 지난한 일

:: 진보는 이뤄지지 않을 당위만 얘기한다?

윤지나   지금까지 정치에 대한 유권자들의 정서적 접근 태도에 대해 잠시 짚어보았습니다. 일단 대표님은 문제의 '정서적 불호의 덫'에는 아직 안 걸리신 것 같네요. 찍었거나 응원해주는 유권자 말고 감정적으로 "당신은 싫어!" 하는 유권자를 대선 기간 만난 적이 있나요?

권영국   일반적인 유권자의 경우에 대선에서 품성이나 이런 면을 가지고 저를 탓한 사람은 거의 없었어요. 그런데 김문수 지지자들은 좀 달랐죠. 제가 악수를 거부한 것을 두고 나를 굉장히 무례하고 협량하다고 생각한 것 같아요.

윤지나   아니, 꾹 참고 악수 좀 하지 그러셨어요.(웃음) 아까도 잠깐 짚었지만, 관종 기질도 없고 나서는 것보다는 해결하는 것 좋아하는 대표님 성정에, 악수는커녕 대선 후보로 나가는 것 자체가 큰 결심이었을 것 같아요. 본인이 모수자천(毛遂自薦)하는 타입은 아니신 것 같고, 무엇보다 현실적으로 당선 가능성이 낮은 상황에서 무엇을 위해 대선에 나가야 했던 걸까요?

제1부 대선 후 1년, 권영국의 대차대조표

권영국 국회에서 탄핵소추 의결이 이뤄졌을 때부터 정당 대표로서 출마 요구를 받을 것으로 예상했습니다. 솔직히 처음에는 피하고 싶었죠. 그러나 진보정치의 존재와 필요성을 알리기 위해 출마가 불가피하다면 그 책임을 다하는 것이 올바른 선택이라고 생각했습니다.[*] (*권영국은 출마 선언을 하면서 "사회대개혁은 한평생 노동자와 사회적 약자들과 함께 해왔던 '거리의 변호사' 저 권영국이 가장 잘할 수 있는 일"이라며 "올곧게, 단단하게, 그리고 당당하게 나아가겠다"고 밝혔다.)

윤지나 광장에 시민들이 모이고 새로운 생각들이 쏟아져 나올 공간이 열렸지만, 법원의 윤석열 구속취소 결정 이후 '혹시 정권교체가 안 되는 것 아닌가', '계엄에 대한 단죄가 제대로 이뤄지지 않을 수도 있지 않을까' 하는 위기감이 증폭됐어요. 정의당이 '내란 청산'과 '사회대개혁'을 모두 추구했지만, 위기감 때문에 내란 청산 쪽에 방점을 찍는 분위기가 조성됐죠. 무엇보다 지금은 각자도생 철학으로 무장해야 살아남을 수 있다는 생각, '부자 되세요'라는 광고 카피, 이것도 벌써 한참 됐네요…, 여하튼 이런 카피가 보여주는 어떤 세태가 만연했고요.

그런데 진보정치는 당위에 가까운 이야기만 한다, 일단 배부르고 보자는 이야기는 안 한다, 이런 인식이 있죠. 이 부분에 대한 고민은 어떻게 하세요?

권영국 우리 아들하고의 대화에서도 그 얘기가 나왔던 기억이 나요. 비정규직 교사들의 정규직화를 두고 이건 공정을 해치는 일 아닌가 하는 말이 나오고, '인국공' 사태가 대표적이겠죠.[*] 거의 모든 공기업에서 정규직들이 비슷한 입장들을 내고 그랬을 때예요. 우리는 결국 경쟁에서 이겨야만 사회적인 발언권 또는 나름대로의 어떤 보장, 혜택이 가능하다고 생각하는데, 이게 정말 공정한 사회가 맞다고 생각해? 라고 아들에게 물었어요. "그래 좋아, 시험을 하나의 기준이라고 보자, 그런 자리에 올라갈 수 있는 사람이 몇이나 될까? 시험이라는 관문을 통과해 혜택을 누릴 수 있는 일자리가 한 10~15퍼센트 되겠지? 그럼 나머지는 뭐가 되는 걸까?" (*'인국공 사태'란 문재인 정부 시절인 2020년 인천국제공항공사가 비정규직 보안검색요원 1,900명을 정규직으로 직접 고용하겠다고 발표하면서 촉발된 대규모 논란을 말한다. 청년층을 중심으로 공정성 훼손, 기회의 불평등에 대해 문제가 제기됐다. 공공부문 비정규직 정책과 공정에 대한 청년층의 불안감이 얽힌 대표적인 사례.)

윤지나 아드님이 많이 힘들었겠다.(웃음) 그래서, 아들은 뭐라고 하던가요?

권영국 제가 계속 물었죠. "시험에 통과한 사람은 제대로 된 대우를 받아야 되는 거고 나머지는 그건 네가 못한 거니까, 능력이 없으니까 감수해야 돼. 이런 논리로 차별하고 그러는 게 정말 너무나 당연한 사회가 된 것 같다. 아들, 너는 어떤 길을 택하는 게 맞는 것 같아? 그 낙타가 들어가야 할 것 같은 바늘구멍 같은 경쟁에 뛰어드는 게 나을 것 같아, 아니면 그런 서열과 위계를 평평하게 만드는 노력을 하는 게 더 빠를 것 같아? 그리고 어떤 사회가 더 행복한 사회인 것 같아?"

우리 아들은 아무래도 그동안 나한테 가스라이팅 당한 게 있으니까…(웃음) "아버지 생각이 맞는 것 같아요" 하더라고요. "아무리 노력해도 거기까지 올라갈 수 있는 사람은 제한돼 있잖아요. 나머지는 그냥 하청노동자를 하면서 자기 미래를 설계할 수도 없는 삶을 살아야 하는데 그건 아닌 것 같네요"라고요. 격차가 적어지는 게 더 나은 결말 같다는 얘기를 나눴습니다.

'이기적 개인'이 서로 경쟁할수록 좀 더 바람직하고 행복한 사회가 만들어진다는 건데 실제로는 그렇지 않잖아요. 사실은 내 이기적 욕심을 정당화하려는 논리가 오히려 자신을 포함해서 훨씬 다수의 사람들로 하여금 불행한 상태를 감수하게 만드는 거죠.

:: '이기적 개인'에게도 평평한 사회가 더 좋다

윤지나 결과적으로는 '이기적 개인'이라는 저 단어를 포기하지 않고도 이 상황을 설득할 수 있을 것 같은데요. 이기적 개인이여, 이게 당신한테 최선의 방법일까? 네가 그 경쟁에서 살아남을 가능성보다 평평해져서 얻는 이익이 더 낫지 않아? 이렇게 볼 수 있는 거잖아요.

권영국 저도 그렇게 설명한 거죠. 우리 사회 구성원이라면 기본적인 것들이 보장될 때 훨씬 더 많은 사람들이 행복해질 수 있다는 것, 차이나 격차가 줄어들수록 개개인의 삶이 더 나아진다는 것이죠. 사회 전체적으로 그런 조건이 만들어지면 그 어떤 개인주의자라고 해도 손해로 느끼지 않는, 받아들이지 않을 수 없는 상황이 될 거라고 봐요.

윤지나 그런데 왜 지금은 그렇게 많은 사람들이 일종의 허위의식, 가스라이팅을 당한 상태일까요? 나만큼은 이 낙타바늘을 통과하고 누릴 것이다, 하는….

권영국 두 가지 이유가 있는 것 같아요. 첫째는 1997년 IMF 외환위기가 터졌을 때 많은 사람들이 경쟁에서 탈락하면서 어느 순간부터 지나치게 불평등해지고 서열화된 것이 이유일 겁니다. 쫓

겨나고 실직하고… 비정규직이 어마어마하게 만들어지죠. 그러나 이 자체만으로는 이유가 안 되고요. 둘째는 이런 결과를 정당화하기 위해 정규직과 다른 직군을 만들어서, 그러니까 '고용유연화'니 '고용불안정'이니 하는 방식으로 상황을 타개하고자 했던 건데, 그런 기준으로 이용된 것이 시험이고 이런 문턱을 더 강화시킨 게 아닌가 하는 생각이 들어요.

우리 교육이 이런 안 좋은 구조, 서열화 작업을 그대로 수용해버린 셈이죠. 그러니까 교육 관문이 지속적으로 성장 독식의 사고와 제도를 뒷받침해주는 게 아닌가 하는 생각이 듭니다. 초등학교 때부터 대입 얘기를 하더니, 이제는 유치원인데 '의대반' 따위의 얘기가 나오니까요.(한숨) 이런 식으로 학교 교육부터 우열을 계속 생산하잖아요.

윤지나 하지만 교육에 열을 올리는 건 한국 사회에서 유구한 전통 아닌가요? 내가 막일을 해도 내 자식만큼은 잘 공부시켜서 개천의 용을 만들겠다는 내러티브는 동북아 유교문화권의 특징인데…. 제가 아이가 있어서 하는 말은 아닙니다만.(웃음)

권영국 옛날에도 물론 그런 면이 있었죠. 그래도 그때는 일단 일자리를 제대로 구하기만 하면 그렇게 큰 격차가 나지는 않았어요. 우리 사회가 학력이나 학벌에 대한 차이가 심화되는 시기가 있어요. 1970~80년대만 해도 이렇게까지는 아니었어요. 물론 대학을 다닌 사람과 안 다닌 사람의 차이가 있기는 했지만 각 그룹 안에서 엄청난 내부 차이가 있지는 않았다는 거죠. 그런데 어느 순간부터 의대, 그 다음에는 스카이, 또 그 다음에는 인서울, 이 서열에 따라 엄청난 차별이 시작됐어요. 그래서 교육이란 게, '성공하려면 서울대 가야 해' 아니면 '의대를 가야 해', 이런 식으로 경쟁과 서열을 굉장히 심화하는 방식으로 가버린 거죠.

윤지나 교육이 대다수 사람들의 삶을 불행하게 만드는 현 체제에 복무하고 있다, 이건 너무 큰 얘기 같은데 어떻게 사람들을 설득해낼 수 있을까요?

권영국 결국 자본주의 속성과 연결시키지 않을 수 없습니다. 왜 교육이 이렇게 서열화되고 1등만을 알아주는 방식으로 가는지에 대해서요. 노동시장에서 자본이 노동을 착취하는 방식은 소수의 상층부에만 혜택을 주고 나머지에게는 착취의 정도를 높여서 모두가 상층부로 가기 위해 경쟁하게 만드는 거잖아요. 그러면 이런 과정을 합리화해야 하죠. 이게 능력주의하고 결합됩니다. 시험, 성적, 학력, 학벌, 이런 것들을 이제 '능력'이라고 표현하면서요. 이 모든 과정은 학교의 교육 제도와 긴밀하게 연결돼 있습니다.

제대로 된 일자리를 얻기가 힘들어? 그럼 공부를 잘하지 그랬어. 그러지 못했으니 당신은 대우받을 자격이 없어. 노력을 했다고? 같은 노력으로도 너보다 더 좋은 결과를 낸 사람이 있잖아. 그럼 부족함을 인정하고 가만히 있어. 이런 식이 되는 거죠. 그런데 이렇게 도태된 사람이 전체의 90퍼센트라는 거예요. 그런데 대다수가 이런 질서에 동의하고 구조를 유지하려 한다는 게 말이 되나요?

윤지나 일종의 허위의식이 유지되는 데 교육이 큰 역할을 했다…, 그렇지만 어쨌든 오랜 시간 이런 환경에서 지내온 사람들한테 다가가 생각과 행동을 바꿔야 하잖아요. 이 상황 맞습니까? 다시 한 번 생각해봅시다, 하고 외쳐야 하는데 정의당은 정공법을 쓰는 것 같아요. 정말 정직하고 솔직하게 천천히 설명하는 느낌이랄까요? 매운 맛이 없습니다.

권영국 그래서 답답하게 느껴지는 측면이 있겠죠. 제가 정의당에 입당하기 전 해고노동자 시절이나 노동인권 변호사 활동 시절 때부터 쭉 보면요, 이런 현실의 문제를 깨닫는 시기가 옵니다. 자기가 해고되거나 산재 피해자가 되거나, 지역의 경우에는 개발로 인한 피해를 입거나 이럴 때요. 이때 우리 사회에 존재하는 가진 자와 권력자들의 부조리한 지배를 체험하고, 사회 내부의 유착 관계를 알게 됩니다. 피해 사실에 대해서 눈 감아버리는 것까지요.

그리고 그때 자기 옆에 누가 있는가를 보게 되죠. 자기가 피해자가 돼서 현실의 문제를 체감하고 나서 "제가 2찍인데요, 손가락을 잘라버리고 싶습니다." 이런 얘기를 하거든요. 후회된다, 피해자가 됐을 때 자신이 정작 지지했던 국민의힘은 보이지 않는구나, 대신 정의당이 와있구나, 이런 걸 그제야 느끼는 거죠.

윤지나 꼭 그렇게 끝까지 가야만 알 수 있는 건가요? 설득의 결과가 아니라 불행한 체험의 결과잖아요.

권영국 그게 아니었다면 더 좋았겠죠. 저희가 산재 유가족들도 만나잖아요. 기업을 상대로 싸움을 하는 유가족들이 정말로 극소수입니다. 그분들도 "남의 일인 줄 알았는데 당해보니까 정말로 우리 사회가 잘못됐다는 걸 알게 됐다. 그리고 정말 필요할 때 누가 내 옆에 있는가를 알게 됐다." 이런 이야기들을 합니다. 실제로 당하기 전까지는 주어진 현실에 대해 대부분 그냥 참거나 인식하지 못하는 상태로 있죠. 문제가 표면화되고 나서야 비로소 우리 사회가 얼마나 강자 편인가를 깨닫게 되고…. 안타까운 일입니다.

그러다보니 진보정당이 우리 사회의 불평등이나 양극화, 자본주의가 태생적으로 가지고 있는 한계들에 대해 지적하고 바꾸자고 외치고 있는데, 몇몇이 저렇게 목소리를 낸다고 바뀔 수 있을까? 구조는 이렇게나 공고하고 강자는 너무나 강해 보이는데, 하고 생각하시는 분들이 많아진 거죠.

윤지나 얘기가 다시 반복되는데요. 당하기 전이니까… 현실의 부조리를 깨달을 수밖에 없는 사람들은 물론이고, 당하기 전에는 문제점을 알면서도 변할 수 있겠느냐 회의하는 사람들을 위해서라도 대표님과 정의당이 힘을 더 길러야겠네요.

권영국 죄송합니다. 저희가 힘이 약해서…. 하지만 벽이 정말 공고하다는 걸 느끼곤 해요. 노동조합의 경우만 보아도 과거에는 빨갱이 조직이라고 얘기했고 지금도 민주노총에 대해 '귀족노조'라든지 '기득권' 노동조직이라든지 왜곡된 인식을 끊임없이 심어놓고 있잖아요. 애초 노동조합은 사용자와 대등한 교섭력을 확보하자는 취지에서 만들어진 거죠. 사실은 굉장히 자본주의적 제도예요. 그런데 그걸 불온시하고 상당수는 그런 인식들에 오염돼 있다고 해야 할까요, 노조 활동은 곧 불이익을 감수해야 하는 활동이 되어버렸고… 두려움이 여전히 많습니다.

윤지나 자본주의가 와해되지 말고 스스로를 교정하면서 오래가라고 만든 게 노동조합인데 사용자는 어떻게든 노동조합의 힘을 약화시키려고 하죠. 그러고 보니 얼마나 공포를 느끼느냐에 따라 노동조합 조직률도 달라지네요. 불합리한 걸 아는데, 당장 내가 불이익을 받는 상황을 감수하고 노조활동을 할 수 있겠느냐 하는 문제군요.

권영국 불이익은 눈에 금방 들어오니까요. 예를 들면 300인 이상 대기업이나 공공기관에서는 노조 조직률이 월등히 높아요. 그런데 30인 미만인 곳들은 조직률이 0.1퍼센트로 떨어집니다. 그러니까 진보정치를 하자고 했을 때 '정말로 네가 대안 세력으로 권력을 잡고 우리 사회를 바꿀 수 있어?' 이런 의문에 대한 신뢰감이 아직 확보되지 않은 거겠죠. 그리고 저기 내란 세력, 최악의 권력에 정권을 내주면 안 되는데, 정의당에 주면 사표가 되지 않을까 이런 것도 꽤나 크게 작용을 하고요.

　　윤지나　내란 세력이 확실하게 정리가 돼야만 진짜 가치를 가지고 정치 주체들이 경쟁을 하고, 정의당이 집권까지는 아니더라도 무시할 수 없는 목소리를 낼 수 있는 걸까요?

　　권영국　진보정치를 비판하는 사람들은 두 가지 점을 두고 공격을 합니다. 첫 번째는 진보정치가 과연 대안 세력이 될 수 있느냐, 얼마만큼 대안 세력으로 인정할 수 있겠느냐 하는 문제죠. 두 번째는 승자 독식의 양당 체제에서 생존 가능한가의 문제입니다. 이 문제는 진보정당의 책임이 아닙니다만, 이 구조 위에서는 제3의 정당이 사실 발붙이기가 어렵습니다. 제3의 선택을 한 사람은 매번 당신의 표가 반대편에 도움을 주는 방식으로 작용한다는 비판*에 직면하곤 해요. (*대표적인 사례가 20대 대선에서 정의당 심상정 후보의 완주를 두고 진보진영 일부가 비난한 것을 들 수 있다. 표를 분산시켜 윤석열 당선을 도왔다는 주장이다. 이에 대한 반박으로, 심 후보의 표가 이재명 후보에게 상당수 옮겨갔는데도 지고 말았다는 주장도 많다.)

:: 승자독식 사회에서 당신이 이길 확률

　　윤지나　정의당의 입장을 설득하고 동의를 얻어내는 과정이 정말 중요한 것 같은데요. '평범한 당신에게는 이 체제가 매우 불리하다'는 것을 전달하는 게 결코 쉽지는 않겠죠. 당장 우리가 신분 사회에 사는 것도 아니다보니 자수성가 스토리가 신화처럼 간간히 나타나기도 하니까요. 그런 이유로 어떻게든 나만 이 경쟁에서 살아남으면 되는 것 아닌가, 하는 생각이 유지되는 걸까요?

권영국 '이기적인 욕심'에 대해 한번 펼쳐놓고 봅시다. 어떤 수단과 방법을 쓰든 주위는 상관없이 나만 잘먹고 잘살기를 바라는 이기적인 욕심, 이 욕심이 제대로 발동하기를 바라는 사람은 누구일까 생각해 봅시다. 지금과 같은 경쟁 체제를 가장 좋아하는 사람들은 누구일까요? 힘 있는 사람들이겠죠. 자신들이 그런 환경에서 잘 될 가능성이 가장 높으니까요. 지금 체제는 시험 경쟁을 뚫고 공기업 또는 대기업에 취업한 정규직, 전체 노동자의 10~15퍼센트 정도 규모의 사람들만을 만족시킵니다. 나머지는 최저임금 수준으로 지내야 하고요.

윤지나 그 상위 10퍼센트도 그들만 떼어서 보면, 날 때부터 체제 내 상위에 머무를 수 있는 사람은 정말 극소수이지 않나요? 다이아몬드수저, 금수저 이런 사람들이요. 10퍼센트에 들어가기 위해 출발선 자체가 어느 정도 좋은 사람들도 피 흘리는 경쟁을 하죠.

권영국 그러니까요. 금수저들은 처음부터 경쟁을 넘어선 곳에 있고, 경쟁을 뚫고 올라온 10퍼센트 정도는 그에 맞는 대우를 받아야겠다. 그렇게 보는 건데요. 그럼 나머지 다수는 뭔가, 이 생각을 해봐야 되잖아요.

윤지나 나머지가 대단히 큰 숫자를 이루고 있다. 그러니까 이 불합리한 체제를 바꾸려는 노력이 얇디얇은 최상층에 도달하는 것보다 차라리 쉬운 일이다. 그리고 그 결과는 즉각적으로 당신에게 효능감을 줄 거야, 라고 설득하고 싶으신 거군요.

권영국 네, 결국 우리의 주장은 누구도 밀려나거나 뒤처지지 않는 사회를 만들자는 겁니다. 차라리 아래쪽을 상향평준화시키면 그 10퍼센트라고 여겨졌던 쪽에 진입할 확률이 90퍼센트가 되는 거예요. 애초에 10퍼센트에 들어가려고 하는 경쟁은 성공 확률이 매우 낮았던 거고요.

10퍼센트에 들어가기 위해 인생 전부를 경쟁에 쏟아 부으며 그렇게 아귀다툼을 하고, 결국은 진입 가능성도 낮은 그런 경쟁 사회로 가는 것이 바람직하냐는 겁니다. 이기적인 욕심이라고 불리는 것과 그런 체제가 이익이 되는 사람들, 전체의 10퍼센트도 안 되는 그 사람들 그룹에 왜 모두가 함께하려는 거죠? 90퍼센트가 혜택을 받을 수 있도록 사회 제도와 경제 구조를 바꾸는 것이 오히려 이기적인 개인의 관점에서 보더라도 훨씬 더 달성 가능성이 있는 거죠. 현실성이 있다는 겁니다.

윤지나 이타성이나 선량함이나 정의까지 갈 것도 없이 그냥 합리적이고 타산적으로 생각해도 지금 이 상태는 아닌 것 같다, 나는 열심히 성실하게 살았는데 내 삶은 왜 이럴까에 대한 답이 될 수 있겠군요.

권영국 우리 사회는 아무리 열심히 살아도 경쟁에서 이기지 못하는 순간 노력한 것이 통째로 인정받지 못하는 그런 구조잖아요. 최소한 노력을 기울인 정도만큼은 인정받을 수 있는 체제로 바꿔나가는 것이 우리가 해야 할 일입니다. 승자가 되지 못하면 모든 걸 잃기 때문에 인생 전부를 10퍼센트 안에 드는 데 걸어야 하는 삶이 바람직한지 생각해봤으면 좋겠어요.

또 한 가지는 이런 구조 때문에 10퍼센트에 들려고 하지 않는 사람도 가만히 앉아서 손해를 본다는 거죠. 가령 부동산이 그렇습니다. 부동산 투자로 이익을 보기 위해서는 부동산 가격이 굉장히 뛰어야 되잖아요. 이건 가격이 계속 뛰는 지역에 집을 갖고 있는 사람들에게 한정된 얘기입니다. 그렇지 않은 사람들은요? 10퍼센트 논리로 보면, 부동산 이익 역시 10퍼센트의 경쟁에서 엄청난 이득을 볼 수 있는 사람이 있고, 나머지는 그 사람들의 이익이 커질수록 상대적으로 가난해지는 겁니다.

:: 소수자 정치? 아닙니다, 다수를 위한 정치입니다

윤지나 경제학의 기본 명제가 인간의 이기심인데, 권영국과 진보정치는 이걸 인정하지 않는다고 생각하는 사람들도 많은 것 같은데요. 설명을 듣고 보니, 오히려 본인이 처한 조건을 냉정하게 따져봤을 때 현 체제에 문제제기를 하는 게 합리적이라는 결론에 이르게 되는군요.

그런데 그런 판단을 하기에 앞서, 우리에게 필요한 최소한의 물질적 조건은 갖춰진 상황일까요? 당장 내가 이렇게 배가 고픈데 거기까지 생각할 겨를이 있어? 라고 질문할 사람도 있지 않을까요. 당장의 욕망을 채워줄 조건을 갖춰야 하는 거잖아요. 소비쿠폰 같은 이재명 정부 정책만 봐도 국민의힘 우세 지역에서조차 환영을 받는 게 우리 현실이니까요.

'당장 해야 할 일은 경제이고 잘사는 일이다'라는 주장은 바로 듣자마자 상당히 즉각적인 설득력을 갖는 것 같습니다. 그래서 받아들이는 사람은 '일단 내 배가 부르고 나서 다른 사람의 생존이니 권리이니 더 나은 사회이니 얘기하고 싶은데?' 하는 것일 수도 있고요.

권영국 이재명 대통령이 말한 '당장 해야 할 일'과 제가 얘기하는 '해야만 하는 일'이 어떻게 다른지 따져볼게요. 예를 들어 내가 고졸이라는 이유로, 특정 지역 출신이기 때문에, 비정규직이기 때문에, 장애인이기 때문에 차별을 받는다면 이게 먹고사는 문제와 다른 걸까요? 소수자들의 입장에서는 다수자들이 이야기하는 먹고사는 문제와 똑같아요. 소득을 얻는 일을 포함해 아예 사회에서 지워질 수 있는 생존과 존재의 문제니까요.

우리는 똑같이 존엄하게 태어났다고 하면서, 한편으로 장애든 학력이든 비정규 문제든 차별을 해결하는 문제는 다 나중 문제야, 해버리는 순간 당사자들은 어엿이 존재함에도 사회로부터 존재 인정을 받지 못하는 셈이 되거든요. 일부가 행복해지기 위해 다른 입장에 처해 있는 사람들에 대한 권리나 생존권을 다 뒤로 미루는 사회가 과연 대부분의 보통사람들이 살기에 행복한 사회일 수 있을까요.

정치는 왜 존재하는 건가요. 이렇게 열악한 위치에 있는 사람들을 돌보고 그들의 존재와 삶을 인정하고 향상시키는 게 정치의 중요한 역할인데 그걸 포기하는 게 맞나요.? 안 그래도 보통 제도가 다수자들을 중심으로 만들어지는데, 소수자들에 대한 부분을 뒤로 미룬다? 이건 영원히 닿을 수 없는 기회로 만드는 겁니다.

윤지나 방금 말씀하신 '소수자'로 불리는 사람들, 실제로 이들이 수적으로 소수인가에 대한 의문도 있어요. 예를 들면 정규직이 아닌 비정규직, 대기업 노동자가 아닌 중소기업 노동자, 이런 쪽에 드는 '소수자'는 숫자를 기준으로 다수냐 소수냐를 가른 게 아니죠?

권영국 여기서 소수자냐 다수자냐, 이건 정확히는 권력의 의미죠. 사회에서 지배적인 지위에 있는 경우를 보통은 '다수'라고 표현하죠.

윤지나 그렇다면 정의당이 사람들을 설득하는 과정에서 '우리는 소수자를 위해 노력한다'고 말하는 게 적절치 않을 수도 있지 않을까요? 사실은 권력이 없는 사람이 다수인데, '정의당은 소수를 위해 정치를 한다'고 하면 대부분 사람들이 다수자의 정체성을 가지고 '나랑은 상관없는 일이구나' 할 수도 있잖아요.

권영국 사회에서 자기 지위라는 건 항상 고정적인 것이 아니에요. 예를 들면 내가 비장애인으로 태어났는데 교통사고나 산재 때문에 장애인이 될 수 있죠. 지금까지는 자신의 성 정체성을 모르다가 깨달은 다음에는 갑자기 소수자가 되는 거고요. 일자리를 구하는 청년 세대도 마찬가지죠. 열심히 공부를 해서 저 높은 고지 10퍼센트 안에 내가 들 거야, 라고 생각하며 다수자라고 생각했는데 실제 사회에 나와 보니 대우를 못 받는 노동 계층이네, 소수자야, 이렇게 되는 거잖아요. 경쟁에서 밀려나는 순간 자신이 차별과 불이익의 당사자가 될 수 있다는 걸 알아야 하죠.

윤지나 이게 핵심이겠어요. 나는 안정적이고 다수에 속해서 소수자 이슈에 전혀 관련이 없어, 라고 생각하는 사람들에게 개혁에 동참해 달라는 호소를 하기 위해서는요.

권영국 보통 우리가 산재 피해자 가족들이나 또는 사회적 참사의 유족들을 만나면 그런 후회 섞인 말을 꼭 들어요. 내가 당사자가 될 줄 몰랐다, 이런 말이요. 내가 당사자가 되고 보니 내가 왜 2찍을 했지 등등의 이야기를 하십니다. 우리 사회라는 게 고정돼 있는 게 아니고 누구나 사회적 약자, 소수자의 자리에 갈 수 있을 정도로 취약합니다.

윤지나 내가 얼마나 허약한 땅 위에 서 있는지에 대한 감각이 없는 것 같아요. 저만 해도 그렇고.

권영국 자신도 모르게 허위의식을 가지게 된 경우가 많겠죠. 우리는 모두 '오징어 게임' 안이에요. 승자만 대접받는 사회, 차별이 당연한 사회에 들어와 있는데 당사자로서 이걸 인식하지 못하고 있죠. 경우에 따라 얼마든지 희생자가 될 수 있는 가능성이 높다는 거예요. 그러니까 누구든지 당사자가 됐을 때 적어도 최소한 인간의 존엄을 보장할 수 있도록 사회적으로 또는 정치적으로 안전망을 만들어줘야 된다는 얘기를 해야 한다는 거죠. 이런 걸 만들어달라고 권력을 위임하고 세금을 내는 거잖아요.

윤지나 사회적 안전망뿐 아니라 일등이 다 가져가게 만드는 독점적 구조도 바꿔달라는 거죠. 내가 치열한 경쟁을 한 끝에 1등을 해서 자원을 가져갈 확률보다 경쟁에서 지고 자원을 다 빼앗길 가능성이 훨씬 높으니까요.

권영국 성장을 통해서 얻은 과실을 합리적으로 평등하게 배분하고 그 혜택들을 어떻게 고르게 나눌 것인지를 이야기하는 게 정치가 필요한 이유입니다. 차별금지법을 만들면 성장에 방해가 돼, 그러니까 안 돼! 하는 주장을 정치에서 들어주면 안 되는 이유이기도 합니다.

차별금지법과 관련해서 또 하나 주의해서 봐야 할 것은 과잉 대표입니다. 실제로 차별금지법을 두고 우리가 여러 번 여론조사를 했는데, 찬성하는 비율이 훨씬 높아요. 몇 번을 해봐도 확인되는 사실이거든요. 그런데 차별금지법에 반대하는 사람들이 집단화, 세력화되어 있다 보니 그 목소리가 훨씬 크게 들리는 것 같습니다.

윤지나 입법을 하는 정치인 입장에서는, 추상적으로 산재하는 차별금지법 찬성세력보다 조직력이 좋아서 확실하게 표로 보답해주는 반대세력에 솔깃할 수밖에 없을 것 같아요. 그래서 지금까지 여론의 우세에도 불구하고 차별금지법은 제정되지 못했고요.

권영국 정치가 처음부터 잘못 대처한 거예요. 우리 사회는 적어도 차이를 이유로 해서 그렇게 불합리한 차별을 해서는 안 된다, 정치가 결코 용납할 수 없는 것이다, 따라서 이 부분에 대해서는 일정 반대가 있다고 하더라도 우리 사회의 합리성과 평등을 위해 차별금지법을 추진합니다! 이렇게 밀어붙였어야 해요. 사회적 규범이나 기준으로서 '차별금지'를 제시하고 추진해야 하는데 계속 반대세력에게 끌려왔습니다. 그리고 그런 주장들이 먹혀 들어가니까 일종의 효능감, 성취의식을 제공한 셈이 되었죠. 정치인에게 압박을 가했더니 애초의 입장에서 후퇴하더라, 이런 잘못된 메시지를 준 거죠.

지금 시점에서 남은 일은 설득이나 합의가 아니라 결단입니다. 불합리한 차별이 없는 사회로 가기 위한 규범을 만들 건가 말 건가의 문제이지, 여기서 자꾸만 '합의'를 얘기하는 것은 비겁하거나 안 하겠다는 뜻이죠. 그래도 원민경 성평등부 장관이 차별금지법과 관련해 헌법적 가치로서 제대로 공론화해 볼 사안이라고 얘기하잖아요. 인권위원회라든지 권위 있는 기관에서도 비슷한 얘기를 몇 번이나 했고요. 차별금지법은 이미 1997년 김대중 총재가 만들어야 한다고 말했던 거예요.

:: 체념하거나 분풀이하는 사람들을 설득하기

윤지나 어떤 접근법인지 이해가 갑니다. 그런데 정치적 메시지로는 설명이 좀 많이 필요하다는 인상도 받아요. 메시지나 슬로건이 좀 더 직관적일 필요는 없을까요?

권영국 직관적으로 듣는 분들도 많아요. 제가 말한 불평등 상황을 이미 자기 삶 속에서 겪고 너무나 절실하게 체감하고 있는 사람들, '라이더유니온'이라든지, 플랫폼에서 일을 하면서 일거리를 따야 하는 사람들, 프리랜서라 불리는 사람들, 정규직 노동자 대비 심각한 차별을 겪는 하청노동자들…. 저희가 문제를 해결할 수 있다는 믿음을 드린다면 이런 분들도 아마 적극적으로 나서주시겠죠. 뭐가 문제인지 매일 몸으로 겪고 있는 사람들이니까요.

윤지나 그렇다면 이들이, 정의당이야말로 지금의 이런 구조적 문제를 해결해 줄 세력이야, 그들에게 권력을 주자, 라고 선뜻 나서지 않는 이유는 뭔가요? 아직 정의당에 대한 믿음이 많이 부족해서일까요?

권영국 그보다는 우리 사회의 기존 구조가 너무 강고해서 그렇겠죠. 내가 한 사람의 개인으로서 뭔가를 한다고 해서 바뀔 수 있나, 이렇게 생각하며 순응한 지 굉장히 오래됐죠. 일종의 체념 상태인 셈이에요. 그러나 불만은 현존하잖아요. 결국 분출할 수밖에 없습니다. 지금은 그 불만들이 자기 주변에 있는 약자를 향해 가고 있어서 큰 문제죠.

윤지나 이주노동자 혐오라든지, 성소수자에 대한 박해라든지, 그런 거죠? 내 삶을 비참하게 만드는 현실 조건이 뭔지 들여다보고 그걸 바꾸기 위해 무엇을 해야 할지, 어떤 세력에게 권력을 줘야 할지에 대해 고민하기보다 약자 혐오 혹은 공격 분위기가 굉장히 두드러지는 상황입니다.

권영국 나는 부모 세대보다 훨씬 더 열심히 공부했고, 시키는 대로 열심히 경쟁도 했고, 그 어려운 경쟁 관문을 뚫고 나왔는데도 제대로 된 일자리 구하기가 너무 힘들다, 이런 불만이 팽배하죠. 여기에 더해 집값은 천정부지라서 평생을 열심히 벌어도 집 한 채 장만이 불가능하니 도대체 뭐야, 하는 겁니다. 내가 이렇게 열심히 살았는데 미래를 설계하고 정년을 보장받을 수 있는 일자리가 없는 게 말이 되나? 나 아닌 누가 갖는 거지?

이런 불만을 약자 쪽으로 푸는 거죠. 이주노동자 너희들 때문에 우리 일자리를 빼앗겼어 등등. 유럽에서 나타나는 현상이 이거잖아요. 우리가 그 정도까지 간 건 아니고, 우선은 여성혐오 방식으로 나타나고 있죠. 20대 여성들은 군대도 안 가고 시험 잘 쳐서 순조롭게 출발하는 것 같네. 그런데 왜 나는 군대 갔다 오고 이런 불이익을 받아야 돼? 등등의 이야기. 마치 역차별이 있는 것처럼 생각을 합니다. 게다가 이걸 선동하고 조장해서 정치적 자원으로 삼는 세력까지 붙어 있죠.

윤지나 여성혐오 얘기를 예로 들어 주셨는데 청년 남성들이 그런 경향이 확실히 심하다고 알려져 있죠. 사회경제적 불만을 약자에 대한 혐오로 발산하는 거요. '이대남 현상'이 쟁점이 되기도 했고요. 그렇게 일찌감치 체념하고 약자에게 분풀이하는 청년들을 어떻게 설득해야 하는 걸까요?

권영국 이 대목에서 진보정치가 과연 청년의 문제를 제대로 짚어냈나 되돌아봅니다. 먼저, 진보정치가 청년들의 절망적인 현실을 제대로 경청하려고 했는지, 청년들의 불만을 있는 그대로 인정하려고 했는지부터 반성해야 한다고 생각해요. 그 다음에 약자를 향한 혐오와 공격 방식으로는 삶이 달라지지 않는다, 문제의 원인은 불평등한 구조 속에 있다고 진솔하게 소통하는 방식이어야 했다는 겁니다. 또 하나 중요한 것은 가능성을 보여주는 일, 그것이 청년 정책으로 구체화되어야 하는 것이겠죠. 일자리를 찾아 서울에 왔는데 괜찮은 일자리를 구하는 것은 하늘에 별 따기이고 집세는 아르바이트해서 번 돈의 3분의 1이다, 이런 절망적인 현실을 어떻게 바꿀 수 있는지 그 방향으로 정책이 움직여야겠죠.

예를 들면 청년들의 주거 문제에 대해 적극적인 대책을 세워야 할 필요가 있습니다. 전세사기 피해자의 다수가 청년들이기도 합니다. 정책적으로 공공임대주택 공급률을 높여서 청년들이 '내가 집을 꼭 소유하지 않더라도 얼마든지 안정된 주거생활이 가능하구나' 이런 믿음을 가질 수 있도록 해야 합니다.

그 다음에 '내가 어디에 취업을 하더라도 기본적인 생활은 누릴 수 있다'는 믿음을 가질 수 있도록 노동의 가치를 존중하고 대우하는 정책을 만들어가야 합니다. 예를 들면 노동하는 모든 사람들에게 최저임금, 4대 보험, 퇴직급여 정도는 정책적으로 보장해주자는 겁니다.

하나 더 말씀드리자면 청년들이 한두 번 실패하더라도 사회진입에 성공하도록 국가가 책임을 지고 뒷받침해주는 안전망을 만들어야 한다고 생각합니다.

윤지나 청년 세대를 위한 그런 어젠다 설정을 앞으로 좀 더 강하게 밀고나갈 계획이신가요?

권영국 네. 그런 작업을 통해 당신이 계속 피 흘리며 경쟁하는 것보다 지금 이 구조의 문제에 대해 싸우는 게 낫다, 라는 걸 계속 얘기하려고 합니다.

윤지나 이건 '권력을 우리에게 달라'는 말의 연장선상에 있는 얘기이기도 하겠네요. 이 구조적 문제를 두고 싸울 세력한테 입법 권능, 정책 결정 권한을 달라는 얘기니까요.

권영국 그런 힘을 갖고 구조적 문제 해결에 임한다면, 노동시장 이중구조의 문제도 이야기하지 않을 수 없습니다. 특히 급격히 증가하고 있는 특고, 플랫폼, 프리랜서 등 비임금 노동자의 문제에 주목해야 합니다. 노무 제공을 통해서 소득을 얻고 생계를 이어가는 사람들이라는 점에서는 본질적으로 노동자들이니까요. 이들에 대한 차별을 해소하고 인간다운 노동조건을 보장하기 위해서는 '근로기준법'을 '노동기준법'으로 바꾸고 이들의 노동자성을 인정해야 해요. 보수 정권에서는 이것을 관철시키기가 매우 어렵습니다. 사용자들로서는 이들을 노동자가 아닌 개인사업자로 위장시켜 노동법 적용을 회피하고 쉽게 부려먹는 게 좋으니까요.

건당 수수료를 받는 식으로 배달 플랫폼 노동자들의 보수가 결정되니까 무리하게 일하고 사고가 날 수밖에 없는 거죠. 그러니까 적게나마 고정된 임금을 보장해야 하고, 누구나 실업을 당했을 때 실업급여를 받을 수 있도록 해야 합니다. 퇴직했을 때도 자기 생활의 기본은 유지해야 하니까 퇴직급여를 보장해야 하고요. 이런 걸 실행하자는 거죠. 이건 가장 최소한의 사회안전망이에요. 그래야 승자가 아니더라도 기본적인 생존이 가능한 사회가 될 수 있습니다.

윤지나 지금은 '잘사니즘'은커녕 기본적인 생존이 불가능한 사회라는 거군요.

권영국 지금 최저임금 선에서 일하는 사람이 너무 많습니다. 비정규직 노동자들, 용역 노동자들로 불리는 분들은 최저임금 수준에서 크게 벗어나 있지 못해요. 대기업과 중소기업, 정규직과 비정규직, 원청 노동자와 하청 노동자, 임금 노동자와 비임금 노동자

사이에 건널 수 없는 벽이 만들어지고 있습니다. 심화되는 소득 양극화와 커져만 가는 자산 불평등, 이러한 불평등한 구조에 대한 개혁 없이 정말로 잘사니즘이 가능할까요? 계속 문제를 제기할 수밖에 없습니다.

제1부 대선 후 1년, 권영국의 대차대조표

왼쪽은 텅 비었고, 오른쪽만 꽉 찼다

:: 조국, 그리고 정의당의 흑역사

윤지나 이제 현실 정치에 대한 이야기를 좀 해보겠습니다. 양당 체제에서 진보정치를 하면서 오롯이 선다는 것의 어려움에 대해 계속 얘기하고는 있는데요. 그래도 확실한 존재감이 있던 시기가 있었습니다. 정의당의 리즈시절이랄까요. 원내 의석도 두 자릿수였고, 정의당이 반대하면 내각 지명자의 청문회 통과도 어렵다, 이런 얘기가 공공연하던 시절이 있었죠. 그런 정치적 자원을 잃은 사건이랄까요, 대표적인 게 문재인 정부 시절 조국 법무부장관에 대한 태도였어요.

좀 자세히 짚어보면, 2019년 조국 법무부장관 후보자 인사청문회와 임명 과정에서 정의당이 중립 또는 미온적 태도를 보인 일이죠. '사법개혁'과 함께 '공정'이라는 진보 어젠다를 추구하는 정의당이 자녀 입시비리 문제가 불거진 조국 후보자에 대한 입장이 전혀 명료하지 않았던 건데요. 이 과정에서 정의당의 핵심 가치를 지키지 못하고 여당인 더불어민주당의 2중대가 되었다는 비판이 쏟아졌죠.

권영국 최근에도 이재명 대통령의 조국 사면을 비판한 것을 두고 조국 지지자들한테 '너희는 뭐가 다르냐'는 얘기를 많이 들었습니다. 조국 문제에 대해서는 내부에서 고민이 많았습니다. 이걸 건드리는 순간 폭탄이다, 그럼에도 조국 문제에 대해서 우리 입장이 반드시 있어야 한다, 이런 의견이 많았어요.

저는 조국 대표와 개인적으로 인연이 깊은 사이는 아닙니다. 쌍용차 노조 파업에 대한 손배가압류 피해 대응 문제로 대책위를 만들 때 보게 되었고, 그 후 농성장이나 행사장에서 한두 번 더 만난 정도죠.

그런데 검찰이 입시비리에 대해 수사할 때, 정의당이 과거 '정의당의 데스노트'* 이런 것까지 잘 해오다가, 조국 자녀의 입시 비리와 특혜 시비에 대해 모호한 태도를 취하는 바람에 정의롭지 못하다는 비판에 직면했고, 이를 계기로 그동안의 지지들이 크게 끊겨버렸죠. "이것들이 정의로운 척하더니 가진 계층의 일탈 행위에 대해서는 입을 닫아?" "이런 문제에 대해 인정을 해?" 그래서 '정의 없는 정의당'이라는 비난이 쏟아졌고, 정의당으로서는 조국 입시비리 논란에 대한 입장이 정의당의 정치적 영향력과 관련해 큰 분기점이 됐거든요. (*문재인 정부 때인 2017년 더불어민주당은 여소야대 국면에서 정의당의 협력이 필요했고, 그런 이유로 다른 정당보다 정의당의 비판에 특히 예민하게 반응했다. 실제로 정의당이 사퇴를 요구한 후보자 대부분이 인사청문회에서 낙마해서, 정의당의 반대는 마치 데스노트에 이름이 적히는 것과 같다고 하여 '정의당 데스노트'라는 말이 생겼다. 정의당의 입장이 진보진영 유권자들의 바로미터로 여겨지던 때였다.)

윤지나 그래서 고민 끝에 이번에는 사면에 대한 비판적인 입장을 내셨던 건가요?

권영국 그보다는, 이번에 문제가 되는 부분은 문제가 있는 그대로 최소한 객관적으로 입장을 내야 한다는 주장이 내부적으로 상당히 강했습니다. 무엇보다 이재명 대통령의 2025년 광복절 사면권 행사는 사면권을 남용한 것이 맞거든요. 어쨌든 법원의 1심, 2심, 3심이 조국의 혐의에 대해 유죄라는 동일한 결론을 내놓은 것만큼은 부정할 수 없는 사실이잖아요. 그 과정에서 있었던 검찰의 표적 수사는 그것대로 문제 삼아야 할 부분이지만요.

윤지나 확실하게 죄로 인정된 부분에 대해서는 입장이 필요했다?

권영국 그러니까 법원에서 죄를 인정한 건 분명하고, 그 점에서 조국 지지자들이 갖고 있는 생각, 죄가 없다는 생각에 대해 지지할 수는 없잖아요. 그렇다면 법원 판단을 전제로 했을 때, 지금 시점에 사면을 하는 게 맞나, 여기에 생각이 닿을 수밖에 없는 거고요.

무엇보다 지금 사면을 하게 되면 우리 사회의 어떤 기준, 사회의 도덕적 기준에 대한 얘기를 할 수 있겠느냐는 거죠. 사면권 남용 얘기입니다. 조국 대표 말고도 그 뒤를 보면 국민의힘, 그리고 부패 경제인들, 다들 지금 풀어주면 안 되는 사람들이에요. 자기들 편을 풀어주려고 하다 보니까 포장을 해야 되잖아요. 그러니까 이제 더 문제 되는 사람들까지 막 갖다 붙인 거예요. 저는 변호사, 법률가이기도 하니까 사면권을 그렇게 쓰면 안 된다고 생각합니다. 사면권 때문에 계속 기준이 훼손되고 있어요.

:: 국민의힘의 목표는? 풀리지 않는 의문

윤지나 진짜 문제를 해결하기 위해서는 구조를 바꿔야 한다, 그리고 그걸 할 세력이 권영국과 정의당이고 진보정치다, 이렇게 정리를 한다면요. 지금 민주당과 국민의힘에게는 몇 차례 정권을 줘 봤는데 안 되지 않았느냐라고 바꿔 말할 수도 있을 텐데요. 비상계 엄 사태도 있었고 해서 국민의힘에 대해 먼저 여쭐게요. 국민의힘 은 어떤 정치세력일까요? 어떤 이유 때문에 안 되는 걸까요?

권영국 저는 이 사람들이 정치를 하는 기본적인 철학이나 목표 가 뭘까에 대해 아직도 의문이에요. 줄을 선 모습들을 보면 국회의 원을 일종의 출세 수단, 권력 목표로 삼고 있는 게 아닌가 하는 생 각을 계속하게 됩니다. 국민의힘은 좀 심하게 말해서 아예 세력 자 체가 글렀다고 봐요.(웃음) 아직도 '윤어게인'에서 벗어나지 못하 고 있는 지금은 정말 심각한 상태죠. 자본 편향적 시장주의라든지 이런 것까지는 이해를 해보려고 하는데 그 정도가 최대치죠. 역사 적으로 봐도 반공, 그 다음엔 친일 이런 식이었으니까요.

윤지나 반공이나 친일 그런 건 가치도 못 되는 그냥 태도 아닌 가요?

권영국 그냥 믿음이나 태도죠. 뿌리가 그쪽에 있다 보니까 자기 들이 권력을 잡아야만 과거의 그런 부분을 정당화할 수 있는 측면 이 있긴 하죠. 현 국민의힘과 그 전신이었던 새누리당이든 한나라 당이든 얼마나 다를까 따져보면, 그래도 과거에는 민주당 일부가 그 당에 포섭되기도 하고 일정 부분 내부 개혁을 시도했던 경우가 있었던 것 같아요. 그런데 현재 국민의힘은 그런 것도 잘 안 보이 잖아요. 그래서 계속 의문이 드는 거예요. 저 사람들은 왜 정치를 하는가.

윤지나 영리 수단?(웃음) 보수정당이니까 보수적인 가치 중에서 법치, 법을 지키자 정도를 정치 목적으로 삼고 있는 걸까요?

권영국 그 당에서 말하는 법치는 엄밀히 말하면 준법에 불과한 얘기라고 할 수 있습니다. 국민들에게 '법 잘 지켜!' 하는 게 전부라는 뜻이죠. 그런데 법치는 원래 그런 뜻이 아니에요. 국민들에게 법을 지키라고 주장하는 게 아니라, 권력 스스로 지키겠다는 의미죠.

어떤 식으로 권력을 법에 따라 행사하도록 통제할 것인가, 어떻게 권력을 법 아래 종속시킬 것인가 하는 게 원래 법치의 의미입니다. 그래서 법치는 그 방향이 민중이나 국민들을 향한 게 아니라 원래 저 위, 권력 있는 사람을 향해 있죠.

윤지나 법치라는 개념이 맨 처음 세워질 때는 그랬는데, 지금은 통제의 의미가 강해진 셈이군요. 방향이 반대가 됐어요.

권영국 예전의 군주제 통치를 '인치'라고 했잖아요. 제멋대로인 군주의 전횡을 어떻게 견제할 것인가가 법치주의의 근원이었어요. 권력 행사를 멋대로 하지 마라, 법이 정한 절차와 취지에 따라야 해야 한다는 거죠. 그래서 보수라고 하면 헌법, 질서, 이런 것을 누구보다 열심히 지키고 중시해야 돼요. 그런데 국민의힘 모습을 돌아보죠. 윤석열 탄핵 반대에서 보듯이 헌법을 유린한 자를 옹호한다? 이건 최소한의 보수도 아닌 거죠.

그 다음으로 보수가 추구하는 가치 중에 '민족'이라는 개념이 있잖아요. 개인보다는 공동체라는 개념을 중시하죠. 그런데 숭미친 일에 경도되어서 우리 민족에 대한 애정이 있던가요? 전통적인 보수의 모습을 국민의힘에게는 전혀 발견할 수가 없습니다.

윤지나 그래도 트럼프가 나타나서 좋은 시험대가 생기지 않았나요? 아무리 좋게 봐주려고 해도 이렇게까지 막 나가는 지구적 빌런을 두고 미국을 숭배하기가 너무 어려운 거 아닙니까? 지금 보수정당 입장에서는 스탠스를 취하기가 매우 어렵게 됐어요.

권영국 그래도 트럼프는 최소한 목표는 있어 보이잖아요.(웃음) 자국 우선주의, 자국 국익만 보겠다. 어떻게 보면 지나치게 나가버린 보수의 극단을 보여주고 있기는 한데, 우리 보수는 목표 자체가 뭔지를 모르겠어요.

윤지나 국민의힘은 우리 정치에서 보수의 대표 선수잖아요. 그런데 계엄 이후 윤어게인 세력과 선을 긋지 못하고 '극우의 힘', '내란의 힘'으로 갔다는 평가가 많죠. 목표 상실이 아니라 이상한 목표를 잡았어요. 그건 전통적인 보수의 길이 아니라는 지적이신데요, 그렇다면 이제 영남 자민련의 길로 가는 걸까요?

권영국 그렇게 간다고 생각해요. 국민의힘 관계자가 저한테 솔직히 얘기하더라고요. "이렇게 가면 우리는 이제 자민련이 되는 겁니다." 기본적으로 보수는 민족적인 자긍심을 중심으로 움직이거든요. 기존 질서를 존중하면서, 대한민국은 법과 원칙에 따라 민주주의를 잘 지키고 있다는 자긍심도 갖고 있죠. 그런데 윤석열을 비롯해서 국민의힘은 계엄이나 부정선거론이 그렇듯이 우리나라 헌정질서나 선거제도를 모두 거부한다는 것을 사실로 보여주었잖아요. 심지어 서부지법 폭동처럼 물리적 폭력을 동원해 의견을 관철시키려는 행위를 국민의힘 일부가 감싸는 모습까지 보였어요. 이런 모습을 지지할 수 있는 국민들이 줄어들 수밖에 없죠.

윤지나 지난 대선에서 내부의 우여곡절 끝에 국민의힘 후보로 나온 김문수의 경우 전설적인 노동운동가였잖아요? 어떻게 이런 사람이 보수도 아니고 극우적 인물이 됐을까요?

권영국 김문수 후보는 당시 가장 선명하게 노동운동을 하면서 일종의 혁명을 꿈꾸었던 사람이죠. 그러나 극단에 있는 논리가 항상 제일 무서운 법입니다. 그런 사람이 돌아서서 반대편으로 가면,

그 진영에서 인정받기 위해 훨씬 더 격렬한 인정 투쟁을 벌이니까요. 일제강점기 때 친일했던 사람들이 반공투사로 돌변해 민주통일 인사들을 빨갱이로 몰고 이들을 핍박하는 데 가장 앞장섰던 경우가 그런 거죠.

윤지나 그러고 보니 반대로 보수 쪽에서 진보 쪽으로 온 사람은 별로 생각이 안 나네요?

권영국 예전에 노동운동하던 사람들 중에 건달 출신 이런 사람들도 있기는 했어요.

윤지나 건달이 자본가는 아니잖아요. 지킬 게 많아서 현상 유지가 중요한 기득권층은 아닌데.

권영국 그러네요. 자본가는 아니네요. 자본가가 쫄딱 망하면 모르겠다.(웃음)

윤지나 더 잃을 게 없고 가진 게 없어야 현상 유지에 반기를 들기는 하겠군요. 여하튼 좌에서 우로 간 인물의 상징이 된 김문수를 비롯해 이런 분들을 보면서 어떤 기분이 드세요? 비애감? 배신감?

권영국 엄청난 낭패감이 듭니다. 이런 일이 일어날 때마다 사람, 정치인에 대한 신뢰가 훼손되거든요. 김문수 같은 사람을 예로 들면서 저나 동료들에게 "너희는 뭐가 달라? 너희는 다를 것 같아?" 이런 식으로 공격하는 경우가 있는데, 그럴 때 저는 무너지는 기분이 듭니다. 너희도 변절하지 않는다는 보장이 있느냐, 이런 식으로 비난하면서 좋은 생각과 의지를 갖고 있는 사람들을 깎아내리거든요. 저 사람은 다른 정치적 의도와 목적을 갖고 있는 거야, 권력을 잡으려고 지금만 저러는 거야, 조심해야 돼. 이런 식으로 얘기를 하는 사람들이 있습니다. 김문수가 이런 비난이나 공격의 좋은 근거를 제공한 거죠.

:: 내란과 폭력마저 옹호한다면

윤지나 그렇다면 이런 정당의 지지자들, 국힘을 지지하는 국민들에 대해서는 어떻게 보시는지요? 말씀하신 대로 정권 교체가 내 삶을 나아지게 만들지 않는다, 잘사니즘이 당신의 삶을 풍요롭게 해주지 않는다, 불평등을 야기하는 구조적 문제를 해결하지 않으면 결국 제자리일 것이다, 이런 얘기를 하면서 설득해야 하는 대상이잖아요?

권영국 국힘 지지자들은 사용하는 문법, 사고방식이 아예 다른 것 같아요. 우리 사회가 보수와 진보 두 날개로 날 때 가장 안정된 사회이고 균형 잡힌 사회가 될 수 있다는 표현이 있잖아요. 한편에서는 기업과 성장을 얘기하더라도, 다른 한편에서는 노동과 분배를 얘기하는 식으로요. 한쪽으로 기울어지는 순간 균형 잡힌 성장을 하는 게 아니라, 누군가가 독점하고 나머지에 대해서는 엄청난 권리 침해 등 폐해가 발생하니까요. 이런 균형적 구조에 대해 동의하는 보수주의자이고 국힘 지지자라면, 진보와 보수를 서로 경쟁하는 사이로 인식하겠죠.

그런데 국힘의 일부 지지자들은 상대방을 완전히 부정합니다. 서로 주장하고 논쟁을 통해 극단적인 부분을 걸러내고, 결과적으로는 타협하고… 이런 방향으로 가는 대신 우리 쪽만 무조건 100퍼센트 옳다고 여기죠. 내가 절대 옳고 상대방은 절대 악마야, 그러니까 없어져야 해. 폭력을 통한 제압도 무슨 상관이야. 이렇게 가게 됩니다. 지난 서부지법 폭동이 그런 사례죠.

윤지나 그러면, 그렇게 생각하는 사람들은 정의당 자장 안에 넣어서 설득하는 걸 포기하시겠다는 얘기인지요?

권영국 그건 아니고요. 하지만 사람이 아닌 그런 '태도'는 소멸시켜야 한다고 봅니다. 기본적으로 폭력을 자기 주장의 관철 수단으로 여기고 있다면, 그런 주의나 생각 이런 건 소멸 대상이죠. 그런 면에서 내란을 옹호하는 집단을 우리 민주주의가 어디까지 용인해야 하는지 고민할 필요가 있습니다.

윤지나 그런 궁금증을 공공연하게 표현하셨잖아요. 대선 TV토론에서 김문수 국민의힘 당시 후보에게 "당신 지금 내란의 우두머리 윤석열을 여전히 옹호하고 있고 지지 선언을 받고 나오는데 기분 좋습니까?" 당시 김 후보는 대답을 제대로 못 하더라고요. 질문을 못 알아듣겠다는 식으로 뭉개기는 했습니다. 그런 태도를 가진 사람들까지 설득해야 하는 건 정말 어려운 일이 되겠어요.

권영국 다시 말하지만, 사람이 아닌 그런 태도나 생각은 소멸시켜야 합니다. 적어도 민주적인 질서라든가 공동체에 대한 최소한의 룰 같은 건 있잖아요. 상대에 대해 아무리 서로 견해가 다르다 하더라도 상대를 완전히 적대화하고 수단을 가리지 않는 제거 대상으로 여긴다? 그럼 폭력밖에 남는 게 없게 되죠. 그래도 국힘 안을 보면 김예지 의원이나 이런 분들이 헌정을 부정하는 세력과 확실히 구분되기는 합니다. 헌정 질서에 대한 확신을 가진 분들이 소수라도 존재하면 얘기가 다를 텐데, 또 국힘은 이런 사람들을 끊임없이 제거하려고 시도 중이죠. 그럼 남는 게 대체 뭐죠?

국민의힘은 스스로 존재 이유를 계속적으로 부정해가는 방식으로 가다 못해, 이제는 반중, 혐오, 반동성애 이런 걸 동력으로 삼고 생명줄로 지탱하고 있거든요. 극우 세력의 지지를 대중적 기반인 것처럼 착각하고 거기 가서 손을 내미는 형태로 가고 있습니다. 혐오를 정치의 동력으로 삼아서는 안 되는데 말이죠.

∷ 극우의 글로벌 연대라는 아이러니

윤지나 국민의힘과 그 지지자들은 최근 들어 외국의 극우 세력과 연대하려는 움직임까지 보이고 있습니다. 미국이나 유럽에 일고 있는 극우정당의 발호를 보자면, 여기에 반응하는 사람들이 꽤 되는 것 같고요. 국힘의 최근 행태처럼 보수 정치세력으로서는 극우적 메시지와 동력을 이용하고자 하는 유혹에 빠지기 쉬운 분위기입니다. 정의당은 이 어려운 상황을 어떻게 극복해야 한다고 보시는지요?

권영국 국제적인 정치 흐름을 보면 이제는 정치마저 일국주의에서 머물지 않고 있다는 것, 여러 경제적 무역이나 이런 것들은 이미 모두 글로벌화된 지 오래이고, 이런 글로벌화가 결국은 정치와 같은 분야들에까지도 영향을 미치는 현상이 나타나고 있죠. 극우 세력들도 사실 자국으로 보면 상당한 내부 저항에 부딪힐 텐데, 이런 저항을 극복하는 방식으로써 외부와의 연대나 이런 수단을 함께 취하려는 경향들이 나타나고 있다고 봅니다.

여기에 대해 진보 쪽의 국제 연대는, 예전에 보면 포데모스라든가 오성운동 같은* 상당히 좌파적인 운동이 다소 포퓰리즘의 형태로 나타났다가 이게 다시 가라앉는 현상을 볼 수 있죠. (*‘포데모스’는 ‘우리는 할 수 있다’는 뜻의 스페인 급진 좌파정당으로, 2015년 창당 2년 만에 제3당으로 원내 진입에 성공하는 등 돌풍을 일으켰다. 2024년 유럽의회 선거에서는 3.3퍼센트 득표율로 지지세가 많이 약화된 상태다. ‘오성운동’은 기성정치에 대한 반대와 반부패, 직접민주주의를 내세웠던 이탈리아의 운동형 정당으로, 2013년 총선에서 제2당, 2018년 최대 정당이 되었으나 2022년 이후 지지율이 급락한 상태다.)

극우 연대 또는 극우 정치라는 것이 실제로 민주주의를 파괴하고 공동체를 파괴한다는 그 폐해 때문에 이에 맞서는 흐름이 또하나 나타나고 있는 걸로 보입니다. 민주사회주의자로서 뉴욕 시장에 당선된 조란 맘다니가 그런 경우겠죠. 결과적으로 극우 연대가 확장되고 있는 건 사실이지만. 한편에서는 반대의 목소리가 일정 부분 세력으로 형성되는 현상이 나타나고 있다는 점을 이야기하고 싶습니다.

윤지나 얼마 전 보수 집회에 가면 미국 MAGA 진영의 대표적인 청년 기수이자 극우 인물인 찰리 커크를 추모하는 글귀가 보이기도 했어요. 찰리 커크가 피살되기 전까지 그를 알았던 한국인이 얼마나 됐을까요? 외국의 극우 세력이 이렇게 구체화된 모습으로 우리 정치에 개입하는 상황이 의미하는 건 뭘까요?

권영국 미국의 경우 찰리 커크가 그랬듯이 극우 개신교 세력이 일정한 정치적 영향력을 가지고 있죠. 이것을 보고 우리 내부의 극우 세력들 특히 개신교 세력들이 미국을 통해 마치 윤석열 내란 청산 과정에서의 수사와 압수수색이 종교 탄압인 것처럼 둔갑을 시켰어요. 미국 극우 개신교 세력과 연결하여, 한미 정상회담 직전에 트럼프가 '엄청난 탄압과 숙청이 일어나고 있다'는 그런 얘기를 트위터에 올리게끔 만들었죠. 미국의 힘을 빌려 정부를 압박하려는 일련의 행위들이라고 생각됩니다.

미국의 극우 세력이 내정 문제에 간섭할 가능성이 확인된 마당이라 진보 세력도 여러 목소리와 대응이 필요합니다. 극우 개신교 세력이 우리 헌정질서를 유린하고 정치를 왜곡시킬 가능성을 예민하게 감시해야 할 것 같아요.

:: 이준석, 국힘보다 더 극우적인 사고

윤지나 그런데 보수 진영에는 또 이준석이 있잖아요. 지금 얘기한 음모론적 세계관 같은 건 가지고 있지 않다는 점에서 국힘과 개혁신당은 분명 짚이는 차이가 있죠. 하지만 결코 진보진영과 가까워질 수 없는 부분이 있고요. 이준석식 어젠다의 가장 큰 특징이랄까요? 기존 보수에서 하지 않았던 방법으로, 혹은 기존 보수에서 시도하지 않았던 주장을 전면에 내세우죠.

이준석이라는 정치인은 그간 일종의 사회적 합의가 바탕에 있어서 결코 입 밖에 꺼낼 수 없었던 얘기를 종종 합니다. 대표적인 게 전장연 시위[*]예요. 출근길에 전장연 시위가 있어서 지각을 하겠네, 불편하지만 불만을 표현해서는 안 돼. 사회 구성원으로서 이 정도 불편을 못 참는다는 건 관용이 없는 태도야. 시민들에게 이런 식의 감각은 있었거든요. 그런데 전장연 시위 때문에 불편하고 피해를 봤다, 왜 나 같은 시민에게 피해를 입히는 방식으로 주장을 하는가? 이런 입장을 당당하게 내세우게 되었습니다. (*전장연 곧 전국장애인차별철폐연대의 '출근길 지하철 탑승 시위'는 출근시간대 서울 지하철 역사 및 승강장에서 장애인들이 집회를 열거나 일부 장애인은 실제 열차에 탑승하는 방식으로 진행되었다. 장애인의 이동권 보장, 탈시설 및 자립생활 예산 확대, 엘리베이터 설치율 개선 등이 그 요구였다. 이 탑승 시위와 관련해 이준석은 "얼마나 비문명적인가", "수백만 서울시민의 아침을 볼모로 잡는 투쟁"이라며 비난과 혐오적 언사를 쏟아냈다.)

권영국 보통 사람들로서는 사회적 약자들의 문제제기와 마주하면, 그러니까 전장연의 시위 같은 일과 맞닥뜨리면 불편함을 느끼는 게 사실이죠. 그러나 동시에 장애인 이동 문제를 해결해주지 못하는 것에 대한 사회구성원으로서의 미안함도 있거든요. 그래서 불편하더라도 내색을 안 하려고 하는 그런 사회적 분위기가 있었던 거죠.

그런데 어느 순간부터 불편함을 근거로 사회적 약자들을 공격하는 일들이 당연시되어 버렸어요. 어떻게 보면 이준석 같은 정치인이 기존의 보수 정치세력보다 더 극우적인 사고를 가진 것 같아요. 약자에 대해 공격하는 강도가 훨씬 높거든요.

윤지나 이준석이 옹호하는 '능력주의' 이데올로기도 그 연장선상인 것 같아요. 어떤 기능적 능력이 없다면, 계량 가능한 성과물을 내지 못한다면 발언권 자체도 없다고 보는 거고요, 이른바 '능력'에 따라 차별이나 차등도 당연하다고 여기는 거죠.

권영국 이주노동자들에 대해, 수도권과 비수도권에서 최저임금에 차등을 두자고 스스럼없이 꺼낼 수 있는 배경입니다. 우리 사회를 구분 짓고 나가는 건데 이 부분에 대한 문제의식이 전혀 없어요. 국가 또는 정치라는 건, 누군가 최소한의 기준 이하로는 뒤처지지 않도록 해야 하는 거잖아요. 가장 어려운 위치에 있는 사람들에 대해 최소한의 안전망을 제공해줘야 하는 거죠. 그런데 반대로 사람들을 나누고 기준에 맞지 않는 사람들을 난도질하는 데 익숙해진 겁니다. 그런 사회가 얼마나 불행합니까? 국민을 1등, 2등, 3등 만들어서 대우하겠다는 걸 이렇게 공공연하게 말하는 것에 저는 충격을 받았습니다.

윤지나 그런 생각을 당당하게 밝힌 자리가 무려 대선 TV토론이었습니다.

권영국 사람들이 전장연의 시위를 불편하게 여기는 그 심정을 이용한 거죠. 시위를 그 내용이 아닌 '방식의 옳고 그름' 문제로 전환시켜 버렸습니다. 전장연 시위의 본질이 그건가요? 얼마나 절실한지의 문제이잖아요. 우리가 독재정권에 맞서는 시위를 하는데 그게 과격한가 온건한가, 그런 질문을 먼저 하나요? 장애인 차별 문제를 제기하는 방식이 과격한가 온건한가, 이야기할 수 있다고 칩시다. 그런데 그들이 문제를 제기할 방법이 없다는 것, 장애인 문제를 일반 공중의 의제로 만들기 어렵다는 것을 알잖아요. 이렇게 공간이 닫힐수록 표현은 적극적인 양태를 보일 수밖에 없고요. 그런 상황을 다 젖혀두고 그저 문제제기 방식의 옳고 그름의 문제로 화제를 돌림으로써 문제로 제기하는 내용은 다 덮어버리겠다는 겁니다. 굉장히 잔인하고 야비한 태도죠.

윤지나 아무리 얘기해도 들어주지 않아서, 제발 이 문제에 관심을 갖고 해결에 나서달라는 호소를 했더니 시위 자체가 글렀다는 답이 돌아오는 사회. 그런 기준으로 움직이는 사회는 좀 무섭네요. 옳은지 그른지 가를 권능을 가진 권력이 된다면 정말 무서운 사회가 되겠군요.

권영국 사회적 약자들이 발언할 공간을 그냥 다수의 이름으로 봉쇄해 버리니까요. 폭력적이죠. 그래서 저도 토론에서 "이준석 당신은 왜 그런 시위를 하는지, 그 원인은 알려고 하지 않고 나타난 현상, 결과만 갖고 문제가 있다고 지적하고 있다"라고 말했습니다. 문제를 제기할 수 있는 공간이 열리고 넓어질수록 시위나 문제제기의 형식은 달라지겠죠. 그리고 그런 역할을 하는 게 정치인이잖아요, 심지어 대통령을 하겠다고 나온 자리였잖아요.

윤지나 "제발 우리 얘기를 들어주세요!"라고 외치며 최대한 많은 사람들의 주의를 환기시키려는 방식의 시위나 운동들. 불편하지만 동시에 미안한 마음, 그래서 최소한 거기에 돌을 던지는 행위까지는 나아가지 않았던 시민들의 감각. 그런데 이게 깨지기 시작한 건 이준석이라는 새로운 정치인이 전매특허로 들고 나와서부터는 아닌 것 같아요. 사실은 이런 움직임이 조금씩 진행돼 왔던 것 아닌가요?

권영국 이미 세월호와 이태원 참사 때 봤죠. 유가족이 공격을 받았잖아요. 사회적 소수자들에 대한 공격이 거침없어졌죠. 그것을 모두가 비난했는데, 이준석 대표는 이런 행태를 공적 공간에 어엿이 끌고 나왔다는 점에 심각성이 있어요.

윤지나 그래서 말인데요. 대선 TV토론 때 이준석 대표가 이재명 후보를 공격할 의도로 이른바 '젓가락 발언'이라는, 여성 신체와 관련된 폭력적 표현을 쓰면서 권 대표님에게 질문을 했잖아요. 가족이 다 모여 있는 저녁시간에 다들 혀를 차고 TV를 꺼버리고 싶을 만큼 충격적인 발언이었는데요. 질문을 받고 대표님도 무슨 말인지 어안이 벙벙한 표정이었어요. 그때 든 느낌이나 이후 생각은 어떠셨는지요?

권영국 저는 당시 이재명 후보에게 해야 할 질문을 머릿속에 정리하는 중이었어요. 그런데 갑자기 이준석 후보로부터 훅 질문이 들어왔습니다. 그 바람에 질문 앞부분의 내용을 잘 듣지 못했죠. 뒷부분은 들었는데, "젓가락…" 차마 입에 담기에 너무 저질스러웠습니다. 순간 매우 당황했고, 이 친구가 다른 후보를 공격하기 위해 나를 이용하려 한다는 불순한 의도가 바로 느껴졌죠. '함정을 파려는 질문이구나…' 하지만 전체 발언 내용을 정확히 다 듣지 못한 터라 "답변하지 않겠다"고 말을 잘랐던 겁니다.

토론회가 끝난 직후 우리 당 TV토론 팀을 통해 이준석 후보의 발언 전부를 확인하게 되었습니다. 이재명 후보와 관련된 질문이었고, 이 후보 아들의 SNS 댓글에 대한 언급이라는 것도 알았죠. 바로 답하지 못한 아쉬움이 컸습니다. 그때 그 질문을 정확하게 들었어야 했는데…. 의도를 떠나서 질문 내용 자체가 인용을 빙자한 언어 성폭력이 아닌가? 타이밍을 놓친 안타까움이 밀려왔습니다.

토론장 밖으로 나와 백브리핑을 위해 대기하고 있던 기자들 앞에서 호흡을 가다듬었습니다. "도대체 정치를 어떻게 배웠는지 잘 모르겠다"고 운을 뗐습니다. 아이들을 비롯해 남녀노소 모두가 보고 있는 방송에서 어떻게 그런 몰상식한 혐오 발언을 할 수 있는지? 누가 그 방송을 보고 있는지 단 한 번이라도 생각했다면 어떻게 그런 질문을 하려고 생각할 수 있었는지, 지금도 당시를 회상하면 충격적입니다. 자신의 목적을 위해 누구도 안중에 두지 않는 질문이었다는 생각을 지울 수 없었어요. 내란과 함께 혐오를 퇴출하자고 나선 선거였는데, 도리어 혐오를 이용해 표를 얻고자 하는 의도가 숨어 있었던 거죠. 표를 얻기 위해 수단과 방법을 가리지 않는 선거운동 방식이 어떤 건지를 분명하게 보여준 장면 같기도 합니다.

윤지나 그런 막말을 할 수 있는 배경이 뭘까요? 커뮤니티 문화와 미디어 환경의 변화 때문일까요? "어, 저렇게 행동하고 말해도 되는 거였어?" 하고 혐오를 북돋우고 서로를 두둔하는 커뮤니티 문화, 그리고 그런 문화와 목소리 확대로 주의를 끌고 돈을 버는 미디어들….

권영국 그런 영향도 큰 것 같아요. 지금까지는 각자가 개별화되어 흩어져 있다가 그들이 세력화할 수 있는 공간, 그런 혐오의 동력을 이용하고자 하는 집단들이 뭉치면서, 개별화되어 있을 때는 불만 정도에 그치던 것이 공적 공간에서 집단화되고 혐오의 목소리로 커지기 시작한 거죠.

윤지나 일종의 조직력, 집단적 위력을 본격적으로 발휘하기 시작한 것이군요.

권영국 그때부터는 악순환에 빠지게 되죠. 이런 움직임을 정치적인 의도로 이용하기 위해 더욱 조직화하고, 커뮤니티 방식 같은 것으로 집단화하는데, 이런 세력을 보면서 또다시 잠자고 있던 불만이 더욱 혐오로 치닫고….

윤지나 개인적으로 슬픈 장면이 있어요. 이태원 유가족이었는데, 유가족들의 집회를 보고 어떤 사람이 "자식 관 작작 팔아라" 이런 식으로 공격을 하자, 그 유가족이 입술이 부들부들 떨리면서 차마 말을 못 잇고 눈물을 흘리더라고요. 그걸 보면서 저도 자녀가 있는 입장에서 가슴이 찢어지더라고요. 그건 거대한 도덕까지 갈 필요도 없이 아주 기본적인 인간에 대한 감각인데….

권영국 이게 단순한 퇴행이냐 아니면 진짜 반동이냐를 따지기가 어려운데, 제가 생각할 때는 우리 사회가 공동체가 갖고 있던 최소한의 도덕적 정서, 이런 조건이 예전과 달라진 것 같습니다. 너무 개별화되고 있는 거죠. 1인 가구가 엄청나게 늘었고, 가족관계도 1인 자녀가 많고요. 이기적인 존재가 될 수밖에 없는 사회적 조건이 강해지고 있어요. 개인에게 모든 책임과 권리를 돌리는 신자유주의 이후로, 개별화된 개인끼리의 경쟁이 더욱 심해졌고요. 그런데 한편에서는 또 놀라운 장면도 함께 만들어지고 있죠.. 윤석열의 비상계엄이 터졌을 때 그 광장을 메운 것이 가장 개인주의적이고 개별화된 세대라고 하는 2030 청년들이었습니다.

윤지나 네, 마침 그 얘기를 듣고 싶었어요.

광장에서 보낸 시간들

:: 연대하는 개인주의자들을 발견하다

윤지나 이제 대담 화제가 달라지고 있는 것 같습니다. 극우의 세력화는 이 정도로 마치고, 그와는 다른 다양한 연대 세력들의 모습으로 옮겨 가보죠. 이 점에서는 개인주의적인 청년들의 진보적 연대도 당연히 짚어봐야겠습니다. 계엄에 반대하며 광장에 모인 청년들도 개인주의자들이죠. 이들은 공동체에 대한 감각을 가진 '힙한 개인주의자'일까요? 아직 우리는 이 젊은이들의 정체와 성격이 뭔지 잘 모르는 것 같아요.

권영국 매우 자유로운 영혼인데, 한편으로는 또 사회적 연대에 대한 감각을 대단한 수준으로 발휘하는 모습이었죠. 그래서 우리 사회가 전반적으로 계속 퇴행하고 있다고 보아야 하나, 아니면 두 가지가 지금 공존하면서 매우 치열하게 경쟁하고 있는 건가에 대해서는 더 지켜봐야 할 것 같습니다.

윤지나 혹시 구체적인 경험담이 있을까요? 이를테면 똑같은 이슈를 가지고 몇 년 전에 경험했던 일과 최근의 일을 비교해 보면 이런 점에서 달라진 게 느껴진다, 이런 것 말이에요.

권영국 박근혜 퇴진을 주장했던 2016년과 윤석열의 2024년 또는 2025년을 비교해 보면 주도하고 있는 세력에서 어떤 차이가 느껴지긴 합니다. 처음에는 광장에 깃발이 등장하는 것에 대해 참여 시민들이 굉장히 거부감을 보였어요. 노동단체 등 조직들이 움직이는 것에 대해서요.

윤지나 이른바 '외부 세력'이라고 불리는 조직과 그들의 활동… 비슷한 용어로 '전문 시위꾼'이라는 표현도 있더군요.

권영국 1인 시위할 때도 왜 외부인이 여기에 와서 이러느냐, 하는 얘기를 하는 분들이 있어요. 외부인들이 시위를 선동하고 배후에 있다, 주장의 순수성을 해친다, 정치적이다…. 이 '정치적'이라는 표현이 오염되긴 했죠. 그런 말이 아닌데요. 우리 정의당이 공당으로서 어떤 사건사고에 대응을 하고 도와주러 가는 거잖아요? 그러면 회사나 그쪽 편에서 우리를 가리키며 "저 사람들 조심하세요, 정치적인 의도를 갖고 오는 거예요"라고 말하며 경계하게 만들어요. 이런 식의 현상들이 2008년에도 우리가 광우병소 수입 반대 집회에 깃발을 가져가면 거부감으로 나타나곤 했어요.

그런데 이번에 계엄 반대 집회에서는 오히려 '깃발 대잔치'가 벌어졌죠. 너무 재미있었어요. 그러니까 조직되어 있느냐, 개인으로 참여했느냐 그런 점이 크게 구분되지 않았던 거고, 오히려 조직이든 개인이든 창의적이고 굉장히 평등한 구조로 열린 공간이 만들어진 거죠. 저로서는 이 광장이 좀 더 평등한 관계로 가고 있다는 느낌을 받았어요.

윤지나 세대의 변화에서 받은 인상도 있지 않았나요?

권영국 이번 계엄 반대 집회의 경우에는 젊은 세대들이 훨씬 앞장선 게 맞죠. 2016년의 집회를 포함해 그간 열렸던 광장의 모습을 보면 이른바 '86'이라 부르는 민주화 세대가 주도했거든요. 그런데 이번에는 참가자들이 팬클럽 응원봉까지 들고 나왔잖아요.

윤지나 그 청년들이 기존 민주화 세력의 주축을 상징하는 깃발들에 대해 여전히 거부감을 느끼고 있지는 않던가요?

권영국 이번에는 안 그랬던 것 같아요. 오히려 민주노총, 농민 시위에 대해서 가장 적극적으로 지지하고 연대하고 실제로 현장에 가서 그들을 지켜줬죠. 너무 기발한 깃발들을 들고요. '잉어빵을 사랑하는 사람들'인가, 저는 그게 기억에 남아요. 한남동의 키세스단*이 남태령의 농민 트랙터 진격단에 또 등장하고 그랬잖아요. (*윤석열 체포영장 집행이 무산된 후 재집행을 요구하며 시위하던 시민과 젊은이들이 밤샘 추위와 눈보라를 견디기 위해 은박지를 두른 모습이 '키세스' 초콜릿과 닮았다고 해서 붙은 이름이다. 해외 언론에도 보도되면서 세계를 감동시켰다.)

윤지나 청년층 말고도 40대가 있죠. 여론조사를 보면 나이가 들어도 정치 성향을 절대 바꾸지 않는 그룹이 40대라고 해요. 보통 나이가 들면 조금씩 보수화 경향을 띠잖아요. 여론조사 전문가 얘기를 들어보니 지금 40대는 젊은 시절에도 진보였고 오늘도 진보고 내일도 진보일 거야, 이런 태도가 굉장히 강하다고 하더라고요. 반면에 2~30대는 어떨까요? 자신이 진보다 보수다 이런 개념이 약하지 않나요?

권영국 보통은 진보라면 젊은 세대라고, 기존 질서에 대해서 저항하는 세대라고 하죠. 기존 질서가 매우 기득권화되어 있다고 보는 거고, 그래서 바꿔야 된다고 생각하면서 진보의 가치를 띠게 되는 거죠. 반대로 보수는 기존 가치나 규칙을 지키는 거잖아요. 젊은 세대들은 대체적으로 지금 내가 가진 게 없는 상태예요. 기본적으로 기존 질서에 어느 정도 반감을 갖기 쉽죠. 그래서 청년 세대야말로 변화를 추구하는 세대야, 보통은 이렇게 얘기하는데 우리 정치가 진영정치에 양극화가 되면서 상대에 대한 무조건적인 반대 정서가 형성되고, 청년 세대의 가치 체계도 지금까지와는 다른 경로를 밟게 되었어요.

지금보다 사회를 나아지게 하려는 쪽에 있는 사람들을 무조건 부정하는 상황으로 가면서, 가치 자체에 관심을 갖지 않거나 변화 자체가 나쁘다는 생각을 갖기 시작한 거죠. 보통 진보라고 하면 기존의 가진 사람들보다는 피해자나 약자 편에 많이 서잖아요. 사회적 약자에 대한 혐오로 사회적 불만을 쏟아내는 경우도 진보를 경원시하는 현상과 연결되어 있다고 봐요.

윤지나 내가 반대하는 세력이 추구하는 가치는 자신의 사회경제적 조건이나 이상과 무관하게 그저 반대세력이 주장하는 가치이니까 다 틀려, 이렇게 가는 거군요.

권영국 기존의 좌우 문법으로 보아서는 안 될 것 같습니다. 젊은 세대가 극우화, 보수화되었다고 얘기할 수 있느냐의 문제라기보다는, 오히려 그들의 어떤 박탈감, 사회적 대우와 인정을 받지 못하는 부분들에 대한 불만을 표출하는 방식에 있어서 민주당보다는 보수 쪽이 자신들에 더 가깝다고 볼 수 있는 거죠. 민주당이 자신들을 대변해 주지 않는다고, 말만 번드르르하게 하고 위선을 떤다고 생각할 수도 있는 거고.

20, 30대들이 지금 현재 처해 있는 삶의 조건을 볼게요. 내가 시키는 대로 열심히 공부를 해서 졸업을 했는데 제대로 된 일자리도 없고 집값은 엄청나게 높고 사회적으로 자신을 대우해주는 것도 아니니까 불만들이 있는 거잖아요. 이 불만을 누가 알아봐주나 하

는 문제와 연결돼 있죠. 우리 정치가 청년들의 욕구와 불만을 제대로 이해하고 대안을 제시해 왔느냐, 이게 핵심이에요.

윤지나 청년들에 대한 정치와 제도적 제안이 제대로 이뤄지지 않았기 때문에 청년들이 혐오를 포함해 이상한 방식으로 해소를 시도하고, 누군가는 또 그걸 가지고 정치적 자원으로 이용하려고 하는 거겠죠? 예를 들면 지난 대선 때 윤석열 후보는 혐중 정서를 적극 이용했고요.

권영국 부정선거를 했다, 중국이 개입했다, 이런 얘기가 자유통일당인가 현수막에까지 붙었었죠. 세력을 결집시키는 데 가장 손쉬운 게 공격 대상을 만드는 방법이거든요.

윤지나 안티테제, 그게 아니면 딱히 추구할 가치도 갖고 있지 않다는 반증 같은데….

권영국 예전에는 반북, 반공이 있었다면 그것이 점점 변해서 여기까지 온 거라고 봐요. 반공은 이제 안 먹히는 구호가 되었고 또 북한과의 교류도 없고 해서 딱히 소재가 안 되니 공격의 효과도 별로 없어요. 북한을 전혀 위협적으로 보지 않는 시각도 대세가 되었고요. 반면에 중국은 계속 힘이 강화되고 있고, 경제면에서는 특히 한국에 위협적인 부분도 있고요. 그래서 새로운 적으로 만들어 공격하는 거죠. 또 동성애도 새로 만든 공격 대상 가운데 하나죠.

:: 성소수자들의 유일한 옹호자

윤지나 그런데 동성애는 왜 타깃이 된 거예요? 예를 들어 혐오 범죄 피해 대상이 되는 집단들을 보면 무슬림도 있고, 이주노동자도 있고, 다양하게 있는데, 동성애에 화력이 집중되고 있다는 인상도 받습니다.

권영국 개신교 교회로서는 그들의 내부 결집력을 유지하려면 외부의 어떤 적을 만들어야 되잖아요. 동성애를 사탄화하는 거죠. 동성애의 경우, 차별금지법을 제정하려는 시도를 무력화하기 위해 의도적으로 이 문제를 부각시키는 과정에서 타깃이 됐을 가능성이 있다고 봐요. 이른바 보수 개신교라고 불리는 집단이 차별금지법을 반대하는 결집력을 형성하는 과정에서 사람들이 막연하게 거부감을 갖는 동성애를 의도적으로 띄운 거죠. 성경에 보면 비슷한 얘기가 있다는 것을 근거로 삼아.

윤지나 성경을 문구 그대로 따지면 돈 많은 것도 죄악인데 그건 아무 말도 하지 않대요? 그러고 보니 권영국과 정의당이 대표하고자 하는 많은 그룹 가운데 성소수자들한테서 특히나 엄청난 호응을 경험했다고요?

권영국 사회 분야를 다뤘던 대선 TV토론에서 고공, 옥쇄, 단식 농성을 했던 노동자들과 함께 입장하기도 했어요.[*] 이런 식으로 저희가 대변하는 분들이 누구라는 걸 보여주기 위해 노력하죠. 그런 노력에서도 집단마다 호응 방식이나 지지해주는 정도는 다 다르거든요. 그런데 퀴어 축제에서는 반응이 정말 최고였어요. (*권영국 후보는 2025년 5월 2차 대선 TV토론 당시 김종대·이은주·장혜영 등 정의당 전 국회의원 3인, 그리고 고공, 옥쇄, 단식 농성을 했던 노동자 및 활동가들과 함께 입장했다. SPC의 노조 파괴에 맞서 53일 단식 농성을 한 임종린 지회장, 임금 회복을 촉구하며 0.3평 철제감옥에 스스로 갇힌 유최안 거제·통영·고성 조선하청 부지회장, 장애인 탈시설을 촉구하며 혜화동성당 종탑에 오른 민푸름 활동가, 바로 이틀 전 고공농성 500일을 넘긴 한국옵티칼하이테크 최현환 지회장 등 4인이었다.)

윤지나 축제니까 억눌려왔던 입장을 맘껏 표출할 수도 있고, 마침 거기 연대해주는 정치인이 오니까 다들 신났나 봐요.

권영국 정치인들 중에서 성소수자 얘기를 그렇게 공개적인 석상에서 정면으로 대변하는 경우가 지금까지는 잘 없었나 봐요. 우리 장혜영 의원을 비롯해서 여성 의원들 중에는 간혹 있었지만 말이에요. 나는 남성 후보이기도 했고, 이런 사람이 대선 후보로 나와서 그분들 얘기를 대신하는 경우가 그동안 거의 없었던 거죠. 사진 찍자는 요구가 쇄도했었습니다.

윤지나 왠지 그럴 것 같지 않게 생긴 아저씨가 그러니까 더 반응이 좋았을 거예요. 축제 분위기 어울리게 예쁘게 입고 가셨겠죠?(웃음)

권영국 다음에는 꼭 맞춰서 입고 가려고요. 어떤 분이 우리 당사를 방문하면서 집에 있는 노란색 나비넥타이를 일부러 하고 온 적이 있는데 정말 감사했어요. 그런 걸 배워야 하는데….

윤지나 무지개 느낌 나는 총천연색으로 입고 가시기를 바랍니다.(웃음)

:: 광장의 열망을 결실로 맺지 못한 아쉬움

윤지나 당장 우리 현실이 너무 살기 어렵고 팍팍하다 보니까 개개인이 구조적 문제를 인식하고 극복하기 위해 연대해야 한다, 이런 이야기를 설득하기란 그동안에도 그랬고 앞으로도 결코 쉬운 일이 아닐 것 같습니다. 대선 출마 선언문에도 그런 고민이 많이 느껴졌어요. 하지만 연대와 협력은 필연적이다, 이런 믿음이 진보정치의 근간이다, 라고 말씀을 해주셨습니다. 광장에서의 경험은 그런 희망의 좋은 근거이다, 저는 이런 취지로 이해를 했거든요.

그런데 지금 볼까요. 광장에서의 경험은 있었지만 그런 목소리와 요구가 폭발적으로 확 늘었다가 선거 과정 등을 거치며 정치적 조건이 변한 뒤에는 급격히 줄어드는 인상을 받거든요. 광장에서 발견한 희망은 그때에 그친 걸까요, 아니면 그때 발견한 사회 개혁의 동력을 제대로 끌어가지 못한 걸까요.

권영국 모든 사회 현상이나 운동을 보면 물이 끓는 지점이 있습니다. 문제제기, 불만, 분노가 응축돼 있다가 폭발하곤 하는데, 2008년 광우병소 반대 집회도 그랬고 2016년 박근혜 국정농단 때도 그랬지요. 지난 계엄 때를 보면 윤석열 본인이 불을 댕기기는 했는데, 이것도 그간 누적돼온 분노가 임계점을 만나 폭발한 거라고 볼 수 있죠. 분노를 어떻게 관리해 제도화할 수 있는 힘으로 가게 하느냐, 여기에서 우리는 어떤 한계를 경험하고 있는 거고요.

저 같은 경우 2008년, 2016년, 이번 계엄에 이르기까지 다 다른 입장으로 참여하긴 했지만, 광장의 뜨거운 열정은 똑같았어요. 민주주의 또는 사회 문제에 대해서 이대로는 안 돼, 바꿔야 해, 하는 마음들이 만들어지고 있을 때 우리 정치가 어떤 식으로 이 열망을 소화할 것인가, 시민들을 어떻게 정치에 참여시킬 것인가 하는 문제까지는 풀지 못하고 있는 셈이에요. 아쉬운 부분이죠.

윤지나 그런 아쉬움을 지난 대선에서 '사회대전환'이라는 표현으로 녹여낸 걸까요? 이번에는 좀 제발 해내자, 하는 차원에서 말이죠. 단순히 정권 교체와 같은 결말로 문제를 해결할 수 있다고 여러 차례 믿어왔지만 이제는 아니다, 라는 학습이 어느 정도 된 시점이라고 본 걸까요?

권영국 학습이 상당 부분 이루어졌다고 봐요. 우리가 '사회대전환'이라는 말을 연합체 명칭에 넣은 이유는 2016년과 2024년 이 사이에 정권 교체를 해봤지만 정권 교체만으로는 실제로 사회가 근본적으로 개선되지 않더라는 것을 체감했고, 요구했던 개혁이 실패하는 순간 오히려 반동적 정권이 들어설 수 있다는 것까지 경험해서였죠. 그래서 윤석열 계엄에서는 똑같은 오류를 반복하지 않을 가능성이 좀 커지지 않을까 기대했는데, 시간이 가면서 결국 기존의 제도권 정치에 묻혀버리기는 했어요.

윤지나 워낙 제3지대를 위한 자리가 없기는 하죠. 양당제 자장 안에 있고, 상대가 못하면 다른 상대가 이기는 구조잖아요. 이런 체제에서 제3지대가 의미 있는 영향력을 가지려면, 양당 체제의 두 정당이 잘하고 못하고를 떠나서 이 둘을 압도하는 엄청난 자원, 정치적 지지를 확보해야 하지 않나요?

권영국 여기에서 문제가 되는 것은 광장의 목소리, 이제는 지난 오류를 수정할 준비가 되어 있는 사람들의 요구를 제대로 담을 그릇이 준비되어 있느냐겠죠. 우리가 양당이라고 하는 진영정치에 대해 강력히 비판하면서도 대안적 정치세력으로서의 가능성을 보여주고 사람들에게 그 존재를 가시화하고 있느냐가 중요합니다. 그런 가능성을 보여주지 못한다면, 광장에 나왔던 많은 세력들도 기존의 제도 정치로 돌아가 버리겠죠. 사실은 이번에도 그 한계를 극복하지 못했다고 봅니다. 매우 큰 아쉬움이 남는 지점이죠.

:: 트럼프에 대해 레드카드를 꺼내든 이유

윤지나 그래도 지난 TV토론에서 양당이 할 수 없는 걸 대표님이 보여주셨던 것 같아요. 트럼프가 취임하자마자 전 세계를 대상으로 관세 전쟁을 선포하고 한국에도 불합리한 요구를 쏟아냈습니다. 그 얘기를 하면서 대표님은 TV토론에서 트럼프에게 맞설 필요성을 얘기하고 레드카드도 들고 그랬죠. 그런데 트럼프가 이상한 지도자인 건 알지만 세계의 왕초잖아요. 패권자를 상대로 레드카드를 드는 게 무슨 의미가 있는 거죠? 선명성은 있겠지만, 실제 정치에서 구현될 수 있는 메시지인지….

권영국 독립운동을 했던 분들은 자기 목숨을 내놓고 싸움을 했죠. 그게 맞는 거였고 가야 할 방향이었기 때문에 그렇게 했습니다. 만약 일제로부터 해방될 가능성이 없다면 독립운동도 의미가 없는 걸까요? 누군가는 해야 할 일인 거예요. 트럼프의 관세 협상은 자기 나라 주머니를 채우기 위해 힘을 앞세운, 굴종을 요구하는 약탈행위라는 점을 분명히 짚어둬야 한다고 생각했어요.

윤지나 그렇군요. 그렇다면 정의당이 정권을 잡았다고 가정하면 어떻게 되는 건가요? 그때에도 방향과 목표를 TV토론 때와 같은 방식으로 말할 수 있을까요?

권영국 덜 뜯기기 위한 대책을 강구해야 되겠죠. 국제 질서의 다극화에 대한 것을 염두에 두고 후일도 고려하고 국제적 연대 같은 방법도 생각해야겠죠. 그런데 이런 과정에서 미국과 대화를 하든지 협상을 한다고 해도 본질에 대한 시각을 놓치면 안 된다는 걸 말하려는 겁니다. 예를 들면 미국이 무조건 옳고 밉보이면 안 되는 것 자체가 목표인 세력이 있어요. 국민의힘이나 윤석열이 그런 부류겠죠. 일본의 과거 강제징용에 대한 얘기를 할 때 정부가 일본 대신 피해자들에 대한 배상을 해준다고 했잖아요. 그럴 수도 있겠죠. 하지만 기본적으로 한국민에 대해 일본의 강제징용이 있었음을 인식하는 것, 그 본질에 대한 시각은 있어야 한다는 거예요. 미국의 현재 방식이 약탈이다, 라고 정치인 중 누군가는 이야기해야 합니다.

윤지나 국내에서 미국과의 약탈적 협상을 하지 말라는 목소리가 강하게 나온다면, 그 자체로 우리의 협상력을 높일 수도 있겠어요. 지난 협상 때 광우병소 반대 광화문집회 사진을 보여주면서 미국을 설득했던 것처럼요. 결과적으로 트럼프에 대한 레드카드는 명분과 실리를 모두 택한 거라고 보면 되겠군요.

얼마 전 열린 에이펙(APEC) 같은 경우에도 '국제민중행동' 같은 단체가 조직되고 그랬잖아요. 앞서 언급했던 극우의 글로벌 연대에 맞서는 진보진영의 연대가 가능할까요?

권영국 시진핑도 오고 트럼프도 오고 그랬잖아요. 트럼프가 취하고 있는 약탈적 강요, 동맹의 뒤통수를 치는 방식, 그런 식의 깡패식 경제 운영, 대외무역 등에 대해서 강력하게 항의하는 흐름을 만들어야 되는 것 아닌가 하는 생각을 가지고 있습니다.

그래서 우리가 시민사회 또는 노동운동 단체 등과 함께 제안을 하고, 세계의 민중들이 트럼프의 일방주의식 약탈 방식에 대해서 분명하게, 에이펙 회의의 정책에 대해서 강력하게 항의하는 모습들을 정확하게 보여주는 게 필요하다고 생각했습니다.

이재명과 민주당, 복잡한 마음

:: 이재명 대통령, 초반 점수는 합격점

윤지나 이제 집권에 성공한 이재명과 민주당에 대해서도 얘기해 볼까요? 앞서 말씀하셨던 것부터 정리해보죠. 국민의힘은 정치철학과 목표 자체가 존재하지 않고, 태생적 한계 때문에 자신들의 행보를 합리화하는 과정에서 무리수를 두고, 계엄 국면에서는 아예 폭력을 옹호하는 지경에까지 이르렀으니, 이런 상태로는 정치세력으로 인정하기 어려운 존재라고 하셨죠. 보수 진영의 새로운 인물이라고 기대했던 이준석과 개혁신당 역시 약자에 대해서는 국힘보다 더 극우적 색채도 있다고 정리하셨고요. 그렇다면 민주당은 권영국과 정의당에게 어떤 존재, 어떤 정치세력인가요?

권영국 경쟁해야 될 대상이에요.

윤지나 어쨌든 중도보수임을 표방하기까지 한 이재명 후보가 대통령이 되고, 민주당이 집권세력이 됐습니다. 어떻게 평가하시는지요?

권영국 저희가 듣는 얘기가 상당히 많겠죠. 우리를 아주 몹쓸 인간들처럼 심하게 비판하는 사람도 있고, 이러저러한 부분은 한번 다시 생각해봐라, 하면서 잘되기를 바라는 차원에서 얘기하는 분들도 있어요. 평소 하는 얘기들을 보면 정의당에 나름대로 애정을 가진 분들이 누군지 알고 있는데, 그런 분들이 이재명 집권 초기 상황에서 이재명 대통령 잘한다, 이런 얘기를 하는 경우도 많이 보았어요.

윤지나 워낙 극단적 정치 상황이다 보니 애정 있는 분들의 비판, 이런 게 많이 소중하겠네요. 그런데 정의당에 애정을 가진 사람들이 이재명 잘한다, 이런 평가가 요즘 많이 보이신다고요?

권영국 너희는 좀 문제가 있어, 그러니까 이러저러한 것들을 좀 고치면 좋겠어. 이런 식으로 얘기하는 분들의 얘기를 잘 들어야 하거든요. 그런데 그런 분들이 이재명에 대해 지지한다, 이렇게 말들을 하니, 아, 이재명 대통령이 뭔가 잘하긴 잘하나 보다 이런 생각이 드는 거죠.

윤지나 어떤 면에서 잘하는 것 같아요?

권영국 이재명이라는 사람이 기존에 보면 뭐랄까, 꽤나 정치공학적인 행보를 보이곤 했어요. 당대표 시절에도 표가 있는 쪽으로만 자꾸 움직여 가려고 했죠. 그러다 보니 세금 문제도 유권자들이 싫어하는 쪽으로는 절대 안 가죠. 감세에 동의해 주고, 그 다음에 반도체 특별법 이런 걸 하면서 52시간 상한제도 예외를 두어서 물러서려고 했고요. 구체적으로 짚자면, 일을 몰아서 하되 전체적인 시간은 늘리지 말고 직업 특성에 맞도록 해야 되는 거 아닙니까, 이런 얘기를 했죠. 그런데 집권 초기에는 산업재해 문제나 대북 관계에서도 그렇고 상당히 선제적인 모습을 보여주고 있다고 생각해요.

윤지나 산재 관련 발언이나 SPC, 쿠팡 같은 문제에 대해서도 초반에 굉장히 강력하게 언급하고 있죠.

권영국 그러니까 이 대통령은 자기가 필요한 건 그냥 해버리는 성격이에요. 산재 문제도 누군가 적어도 옆에서 조언은 하고 있는 것 같은데, "이건 정말 해보시죠" 하니까 자신도 이 문제는 풀어야 해, 이건 정파 문제가 아니야 이렇게 생각되니까 그냥 자기 행보대로 하고 있는 거예요. 물론 조만간 그 한계가 나타날지도 모르지만, 일단 지금은 자신이 먼저 질문하고 던지는 상황이니까요.

윤지나 국무회의나 공공기관 업무보고 같은 데서 발언하는 내용이 자주 화제가 되고 있죠.

권영국 잘 모르고 그냥 막 뭔가 압박하듯이 하는 게 아니고 정확하게 찌르고 들어가잖아요. 질문이 아픈 이유는 방향을 갖고 있기 때문이죠. 국민들이 회의를 보고 "대통령이 이 문제의 핵심을 알고서 이야기하는구나" 하면서 공감하는 것 같습니다.

그래서 이재명 대통령이 산재 사고가 있었던 SPC를 방문했을 때, 이제 제가 트위터(X)에다가 박수를 보내기도 하고 쓰기도 하고 그랬어요. 원민경 성평등부 장관을 내정했을 때도 매우 기대하고 주목한다, 이렇게 썼죠. 그러면서 공론장에서 협력하겠다, 이 표현도 썼어요.

:: 사면을 정치적 계산으로 하면 되나요

윤지나 이재명 대통령은 후보 때부터 민주당이 온건보수 정당이라고 하면서* 최대한 많은 사람의 지지를 이끌어내려고 했죠. 정치라는 게 결국 한정된 자원을 두고 분배를 하는 문제라 누군가의 불만은 어쩔 수 없는데, 이재명 대통령은 최대한 기존 기득권을 해치지 않는 선에서 가려고 노력하는 것 같고요. 부동산에 대한 욕망을 주식에 대한 욕망으로 돌리려는 시도가 대표적이겠죠. 사면 같은 경우도 국힘의 이 사람, 조국혁신당의 저 사람 다 끼워주면서 일종의 정치적 행보를 한 거고요. 다 통하는 얘기일까요? (*2025년 대선 당시 이재명 후보는 당내 일부 반발에도 불구하고 "민주당은 중도보수"라고 선언했다. 이어서 상속세 감세 의제에서 AI 기업 성장론까지 우클릭 의제를 연속 제시했다.)

권영국 사면의 경우 정말 정치적인 선택을 한 거예요. 그런데 그런 정치적 선택들 때문에 우리 사회가 이 모양이 된 거라고요. 이미 전두환 때부터 사면이라는 것이 결국 권력자의 어떤 정치적 계산으로 이루어진 셈인데, 그 결과가 어떤가요?

사면 대상에는 정말 민생의 어려움 때문에 불가피하게 죄 지은 사람이 들어갈 수도 있고, 다른 어려움을 겪고 있는 사람도 들어갈 수 있어요. 이 점에 대해서는 국민 통합이나 화합, 이런 얘기가 맞을 수 있죠. 그런데 누군가 혹은 어떤 세력이 이 대통령이 권력을 잡거나 유지하는 데 도움을 줬다는 것을 이유로 '내 요구를 들어 달라', 이렇게 나올 수 있잖아요? 우리 요구를 듣지 않으면 지지를 철회하겠다, 이런 식으로 나오고 이 대통령이 거기에 굴복하고… 정권이 바뀌어도 같은 일이 반복되는 꼴이 되겠죠.

윤지나 사면권의 정치적 이점을 거부하기 어려워서 계속될 가능성이 크다… 우울한 전망이네요.

권영국 사면 제도 자체는 일단 나쁘지 않은 것으로 보자고요. 그러나 우리 사회에 기본적인 사회 윤리라는 게 있잖아요. 그런데 사면권이 행사되는 걸 보면서 '저런 죄는 저질러도 괜찮네' 하는 식으로, 그런 죄에 대해 사람들이 갖고 있던 기준이나 규범들이 아

제1부 대선 후 1년, 권영국의 대차대조표

무렇지도 않게 무너지면 안 되잖아요. 지금 사면권이 행사되는 방식을 보면, 나는 그냥 내 이득, 내 권력을 최대한 취하고 그걸 크게 만드는 것이 결과적으로 훨씬 남는 장사야, 이런 생각들을 갖게 될 수 있습니다.

한 명을 죽이면 살인자이지만, 100명을 죽이면 영웅이라는 논리가 이렇게 나오게 됩니다. 가장 강한 권력 집단이나 또 가장 강한 경제 권력자, 어쨌든 이런 권력을 지향하게 되는 거예요. 경제 권력이든 정치 권력이든 어떤 수단과 방법을 동원하더라도 힘만 강하면 위법 행위를 해도 면죄부를 받을 수 있고 제재에서 자유로울 수 있다는 메시지가 횡행하게 되는 겁니다. 우리 사회의 지향이나 가치 기준이 완전히 전도가 되잖아요.

:: 모두에게 다 좋은 정치는 없다

윤지나 이재명 대통령과 민주당이 성장을 중시하는 중도보수 정당이라면, 진보정치는 정의당이 맡으면 되는 건가요?

권영국 중도보수 정당이라는 선언이 대선에서 이기기 위해, 특히 중도층의 표를 얻기 위해 의도적으로 기획되었다는 건 누구나 짐작하는 점이죠. 또 그런 부분 말고도 집권 이후에 성장 위주 정책이나 친기업적 정책을 펴기 위해서는 자기 정당의 정체가 무엇인지 미리 얘기하는 게 나중에 저항을 줄일 수 있는 측면도 있고요.

윤지나 그럼 정치적으로는 현명한 건가요?

권영국 현명하다기보다는 이미 설정되어 있는 정치적 방향을 다시 정확하게 표현한 거라고 할 수 있겠죠. 그리고 말 그대로 정말 성장을 중시하는 중도보수이고 기업, 성장 이런 얘기를 중심에 놓는다면 비는 공간이 생기게 될 겁니다. 성장을 추구하느라 기업을 중심에 두다 보면 기업에 대한 규제나 기타 여러 가지를 계속 풀어주는 방식으로 갈 수밖에 없으니까요.

윤지나 규제 완화도 그렇고 세금, 복지정책 같은 데서 이재명의 진짜 색깔이 나타나겠어요.

권영국 증세나 복지 쪽으로 가지 않고, 투자를 촉진한다는 명분으로 그런 것들을 축소하는 방향으로 가기 쉽죠. 그동안 우리 사회가 그래도 꾸준히 사회안전망을 확대해 나가려는 방향에 있었는데, 불평등을 해소하는 것과는 다른 방향으로 움직일 수 있습니다. 그렇다면 분배나 불평등과 관련된 문제에서는 우리가 주장하고 열심히 일해야만 논의의 공간이 열리겠구나, 하는 생각을 갖게 됩니다.

윤지나 민주당이 공공연하게 중도보수다, 우린 그쪽으로 간다고 했으니, 정치적으로 확실히 정의당이 설 공간이 생기는 셈인데요. 그렇다면 이재명 대통령의 그런 발언들이 반가웠을 수도 있겠어요? 그동안 민주당이 꽤나 보수적인 가치를 추구했음에도 이미지로나 정치지형 상으로는 진보정당의 대표성을 독점한 경향이 있었잖아요.

권영국 그 발언이 반갑지 않았어요.

윤지나 어, 기회다! 우리의 존재를 각인시키자! 이런 생각이 안 들었다고요?

권영국 우리가 더 큰 역할을 해야 할 필요성이 구도상 만들어질 수 있겠다는 생각도 있었지만, 과연 우리가 그 공간에서의 역할을 자임한다고 해서 그것을 필요로 하는 사람들의 목소리를 대변할 수 있을 만큼 준비가 되어 있고 힘이 있느냐, 이런 고민이 더 큰 게 사실입니다.

윤지나 일종의 부담감이군요. 진짜 잘해내고 싶으니까.

권영국 정부가 성장 중심, 기업 중심으로 갈 때 생겨나는 여러 가지 폐해를 막아내고 견제할 수 있는 힘이 없으면, 우리 사회는 또다시 가진 사람, 기업 중심으로 가게 되고 국가의 보호망이 취약해지겠죠. 아직은 견제력이 없는데 정부가 우클릭으로 치닫는 건 결코 반가운 일이 아니잖아요. 취약계층, 약자, 소수자의 목소리가 정치적으로 가려지게 되면 가진 사람들이나 다수 세력 입장은 좋아질 수 있겠지만 그렇지 못한 사람들은 훨씬 어려워지는 국면이 될 겁니다. 이런 때일수록 우리가 제대로 잘해내야 한다, 그런 생각입니다.

윤지나 지금 지형에서 민주당에 대해 나름의 철학이 있고, 그래도 선의의 경쟁을 할 수 있는 정치 집단으로 인정하시는 것으로 알겠습니다. 다만 성장을 중시하는 집단, 경제 강국을 위해 기업하기 좋은 나라를 추구하는 집단으로 보시는 거죠?

권영국 본인들이 그렇게 이야기했죠. 성장을 중시하겠다고.

윤지나 그런데 저는 그런 지향이 표를 많이 모을 수 있는 방법 같거든요? 유권자 다수를 이루는 사람들한테 어필이 되는 슬로건인 거죠. 예를 들어 저는 여성으로서 소수자이고, 어떤 이념을 추구하느냐 하는 면에서도 소수자일 수 있지만, 대체로 중산층에 가까운 정체성을 갖고 있거든요. 이 정도의 애매한 정체성, 실제로 자신이 사회에서 약자 혹은 소수자이면서 스스로는 그걸 제대로 인식하지 못하는 경우도 상당하다고 봅니다.

이렇게 자신이 사회구조적으로 약자임을 인지하지 못하고 중산층 정체성을 가진 사람이 많다고 할 때, 이재명 대통령의 지향이나 호소가 설득력이 클 거라는 인상은 안 받으시는지요?

권영국 대선 전의 발언들을 들을 때부터 저는 이재명이라는 사람이 기업 우선 또는 성장 위주, 이런 쪽으로 치우칠 가능성이 높다고 생각했어요. 그런데 대통령으로 당선되고 난 뒤 실제로 펼치고 있는 정책들이나 발언들을 보면, 모든 방면에서 잘하고 싶다는 생각을 가진 게 아닌가라는 생각이 듭니다. 개혁의 문제에서도 성공한 대통령이 되고 싶어 한다는 인상이요.

윤지나 그건 좋은 자세 아닌가요? 예를 들어 기업을 살리겠다면서 말하는 방식도 잘 뜯어보면, 기업이 잘살아야 노동자가 살고 나라 전체가 잘살고, 이런 식의 과거 같은 낙수효과 주장은 아니던데요? 오히려 다수를 이룬 그룹을 잘살게 하는 게 나의 목표다, 여기에 집중하겠다, 하는 인상을 저는 받거든요.

권영국 기본적으로 건강한 사회는 모든 사람들이 다 제대로 된 삶을 살 수 있는 곳인 게 맞죠. 누군가를 착취하고 못 살게 하는 그런 사회가 좋은 사회일 리는 없잖아요. 이재명 대통령도 그런 점에서 자신을 '모두의 대통령'이라고 표현했어요.

윤지나 그게 문제인가요? 틀린 말이에요?

권영국 '모든 국민의 대통령'이 맞죠. 그런데 실제로 정치라는 것이 작동할 때는 모든 국민들의 요구를 다 수렴해서 모두를 만족시킬 수는 없다는 걸 알아야죠. 자원이라는 게 한정돼 있고 분명히 이해관계가 충돌할 겁니다. 어떤 부분을 나아지게 하려면 다른 부분은 일정 부분 희생을 감수해야 되는 문제가 불가피하죠. 진짜 정치는 이걸 조율해 나가는 과정이고요. 그러기 위해서는 설득이 중요합니다. 그런데 이런 부분을 생략하고 모든 사람들이 다 좋다, 다 좋을 것이다, 이런 식으로 가는 것은 현실적으로 불가능하고 포장에 불과한 말일 수 있죠.

윤지나 계속 지금처럼 끌고 갈 수는 없는 문제라는 말씀이군요. 자원을 어디에 투하할 것인지 결단해야 할 시점이 오면 모두에게 좋은 거야, 라고 주장하기 어려운 순간이 오겠네요.

권영국 예를 들면 이 대통령이 이제 우리나라 경제를 3퍼센트인가 성장시키겠다고 얘기했어요. 또 사람들이 자산 불리기 같은 것들에 꽤나 관심이 크니까 코스피 지수를 5천으로 만들겠다, 이렇게 얘기도 했어요. 그러면 부동산으로 자산을 형성한 세대는 어떻게 해야 하죠? 부동산을 일정 정도 부양시키지 않는 이상 이들의 지지를 받기는 어려울 거 아닙니까. 심지어 부동산 문제는 문재인 정부 때 보듯이 정권을 잃게도 만들 수 있는 정책이에요. 그러니까 부동산 문제에 직접 손을 대서 위험을 부르느니, 다른 쪽으로 옮기겠다는 식이죠. 주식시장을 통한 자산 형성 같은, 뭔가 하나의 희망 같은 걸 만들어낸 거죠. 1,400만 주식 투자자들을 민주당의 매우 튼튼한 지지 기반으로 만들려고 하는 것 같습니다.

:: 선의의 권력도 견제가 필요

권영국 지금 정부에서 이재명 대통령은 내가 집권하고 있는 한 과거 정부와는 다를 것이다, 라는 점을 말하고 싶을 거예요. 그러나 본인이 전임 윤석열과 아무리 다른 생각과 목표를 갖고 있다고 믿어도, 대통령이 가진 권한을 그대로 유지하면 비슷한 문제가 발생할 수밖에 없습니다.

정보에 대한 통제라든지, 인사에 대한 권한이라든지… 예를 들어 인사 문제의 경우 대통령에게 정말 필요한 사람이라고 생각하면 나쁜 대통령이든 좋은 대통령이든 간에 그 사람을 임명할 겁니다. 정말로 좋은 대통령이라면 국민 입장에서 왜 그 사람을 임명해야 하는지, 정보에 대한 접근을 열어줘야죠.

윤지나 나는 좋은 대통령이니까 무조건 결과는 좋을 거야 믿어줘, 이렇게 선의를 알아주기를 바라는 기대 위에서 권력이 굴러가서는 안 된다는 거죠?

권영국 국민들이 직접 판단할 수 있도록 정보 접근의 길을 여는 정도라든지, 대통령실이 얼마나 행정 행위들을 투명하게 하는지의 문제인 거죠. 특활비 같은 것도 예로 들 수 있겠군요. 지금은 백성들이 선한 군주를 만나느냐 악한 군주를 만나느냐에 따라, 그러니까 군주 개인의 성품에 따라 운명이 좌우되는 군주정이 아니잖아요. 근대 국가들에서 계속 법을 제정해왔던 이유도 통치자의 변덕에 따라 나라를 다스리면 안 되기 때문이었잖아요. 이런 목표를 위해 삼권 분립도 나온 거고요. 지금 우리 대통령제는 대통령에 지나치게 여러 권한이 집중돼 있죠. 인사권이라든지 거부권, 사면권까지. 사면권도 군주제적 성격이 강하죠. 일종의 '성은'을 내리는 거니까요. 법이나 제도로 통제되지 않는 권력이라면 대통령제와 군주제가 뭐가 다를까요.

윤지나 문제는 아직도 많은 사람들이 대통령을 절대적인 능력을 가진 군주처럼 보고 있다는 점이죠. '백마 탄 초인'이 있을 거야. 우리가 군주 밑에서 너무 오랜 시간을 보내서 그런 걸까요? 이미 근대로 들어선 줄 알았는데 군사독재가 오고….

권영국 우리나라 헌법에 보면 '국가 원수'라는 표현이 있어요. 원래는 행정부의 수장이죠. 국회가 있고 사법부도 따로 있는데, 그렇다면 행정부도 다 평등해야 해요. 그런데 법을 보면 대통령이 대법원장도 임명하고 국회의장도 임명하죠. 동의 절차를 받기는 하지만 어쨌든 대통령이 임명하잖아요. 우리는 국가 원수 지위라고 하는 상징성은 물론, 실제로 다른 권부에 대한 임명권 때문에 대통령을 매우 우월적인 권력으로 인식하고 있습니다. 그래서 대통령의 여러 정치 행위에 대해 견제할 수 있는 제도적 대안이 반드시 필요합니다.

윤지나 내란 청산 국면에서 보면, 사람들은 권력에 대한 제도적 견제 장치가 부족했던 점보다는 김건희라는 특이한 인물 때문에 벌어진 일, 개인의 일탈적 범죄 측면으로 상황을 인식하는 경우가 많았던 것 같아요. 하지만 이번의 내란 사태 역시 권력이 집중된 대통령제, 그것의 구조적 문제가 상당히 영향을 주었다고 볼 수 있겠어요.

권영국 김건희 문제로 좁혀 보더라도 대통령 부인이 정해진 규칙에 따라 활동할 수 있도록 해야 된다고 했는데 부속실조차 안 됐죠. 특별감찰관 제도도 있었는데 윤석열이 끝까지 감찰관 임명을 안 했잖아요. 내부를 견제할 수 있는 임명권을 대통령에 다 종속시켜버리면 이렇게 된다는 겁니다. 적어도 지금 3부 수장에 대한 대통령의 임명권은 근본적으로 고민해야 할 문제입니다.

윤지나 그런 문제의식에 대한 공감대는 이미 상당히 형성돼 있다고 봐요. '제왕적 대통령제의 폐해'라는 건 이제 언론의 클리셰 같은 표현이 됐죠. 이재명 대통령도 정권을 잡기 전에는 꼭 한번 생각해봐야 할 문제라고 여겼을지 몰라요. 그러나 막상 권력을 쥐면 쉽지 않죠. 단순히 권력을 줄이기가 쉽지 않아서 그렇기도 하겠지만, 주어진 문제들을 풀고 싶고 당장 성과를 내고 싶어서 자신의 권력을 최대치로 이용하고 싶은 마음도 있을 거예요.

권영국　그래서 더더욱 대통령은 견제된 권력을 가지고도 목표를 추진할 수 있는 능력이 있어야 하는 거죠.

윤지나　그러면 권영국이 대통령이 됐다고 가정하고 두 개의 옵션을 제시해볼게요. 1번, 그동안 많은 정치적 고민을 해왔고 그에 대한 정당성도 충분히 확보했으니까, 일단 내 선에서 빨리 잘못된 것부터 빠른 시일 내에 확실하게 밀어붙여 해결하겠다. 2번, 개인의 선의에 의지하는 시스템은 안 된다. 속도가 느리더라도 일단 권력을 민주적 통제가 정말로 가능한 방식으로 전환한 뒤 목표한 것을 추진한다. 어떤 쪽을 택하실래요?

권영국　1번으로 가고 싶은데요?(웃음) 그러나 길게 생각해볼 필요가 있습니다. 권력이 교체될 때마다 전 정권이 해온 모든 걸 뒤집어 버리잖아요. 어마어마한 손실이 발생하는 거예요. 뒤집는 데 하세월을 써요. 반발도 상당하고요. 국민 입장에서 보면, 개혁이라 불리던 것을 다른 정파가 권력을 잡은 뒤 다 뒤집어버리는데, 바람직해 보이지 않아요. 상대방의 실패를 자양분으로 집권하는 방식을 바꿔야죠. 그래서 조금은 늦더라도 민주적 절차와 충분한 토론을 거쳐 개혁을 이루어 나갈 수 있도록 하는 것이 길게 볼 때는 국민들 입장에서 훨씬 더 이익이 되는 거죠. 물론 적폐나 과거 청산 문제는 신속히 진행하는 게 맞고요.

윤지나　아쉽지만 2번으로. 속도전으로 낸 결과물은 허약한 기반 위에 설 수밖에 없으니까.

권영국　미국 같은 경우를 보세요. 트럼프가 다 뒤집어 버렸잖아요. 그러다 민주당 정권이 잡으면 이걸 원상회복하려 하겠죠. 우리도 지금 비슷하게 가고 있습니다. 예를 들어 신재생 에너지, 공공주도 에너지, 이런 시도들은 시기가 매우 중요하죠. 기후생태에 대한 대응은 문재인 정부 때부터 시도했지만 윤석열이 다 뒤집어엎으면서 우리가 신재생 에너지에서는 OECD에서 거의 꼴찌 수준이 되었잖아요. 국민들 입장에서 보면 국가적인 차원의 폐해인 겁니다.

윤지나 아, 기후와 환경 이야기가 나왔네요. 이제 대통령제 권력 집중 이야기는 이 정도로 마무리하고, 말이 나온 김에 기후생태 의제로 넘어가죠.

텅 빈 왼쪽 공간에서 진보가 할 일은?

:: 기후·환경·노동·진보 가치의 세트메뉴

윤지나 이제부터 기후와 환경 같은 진보 의제에 대해서 여쭤보겠습니다. 원래 기후, 환경 등의 의제가 노동과도 관련성이 있는 건가요? 환경도 보통은 진보적 가치로 보지만, 노동처럼 처음부터 진보 가치였나 싶어서요. 모두가 정의당이 주요하게 다루는 의제들이라 궁금합니다.

권영국 저의 경우를 예로 들면, 석탄화력발전소 노동자의 사망 사건을 통해서 이 이슈가 결국 기후 문제와도 연결된다는 것을 알게 됐습니다. 태안화력발전소 하청노동자 김용균 씨 사망으로 석탄화력발전소 폐쇄 문제가 나오기도 했고요. 온실가스 감축 문제가 2015년 파리기후협정에서 논의된 후 감축 목표가 가시화되었고, 문재인 정부 때 많이 진행이 됐죠. 제가 접했던 석탄화력발전소 노동자들은 발전소 폐쇄를 염두에 두고 정의로운 전환과 폐쇄, 일자리 문제, 지역경제 얘기를 했어요. 본인들 스스로 문제를 인식하고 대안을 주장한 거죠. 그래서 저도 자연스럽게 석탄화력발전소를 통해 온실가스 문제와 재생에너지 전환 문제에까지 관심을 갖게 되었습니다.

윤지나 말씀을 들으니 자연스럽게 연결되는 문제인데, 밖에서는 친환경 에너지로의 전환 때문에 석탄 노동자들의 일자리가 없어지고, 이들이 에너지 전환 정책을 반길 것인가, 또 그 지역이나 경제공동체 역시 반발하지 않을까, 이런 도식을 갖고 있거든요.

권영국 다들 당사자 아닌 이들이 탁상에서 하는 생각입니다. 역설적이지만, 석탄화력발전소에서 일하는 노동자들이 먼저 지구 생태계가 이런 식으로 가면 지속가능성이 없다는 데 공감합니다. 정교한 논리를 가지고 있는 건 아니지만 기본적으로 에너지 전환을 거부하면 안 된다는 생각을 스스로들 하고 계시더라고요. 다만 국가가 에너지 전환 과정에서 일자리 문제나 지역 소멸 문제, 이런 것에 대한 대책을 세워야 한다, 이런 주장으로 운동을 시작한 거예요.

윤지나 석탄을 통한 화력발전을 이어가자, 그래야 내 일자리가 지켜진다, 이런 식의 접근이 전혀 아니군요.

권영국 저는 발전소 노동자들, 특히 하청노동자들의 수준이 대단히 높다고 생각하는데요. 본인들도 사실 지구라고 하는 이 생태계 안에서 살고 있잖아요. 나의 지구가 망가지면 일자리 문제에 앞서 나의 생존 자체가 불가능해지니까 생태계를 더 이상 파괴하지 않아야 되겠다, 이런 생각을 전제로 대책을 얘기하고 있는 거예요. 노동자들이 먼저 온실가스로 인한 문제의 심각성에 공감을 하고 있어요.

석유화학 단지에서 일하는 노동자들 역시 고민이 많아요. 이 산업을 계속 유지해야 돼! 라고 이야기하는 게 아니라, 전환에 따라 생기는 문제에 대한 대책을 세울 것을 요구하는 거죠.

윤지나 노동과 환경 의제가 현실에서 그렇게 가까운 모습인지 몰랐네요.

권영국 저는 특히 플라스틱 문제에 관심이 많아요. 저도 제대로 실천하지 못하는 부분이기는 한데요. 사무실이 많은 도심에 서 있어 보면 점심 먹고 들어가면서 사람들이 시원한 음료를 들고 가는데 전부 다 플라스틱이에요. 심지어 저희도 노동자들이 농성하는 데 갈 때도 더운데 힘내시라고 아이스아메리카노, 수박주스 이런 걸 플라스틱에 담아 가거든요. 우리가 얼마나 환경을 파괴하고 있는지를 매일 보면서 큰일이라는 생각이 들어요. 그렇다면 저라도 하고 있느냐, 그게 잘 안 되는 거예요.

윤지나 대표님 에코백 안에 텀블러 넣고 다니시지 않나요? 잘 어울리는 조합인데.

권영국 텀블러를 자주 못 가지고 다녀요. 자꾸 잃어버리기도 하고…. 이게 개인적인 각성으로 문제를 풀 수 있는 건 아니라는 걸 말하고 싶어요. 어떻게 보면 자본주의 폐해라고 생각하는데, 음료를 팔기 위해서 가장 편리하고 값싼 용기, 석유에서 나오는 플라스틱을 쓰는 거예요. 환경을 파괴하더라도 플라스틱을 써야 계속 돈벌이가 된다고 생각하면 줄이는 게 현실적으로 쉽지 않죠. 바로 제도가 개입해야 하는 순간이죠. 가령 텀블러를 가져오면 천 원을 깎아주는 유인책 같은 것 말이에요. 그런 방식이 아니고 패널티를 주는 방식이라면 자영업 판매자가 울겠지요. 정부가 그 비용을 지원해도 되고, 플라스틱 가격만큼은 확실히 빼준다든지… 가격 차이 때문에라도 사람들이 스스로 움직이게끔 해야죠. 알뜰하게 사시는 분들은 어느 정도 차이가 나면 빼먹지 않고 들고 다닐 거예요.

윤지나 이미 공감대는 있잖아요. 플라스틱 문제가 심각하다고 하니 나도 텀블러 쓰는 게 맞지, 하면서도 그게 잘 안 되는 분들이 많을 거예요. 이럴 때 제도가 뭔가 방아쇠를 당겨줘야 한다는 말씀이군요. 제도가 사람들 수준보다 늦게 가는 경우도 많이 있으니까요.

권영국 정치하는 사람 입장에서 보면 그런 게 마치 규제인 것처럼 느껴지니까 거기에 대한 저항, 굳이 안 해도 되는 일을 해서 정치적으로 손해를 볼 것 같은 두려움을 먼저 가집니다. 하지만 우리가 환경이나 지구 생태, 사람들의 인식까지 고려했을 때는 쓸데없는 두려움 없이 충분히 할 수 있는 정책이라고 생각합니다.

:: '민심'이라는 거짓말

윤지나 그런데 당장 상인들 입장에서는 규제로 보이는 측면은 있을 텐데요. 나름대로 이해관계가 균질해서 일정하게 조직화된 집단이기도 하죠. 상인연합회 이런 데서 거세게 반대하면 정책입안자 입장에서는 무서울 수도 있어요. 플라스틱 사용량을 줄여야 한다는 공감대는 표로 연결되는 느낌이 안 드는 데 반해, 그런 정책은 우리에게 상당한 부담이야! 라고 목소리를 낼 수 있는 결사체는 의식하지 않을 수 없거든요.

권영국 개혁이라는 게 원래 어느 정도의 저항은 따를 수밖에 없습니다.

윤지나 그게 허위의식에서 나온 것이든 목소리 큰 사람들만의 저항이든 간에, 저항이 너무 거셀 경우에는 어떻게 해야 하죠? 개혁을 시도하는 주체는 결국 조금씩 사람들을 설득해나가면서 동의를 받았다고 판단되는 정도로만 개혁을 해야 하나요? 아니면 일단 걸음을 한 폭 크게 디디고 나가야 하나요? 예를 들어서 설명해주신다면요?

권영국 세금으로 설명하면 좋을 것 같아요. 복지와 분배를 위해 증세는 꼭 필요하고 사람들 모두에게도 도움이 되는데, 세금 올린다고 하면 무조건 반발이 생기죠.

이처럼 기본적으로 사회를 변화시키는 일은 항상 어려운 법이에요. 근본적인 변화까지 도모하려면 혁명을 해야 하고요. 하지만 혁명이 늘상 가능한 것은 아니잖아요. 혁명과 달리 개혁이 가진 특징은 점진성입니다. 그래서 꾸준한 일관성을 가지는 게 대단히 필요합니다. 일관성과 방향을 가지고 계속 설득하고, 정부가 추진하려는 일이 지금 당장은 여러 가지 손해가 나는 일처럼 느껴지고 불편을 야기할 수도 있지만 장기적으로는 우리 자신과 국민 전체에게 이익을 가져다 줄 것이라는 점을 통계나 작은 성과를 통해 끊임없이 설득해나가야 한다고 생각합니다.

윤지나 그런 설득력과 감속 컨트롤은 결국 정치력에서 나오겠군요.

권영국 그렇죠. 왜냐하면 소통이나 설득 과정 없이 그냥 밀어붙이면, 민심이라는 게 개혁의 의도와는 상관없이 무조건 반발하는 일이 발생하기 때문이에요. 그런 부분에 속도 조절이 필요합니다. 중요한 것은, 저항이 있다고 해서 입장을 바로 조변석개하듯 바꿔서는 안 된다는 겁니다. 매우 일관성 있게 나아가야 하고, 애초에 어떤 개혁을 추진하려고 할 때부터 간보기 식으로 접근하면 안 됩니다.

윤지나 일단 어젠다를 띄워놓고 반응을 살피는 것, 이건 꽤나 많이 보이는 건데요.

권영국 정말로 정부가 미래를 위해서 그리고 국민 전체의 이익을 위해서 꼭 필요하다고 하는 각오를 단단하게 가지고 시작해야 하는 거지, 저항이 들어온다고 해서 바로 입장을 바꾸고 그러면 결국 혼란만 가중됩니다. 그럴 때마다 정치를 하는 목표가 뭔가 다시 생각해야죠. 한정된 자원을 어떻게 배분하고 이해관계를 조절해 나갈 것인가 하는 문제가 정치잖아요. 예산 같은 것들을 봐도 알잖아요. 법이나 이런 제도를 통해서 누구에게 더 권한이나 자원을 부여할 것이냐, 이런 문제가 늘 있지 않습니까.

그런데 이건 곧 누구의 편에 설 거냐 하는 문제와 직결돼 있어요. 가진 자들의 입장에 설 것인가 아니면 우리 사회에서 가장 아래쪽을 기준으로 전반적으로 상향평준화를 추구할 것인가, 이런 걸 고민해야죠. 그런 방향이 선 다음, 개혁을 추진하려는 주체들은 매우 단단한 의지와 계획들을 가지고 꾸준히 일관성 있게 가야 하고요.

윤지나 의지도 있어야 하고 능력도 있어야 되겠네요.

권영국 여론에 너무 좌우되는 정치는 실패할 뿐만 아니라 우리 사회를 개선할 수 없습니다.

윤지나 이른바 '민심을 따른다'라는 말의 위험성도 살펴봐야겠어요.

권영국 '민심'이란 게 뭘까요? 여론은 매우 단기적으로 형성될 수도 있는데 그게 항상 옳은 건 아니에요. 예를 들면 조국에 대한 지지도 한순간에 바뀌었잖아요. 윤석열 정권에 대한 지지를 봐도, 윤석열이 정치권에 입문하던 당시에는 윤석열이 보수의 유일한 대안인 것처럼 말했잖아요. 그런데 아니었죠. 그렇게 단기간에 만들어지는 여론을 지나치게 눈치 보는 방식으로만 가게 되면, 다시 순식간에 바뀐 여론에 또 대응을 해야 하거든요. 그게 과연 민심일까요? 오히려 저는 '민심'이라는 말을 앞세워 자기 욕심을 관철하려는 경우가 훨씬 많다고 봐요.

윤지나 말씀대로 진정성 있는 정치라면, 그때그때의 여론이 아닌 진짜 민심을 잘 구분하는 게 필요하겠네요.

:: 정치란 가슴 뛰는 상상

윤지나 국힘의 정치 목표는 과연 존재하는지부터 의문스럽고, 민주당은 이재명 대통령이 말했듯 중도보수 정당으로서 정의당이 경쟁해야 할 대상이라면, 정의당은 어떤 정당인가요? 규모와 실력 면에서 대안이 될 수 있는 정당인가요? 정의당이 추구하는 목표가 실제로 가능하고 우리 삶을 더 낫게 하는 이 시대의 대안이야, 하고 사람들을 설득하는 일이 남아있을 텐데요. '정의당 덕분', '정의당의 효능감' 이런 말이 나와야 한다는 거죠. 그렇다면 일단, 정의당 덕분에 가능했던 이 시대의 변화라면 무엇이 있을까요?

권영국 대표적인 게 무상급식이죠. 무상급식은 정의당 전신인 민주노동당이 광양에서인가 처음 조례안을 통과시킨 후 전국화하면서 실제로 법 제정과 제도를 주도했습니다. 그래서 민주노동당의 무상급식 운동은 대부분 알고 계신 것 같아요. 처음에는 무상급식, 다음으로는 순차적으로 무상의료, 무상교육을 제안했고, 이를 실현하기 위한 재정 확보를 위해 부유세 문제를 꺼내 들었죠.

윤지나 정의당을 비롯한 진보정당들은 원래 그런 얘기를 하잖아? 이런 게 아니라, 무상급식처럼 실제로 그런 좋은 정책이 현실에서 가능하다는 걸 보여준 경우군요. 그런 정책이 실제 실현되려면 어떤 프로토콜과 자원이 필요한지를 설득하고 그것을 이뤄낸 집단이 정의당이다, 이런 부분에 대한 인식이 중요한 것 같아요. 선명성과 선언에서 더 나아가서 현실에서 성과를 만들어내는 집단이다, 이런 인식 말이에요.

권영국 기존의 정치 틀 내에서는 무상급식을 포함해서 정의당이 주장한 것 같은 어젠다들을 제시할 수가 없었습니다. 상상력 자체가 없기 때문이죠. 일단 필요한 문제를 제기하고, 이것을 실현하려면 어떤 구체적 과정이 필요하다, 이런 생각으로 나아가는 게 정치 아닌가요? 사람들은 그런 정치가 제시하는 이상과 상상력을 보고 선택을 해야 하고. 이렇게 할 때 우리 사회가 바뀌게 됩니다.

처음부터 어떤 사회를 만들어보자는 상상도 하지 못하고, 개선안조차 포기하고, 결국 불합리한 현실에만 안주하는 것은 이제 그만둬야 합니다. 유럽 복지국가들이 어떻게 만들어졌을까요? 어떤 정치세력들이 권력을 잡았을 때 복지국가가 가능했을까요? 지금 저는 좌우를 묻는 게 아니고, 어떤 공동체적 미래를 제시했고 그래서 선택을 받은 세력이 누구인지 묻는 겁니다.

우리나라 노동 이슈에서 가장 쟁점이 되는 것 중 하나가 민사 면책 조항인데, 그러니까 '노란봉투법'이라고도 부르는 노동조합법 개정안의 핵심 조항이죠. 파업이나 노동쟁의가 발생하면, 형사 책임과는 별도로 사측이 노동자에게 민사 책임을 물어 엄청난 손해배상 소송을 제기하는 바람에 쌍용차 노동자의 경우 죽음으로 내몰리기까지 했잖아요. 이것을 방지하는 민사 면책 조항을 처음 입법화한 곳은 영국인데, 영국 또한 1900년대 초반 노동당이 유력한 의회세력으로 등장하고서야 비로소 가능했던 것이죠.

그리고 많은 나라에서 복지국가를 얘기할 때 스웨덴, 핀란드 이런 북유럽 국가들을 얘기하죠. 스웨덴은 노동자들의 노동조합 가입률이 70퍼센트 이상에 달합니다. 이런 곳에서 노동당 같은 진보 정당이 집권하면 노동자들 편에 선 정책들을 입안하죠. 노동자는 곧 시민들이고요. 여기서 여러 가지 어려운 문제들, 육아라든가 교육에 대한 노동 친화적인 정책들을 만들게 되죠. 유럽의 경우 대학 등록금을 전혀 내지 않는 대학 무상교육 정책까지 있어요.

이런 제도를 만들어낸 건 기업이나 자본의 입장에서 정치하는 세력이 아니라 거기에 맞섰던 정치세력에 의해, 그들이 집권을 했을 때 온전한 복지국가를 만들어낸 겁니다. 지금 현재 우리 사회가 보수 정당이나 친기업 정당, 또는 성장을 내세우는 그런 정치세력을 선택했을 때 과연 온전한 복지제도를 만들고 내 삶을 바꿀 수 있는 조건을 만들어낼까, 이런 의문을 가져야 합니다.

윤지나 정리해 보면 정의당은 '더 나은 삶을 위해, 실현 가능한 조건을 상상할 수 있는 집단'이 되겠네요. 무상급식처럼 진보정치의 상상력이 현실에서 당연한 제도로 실현된 사례들도 계속 나오고, 여기서 경험한 효능감을 바탕으로 지지세가 계속 붙기를 바랍니다. 그러기 위해서는 정의당과 진보정치가 그리는 사회에 대한 동의, 국민에게서 위임 받은 권력을 통해 그것을 실현해낼 것이라는 믿음과 실력에 대한 확신이 필요하겠네요. 무운을 빕니다.

권영국 우리는 신호등의 불빛처럼 독자적 진보정치의 미래를 개척해야 할 숙제를 안고 있습니다. 새로운 진보 운동과 정당 운동을 통해 더 많은 사람들을 함께 꿈꾸게 하는 게 필요하다고 생각합니다. 당장 눈앞의 6월 지방선거에서 진보정치를 제도권 안으로 가져오도록, 상상력을 현실로 만들어 보겠습니다.

에필로그: 가장 현실적인 이상주의를 위하여

권영국 대표와의 대담을 정리하던 시기, 세상은 캄보디아에서 벌어진 납치, 감금 등의 스캠 범죄 사건으로 떠들썩했다. 뉴스의 초점은 범죄 방식과 송환자의 신분―그들은 피해자인가, 피의자인가―에 맞춰져 있었다. 정부는 범죄 근절과 송환에 집중했고, 야당은 그것을 '범죄자 송환쇼'라고 비난했다. 그러나 그보다 앞선 질문들, 왜 그렇게 많은 젊은이들이 경험도 지식도 연고도 없는 땅으로 향했는지에 대한 고민은 없었다. 그들이 목숨의 위협까지 감수하며 캄보디아 행 비행기에 올랐던 이유는 무엇일까.

지금의 사회는 청년들에게 이렇게 속삭인다. 성실하게 일하고 착실히 돈을 모아서는 존엄을 유지하거나 미래를 설계할 수 없다고. 아니, 이제는 그 믿음 자체를 부정한다. 태어날 때부터 구조화된 불평등은 출발점이 되었고, 더 나은 삶을 원한다면 '리스크를 사랑하라'며 주식과 투자를 권한다. 이재명 대통령은 민주당 대표 시절 상법 개정 필요성을 언급하며, "국민의 자산증식 수단이 부동산에서 주식으로 옮겨가야 한다"고 했다. 이제 막 실현되고 있는 '코스피 5000' 구호는 사실은 집값 안정 정책이자 자산 정책이었다. 주거 조건을 낮추기가 어려우니 돈을 벌게 해주겠다고 청년들에게 권하는 격이었다. 주식이나 코인에 올인하는 것, 캄보디아행 비행기에 몸을 싣는 것, 그 둘의 최초 동기는 다르지 않다. 살아남고 싶다는 절박함이다.

캄보디아에서 벌어진 일은 어쩌면 지금 청년 세대 전반의 극단적 전시이다. 막 사회에 진입한 후배들과 대화를 나누다 보면, 월급을 모아 집을 사겠다는 계획은 더 이상 농담거리조차 되지 않는다. 그들이 상대적으로 '괜찮은 직장'과 '평균 이상의 급여'를 받고 있음에도 그러하다. 그렇다면 더 나쁜 조건의 수많은 청년들은 무엇을 꿈꿀 수 있을까? "월급으로는 어림없으니 리스크가 있더라도 투자하라"는 말을 당연한 조언처럼 던지는 사회, 그것이 기성세대의 역할일까? 그것이 정치가 할 일일까? 캄보디아와 주식 올인의 절박함을 꾸짖기만 하는 건 어른의 태도가 아니다. 그 구조적 원인에 눈감는 건 정치의 언어가 아니다.

자본 소득이 노동 소득을 앞질렀다는 현실, 노동이 멸시받는 세태를 받아들이거나 조장하는 태도는 결국 정치의 실패다. 정치는 현실의 부조리를 '당연한 것'으로 인정하는 일이 아니라, 그 부조리를 넘어설 상상력을 발휘하고, 가능한 미래를 설계하는 일이어야 한다.

권영국 대표와의 대담은 그러한 상상력의 회복이었다. 현실을 있는 그대로 받아들이며 살아온 나에게, 그 대화는 마치 이마에 '할'(喝) 자를 새기듯 정신을 깨우는 일이었다. 짙게 드리웠던 냉소의 안개가 걷히는 순간이었다. 노동을 존중하는 사회를 만들자는 권영국과 진보정치의 외침이야말로 이 시대 어른이 지녀야 할 태도이며, 정치가 회복해야 할 언어다.

그들은 이상주의자가 아니었다. 현실을 가장 깊이 이해한 현실주의자들이다. 더 나은 삶을 향해 실현 가능한 제도와 정책을 준비하는 사람들이다. 이 책이 그들의 언어와 현실을 잇는 다리가 되기를 바란다. 그리고 그 다리 위에서, 우리 각자가 '다른 길도 가능하다'는 믿음을 다시 얻게 되기를 바란다. 권영국과 정의당의 무운을 빌며 대담을 마친다.

진보정치, A에서 Z까지

이재훈 대담

프롤로그

2025년 8월 30일, 서울 구로구 정의당사에서 두 번째 인터뷰를 하는 날이었다. 오전 일정을 마치고 약속 시간보다 조금 일찍 도착했는데 정의당사의 문이 잠겨 있었다. 같은 층에 있는 휴게실에서 권영국 정의당 대표를 기다렸다. 그러다 당사 문이 열린 걸 뒤늦게 확인하고 권 대표의 사무실에 들어가니, 책상 위에 얼음물과 함께 볼펜과 색깔펜이 나란히 놓여 있었다. 권 대표가 긴 시간 인터뷰하는 사람을 배려해 미리 준비해 둔 음료와 필기구였다.

'정치인 권영국'은 여전히 낯선 이름이다. 오랫동안 사회부 기자로 일한 내게 권영국은 한국의 거의 모든 노동자들과 사회적 약자들의 투쟁 현장에서 이들의 목소리를 대변해 온 '거리의 변호사'로 각인돼 있다. 그런 권영국이 투쟁 현장이 아니라 대통령 선거운동 현장에서 "지금 현재의 어떤 제도, 어떤 정책에서도 밀려나 있는 사람들의 편에서 목소리를 함께 내고 대변하는" 정치를 하기 위해 표를 달라고 호소하고 나섰다. 그가 거리의 변호사일 때도 그랬듯이, 정치인으로 선 자리 역시 어느덧 원외로 '밀려나 있는 사람들'이 모여 있는 정의당이다. 2025년 6·3 대선에서 비록 0.98퍼센트 득표율에 그쳤지만, 그럼에도 누군가는 "권영국이 있어서 다행"이라고 말할 만큼 그는 처음 나선 대선에서 지워져서는 안 될 정치인으로 자리매김했다.

그런 권영국에게 그가 추구하는 진보정치란 무엇인가에 대해 깊이 듣고 싶었다. 극우와 보수라는 거대 정당들만 보이는 한국 정치에서 진보정당은 왜 존재해야 하는지, 6·3 대선의 주요 정책들을 통해 진보의 어떤 비전을 이야기하려 했는지, 막상 부딪혀 본 현실 정치와 이상 사이에서 진보정치는 어떤 길을 찾아가야 하는지 듣고자 했다. 또한 진보정치가 진보를 지향하는 시민들의 민심을 있는 그대로 대변할 수 있도록 하기 위한 선거제도는 어떻게 마련해야 하는지, 극한의 대립 정치와 내란 사태까지 불거진 한국 정치를 뿌리부터 개혁해야 할 헌법 개정에는 어떤 내용을 담아야 하는지, 권영국이 제시하는 진보와 연합정치의 구체적인 그림은 어떤 것이고 앞으로의 정의당은 무엇을 이야기하고자 하는지에 대해서도 들어봤다.

인터뷰는 2025년 8월 16일과 30일, 9월 20일 세 차례에 걸쳐 모두 8시간 51분 동안 진행되었다. 권영국은 모든 인터뷰가 끝난 뒤 "인터뷰 내용이 잘 나올 수 있을지 모르겠습니다. 제가 워낙 그렇게 깊이 있는 사람이 아니라…"라며 말끝을 흐렸다. 이 말은 인터뷰하기 전 인터뷰어가 필요할까 싶어 얼음물과 볼펜, 색깔펜을 준비하는 세심함을 갖춘 정치인이기에 할 수 있을 법한 겸손의 말이다. 권영국은 정치와 정책의 언어, 진보의 언어, 현장의 언어를 두루 갖춘 보기 드문 정치인이었다.

그런 권영국이 말하는 진보정치가 무엇인지 들여다보는 여정을 지금부터 시작한다.

제2부 진보정치, A에서 Z까지

다시 쓰는 진보정당
생태·평등·돌봄 사회국가
정의당

진보정당, 희망과 좌절의 롤러코스터

대뜸 왜 실패했다고 생각하느냐는 질문부터 시작했다. 권영국 민주노동당 후보*는 2025년 6월 3일 제21대 대통령 선거에서 0.98퍼센트 득표에 그쳤다. (*#이 책 00쪽 참고.)

2022년의 제20대 대선과 2017년 제19대 대선에서 심상정 정의당 후보가 받았던 2.37퍼센트, 6.17퍼센트 득표율에 한참 미치지 못하는 성과였다. 게다가 2024년 4월 치러진 총선에서 정의당은 2004년 민주노동당의 원내 입성 이후 21년 만에 처음으로 한 명의 국회의원도 배출하지 못하고 원외 정당으로 밀려났다. 이렇게 실패한 이유가 뭐냐고 생각하느냐는 곤란한 물음에 정의당 대표 권영국은 담담한 표정으로 이렇게 말했다.

"진보정당이 반복적으로 분열되고 갈라져서 잘게 쪼개어졌고, 지나치게 원내 정치에 매몰되기도 한데다, 2019년 '조국 사태' 때 엘리트 집단에 대해 손들기를 해주면서 넘지 말았어야 할 강을 건넜죠. 이후 박원순 전 서울시장 장례와 김종철 전 정의당 대표의 성추행 사건 등이 이어지면서 페미니즘 논쟁이 크게 일었고, 노회찬·심상정 이후 상징적 인물이 부재하면서 리더십에도 위기가 왔고요."

제2부 진보정치, A에서 Z까지

2000년 독자적 진보정당인 민주노동당을 창당한 이후 25년 간 당 내부 노선과 패권주의를 둘러싼 갈등과 분열, 노동자·민중·소수자가 살아가는 현실과 현장에서 멀어진 여의도 중심 정치, 리버럴 세력(더불어민주당)과 진보 세력(정의당 등)의 도덕성에 큰 타격을 입힌 '조국 사태'에 대한 잘못된 대처, 페미니즘 정치에 대한 일부 지지층의 반발과 이탈, 당을 이끌던 스타 정치인인 노회찬 전 대표의 죽음과 심상정 전 대표의 은퇴로 인한 리더십 부재 등을 실패의 원인으로 꼽은 것이다.

권영국의 이런 문제의식은 이재명 대통령이 조국혁신당 대표 조국을 특별사면하고 복권시킨 것에 대한 비판으로 이어졌다. "(조국 사태는) 우리 사회의 정의와 공정성에 비추어 보면 용납이 안 되는 일이었죠. 그러니까 우리 사회의 기회 균등을 위해 가장 공정해야 할 입시에서 상층 계급이 자기들끼리 담합으로 모든 것을 만들어갈 수 있다면 그런 사회 체제는 변혁의 대상일 수밖에 없습니다. 그걸 옹호할 수는 없지요." 조국 대표 사면을 두고 나오고 있는 세 가지 정도의 주장을 두고 조목조목 문제를 짚어가며 한 말이다.

그러면서 권영국은 한국 사회에 왜 진보정치가 더는 바깥으로 밀려나서는 안 되는지, 왜 정치 구도의 한 축을 담당해야 하는지 길게 이야기했다. 그 이야기를 제대로 전달하기 위해 21세기 시작과 함께 열린 진보정당의 역사가 어떻게 희망과 좌절의 롤러코스터를 겪어왔는지, 그 결과 지금 진보정당 앞에 놓인 현실이 무엇인지에 대해 냉정하게 짚는 말부터 들어보기로 했다.

:: 페미니즘 이슈에서 '조국 사태'까지

이재훈 지난 몇 번의 선거에서 정의당이 좋지 않은 성적을 거뒀어요. 특히 최근 몇 년 동안 득표율이 많이 떨어졌고, 급기야 국회에서도 원외로 밀려난 상황입니다. 결과적으로 시민들에게 외면을 받았다고 볼 수 있을 텐데, 그 이유가 뭐라고 생각하시나요?

권영국 제가 가장 크게 보는 이유는 진보정당이 반복적으로 갈라져서 잘게 쪼개진 분열 사태입니다. 민주노동당이 2008년 2월 민주노동당과 진보신당으로 분당했다가 다시 2011년 통합진보당을 만들었는데, 그때까지만 해도 10퍼센트 정도 지지를 확보할 수 있었습니다. 그런데 2012년 (비례대표 부정경선 사태 등으로 인해) 통합진보당이 분열되고 난 뒤부터는 그게 안 됐죠. 작은 차이를 극복하지 못하고 분열하는 모습이 신뢰를 잃는 과정과 연결돼 있는 거죠. "왜 당신들은 비슷한 이야기를 하는 것 같은데 그렇게 갈라져 있어?"라는 얘기를 노동 현장에서 많이 들었습니다.

그 다음 이유로는 진보정당이 지나치게 여의도 정치에만 매몰된 거 아니냐는 지적도 있습니다. 노동자, 민중, 소수자가 살아가는 현장과 호흡하면서 현장의 문제나 고통을 일상적으로 자기 문제화하고 이걸 해결하기 위해서 진정성 있는 노력들을 끊임없이 추구해왔느냐, 이 문제에 대한 질문을 받게 되더라고요. 문제를 자기 문제로 보는 게 아니라 민원 해결사와 같은 방식으로 정치를 한 것 아니냐, 그런 문제 인식입니다. 이런 측면에서 노동 계층도 이탈하게 되고, 지역 정치에서도 상당 부분 신뢰를 갖지 못하게 된 것 같아요.

세 번째는 정체성의 문제가 있습니다. 특히 2019년 '조국 사태'가 큰 분기점이 됐죠. 문재인 정부의 조국 법무부장관 임명 과정에서 불거졌던 자녀 입시부정 문제, 이건 계급적인 문제와도 연결되어 있는 건데, 정의당이 당시에 연동형 비례대표제 선거제도를 개혁하기 위한 노력을 경주하는 과정에서 결국 엘리트 집단 손들기를 해줬죠. "대통령의 인사권을 존중한다"고 밝히면서요.* 그때 정의와 공정을 주장해왔던 정의당의 정체성에 대한 엄청난 내부 논란과 외부 반격을 받으면서 "넘지 않았어야 할 강을 건넜다"는 표현이 나오기도 하고, 전통적 지지층의 이탈, 청년 지지층의 이탈 이런 것들이 나타났습니다. (*심상정 대표 등 정의당 지도부는 당시 입장문을 통해 "정의당은 여러 우려에도 불구하고 사법개혁의 대의 차원에서 대통령의 임명권을 존중하겠다"며 조국 후보자에 대한 사실상의 적격 판단을 내렸다. 문재인 정부에서 정의당이 반대한 공직 후보자는 결국 낙마하는 것을 두고 '정의당 데스노트'라는 말이 생길 만큼 영향력이 컸던 때였다.)

네 번째로는 (성추행 사건 이후 스스로 목숨을 끊은) 박원순 전 서울시장 장례식 조문을 둘러싼 문제가 있었습니다. 이후에도 김종철 당대표의 성추행 사건 등이 이어지면서 페미니즘 논쟁이 거세게 일어났죠. 이 논쟁이 다른 이슈들을 모두 다 빨아들이는 상황으로 가게 되고, 이에 대한 노동 현장 등의 반발이 있었죠. 깊이 있는 비판은 아니었지만요. 그때 4050이 주축이던 노동 현장에서 또 이탈이 발생했어요. 페미니즘이 여성 차별을 포함해 소수자 차별에 맞서는 운동이잖아요. 그러니까 이 운동은 진보의 당연한 지향점인데, 다만 이 이슈가 다른 이슈들을 모두 가리면서 '정의당이 과연 노동 중심 정당이 맞느냐'는 질문이 현장에서 나왔던 거죠.

마지막으로 노회찬·심상정 이후의 리더십, 상징적 인물이 부재한 것도 이유입니다. 한국에서 사람들이 정당을 인식할 때 그 정당에 대선 주자가 있나 없나를 먼저 보는 경우가 많다고 해요. 이런 부분도 굉장히 크게 작용한 것 같습니다.

:: 여성 차별과 노동자 차별은 다 같은 문제

이재훈 이 긴 얘기를 또박또박…(웃음) 정의당 부진의 이유를 다섯 가지나 짚어주셨는데요, 하나씩 되짚어 보겠습니다. 먼저 페미니즘 이슈에 따른 지지층 이탈 문제를 여쭤보고 싶습니다. 진보정당인 정의당이 페미니즘 정치에 반대할 수는 없고 소수자 정치와 함께 가야 한다는 점에서 대표님은 지난 대선에서 후보들 중에서 유일하게 포괄적 차별금지법 제정을 10대 공약의 하나로 내걸었습니다. 그런데 현장의 일부 노동자 계층이나 시민들이 페미니즘 정치가 모든 이슈를 다 가리고 있다고 인식한다면, 정의당은 어떤 답을 내놓아야 할까요?

권영국 당시를 되돌아보면, 페미니즘 논쟁에서 일부 페미니스트들이 혐오에 맞서 혐오로 공격하는 방식, 즉 미러링 전략*을 썼죠. 이 때문에 여성과 남성이 대결하는 양상으로 이어졌고요. 페미니즘 정치가 분명한 지향을 가지고 소수자가 겪고 있는 차별과 억압 구조를 어떻게 해소하고 바꿔나갈 것이냐의 문제를 중심에 뒀어야 했는데, 그렇지는 못했던 것 같습니다. (*남성들이 기존에 쓰던 여성 비하 표현이나 행동을 거울 반사처럼 되돌려줌으로써 성차별 문제를 드러내고 문제를 공론화하는 전략.)

제2부　진보정치, A에서 Z까지

우리가 만들려고 하는 포괄적 차별금지법도 마찬가지죠. 차별금지법이 마치 (일부 종교 세력의 선동처럼) 성소수자들만을 위한 법제인 양 받아들여지고 있는데, 차별금지법은 성정체성에 관한 법제가 아니라 우리 사회에서 많은 이들이 가진 차이, 곧 성별, 장애, 나이, 출신, 성적 지향, 종교, 사상, 사회적 신분, 학력, 학벌, 국적, 인종, 고용 형태 등에서 차별이 발생하지 않도록 하겠다는 것이 본질이잖아요. 노동자들 사이에서도 정규직과 비정규직, 원청과 하청, 이런 차이를 가지고 구분을 하면서 거기에 따른 임금 격차 또는 노동 조건의 격차 같은 것을 다 그냥 합리화하고 있어요. 이런 문제를 해결하기 위해서는 차이를 가지고 차별을 합리화하는 구조를 바꿔야 한다고 설득할 필요가 있고, 그 가운데 하나가 바로 페미니즘이죠. 페미니즘은 여성뿐 아니라 소수자에 대한 차별을 우리 사회가 전면적으로 돌파해가야 한다는 주장이라는 점을 적극 이해시킬 필요가 있겠죠.

이런 점에서는 노동자들도 많이들 공감하고 있는 게, 이주노동자들에 대한 인권 침해 사건들이 자주 발생하잖아요. 최근 전남 나주 벽돌 공장에서 스리랑카 출신 이주노동자를 벽돌에 테이프로 감고는 지게차로 들어 올려 조롱하는 일도 있었죠. 그 장면이 엄청난 분노를 불러 일으켰는데, 과연 정주 노동자 즉 내국인 노동자에게도 똑같이 그럴 수 있었을까 생각하면, 명백한 인종 차별이에요. 국적이 다르다 또는 인종이 다르다는 이유로 존중해야 할 존재로 보지 않는 거죠. 차이가 어떻게 차별 현상으로 나타날 수 있는가를 극명하게 보여줬던 사건이거든요. 이런 분노를 바탕으로 해서 포괄적 차별금지법에 대한 공감을 이끌어내려고 하는 거죠. 특히 우리 사회를 지배하고 있는 자본이나 사용자들, 기업주들이 우리 같은 약자 존재들에 대해 어떤 식으로 불평등을 정당화하고 있는지, 이런 얘기를 적극적으로 해서 상황을 바꿔가야 한다는 공감을 만들어내야 할 것 같아요.

이재훈 여성이 겪는 사회 구조로 인한 차별도 있지만, 남성들 자신이 처한 사회 구조적 문제에서 생긴 분노를 여성을 비롯한 사회적 약자에게 해소하면서 발생하는 폭력의 문제도 있습니다. 거기에 대항하는 차원에서 미러링 전략을 취하는 거라고 주장하는 여성들도 있는데요, 여성들 입장에서는 당장 자신들이 겪고 있는 차별 문제가 오로지 사회 구조에 의한 문제라고만 설명한다면 받아들이기 어려운 측면도 있을 것 같습니다.

권영국 페미니즘에서 가장 큰 문제로 등장한 게 안전 문제잖아요. 교제 살인이나 친밀한 관계에서의 폭력 문제가 큰 불안 요소가 되고 있죠. 그러나 이것 역시 구조의 문제이고, 특히 성차별적 구조에서 발생하는 문제입니다. 지금까지 굳어진 남성 우위의 사고로 인해 계속해서 폭력이나 살인 사건들이 발생하고 있다는 점을 살펴야 한다고 생각합니다.

또 다른 측면으로는 사회 활동이나 직업 진출에 있어서 여성과 남성 사이에 구조적 차별 문제가 실제로 존재하죠. 이 차별이 사회에 막 진입하는 20대 무렵에는 큰 차이가 없어 보여도, 조금만 시간이 지나면 바로 여성에게 경력 단절 문제가 생깁니다. 출산 등의 문제 때문에 여성들의 경력이 급전직하하는 거죠. 이런 과정을 거쳐 승진 단계로 가면 남녀 간 격차가 눈에 띄게 커집니다. 그런데도 20대 남성들은 이런 구조적인 문제를 인식하지 못한 상태에서

'내가 군대 다녀오는 동안 동료였던 같은 반 여학생은 바로 사회에 진출했으니 나는 출발부터 역차별을 받는 것 아닌가?' 하는 사고를 계속 가지고 있는 거잖아요.

그래서 남성들이 역차별이라고 주장하는 문제를 보완하기 위해서는 두 가지를 생각해볼 필요가 있겠어요. 하나는 남성들의 군 복무 기간을 경력으로 인정해줄 수 있는 제도적 고민입니다. 군대는 스스로 선택해서 가는 과정이 아니라 국가가 의무로 부과한 거니까요. 또 하나는 의무 복무 제도를 모병제로 바꾸는 것도 생각해볼 필요가 있습니다. 현대전에서 국가 안보를 지키는 게 군인의 숫자로만 가능한 것이냐 고민해볼 필요가 있거든요. 그러니 굳이 징병제를 유지해야 하느냐는 차원에서 정의당은 모병제를 당론으로 얘기하기 시작했습니다. 모병제로 가게 되면 그것은 직업 군인이니까 자신의 선택에 의한 복무가 되는 거죠.

이재훈 하지만 모병제에 대한 반론도 만만치 않습니다. 그중 하나는 모병제로 소수의 군인을 선발한다고 했을 때 소득이 낮은 계층의 사람들이 전쟁의 일선에 서게 되는 시스템을 국가가 조장하는 것 아니냐는 것이죠. 그 부분에 대해서는 어떻게 생각하시나요?

권영국 그게 주요한 반론이죠. 다만 직업 군인이라고 했을 때, 단순히 군인을 군사적인 의미로만 해석할 게 아니라 군 내부에서 어떤 기술을 익히고 연마해서 군대 경력이 개인의 커리어에 도움이 될 수 있도록 하는 게 중요하겠죠. 군대에서의 보직을 직업 경력으로 인정받을 수 있게 하는 제도 마련이 필요하다고 봅니다.

:: **"특권은 사면할 수 없다" — 조국 사면에 반대한 이유**

이재훈 이제 정의당 실패의 세 번째 이유로 꼽아주셨던 정체성 문제를 짚어보겠습니다. '조국 사태'가 변곡점이라고 하셨는데, 마침 최근 이재명 대통령이 조국 대표를 특별사면하고 복권하면서 다시 논쟁이 일어난 바 있습니다. 대표님은 당 성명으로 사면 반대 입장을 냈는데요. 조국 사면 이후 일부 여론에서는 "조국은 죄가 없다, 검찰의 조작 수사 혹은 과잉 수사로 인해 벌어진 문제일 뿐이다"라는 옹호 논리도 많습니다.

권영국 '조국 사면'을 찬성하는 견해로는 세 가지 정도가 있는 것 같아요. 첫 번째는 '죄가 없다'라는 입장이죠. 자녀 입시비리는 '100퍼센트 정치 검찰의 공작'이라는 의견입니다. 전혀 죄가 아닌데 죄를 만들었다, 예를 들면 표창장을 받을 만한 근거가 있었고, 인턴도 실제로 했다는 주장이죠. 두 번째는 '검찰이 밝혀냈듯이 설령 입시에서 인턴 증명서나 이런 것들이 조작됐다고 치자, 그렇다고 해도 그게 이렇게나 가혹하게 처벌받을 일이야? 그때 그 정도는 다 했어' 같은 말이죠. 그때 사람들로서는 조작이 다반사였다, 이건 학종(학생부종합전형)이라는 입시 제도의 문제이지 조국의 잘못이 아니라는 주장이죠. 거기에서 자유로울 수 있는 사람이 누가 있어? 라는 시각. 세 번째는 '부인 정경심 씨도 4년이나 징역형을 살았고, 자녀들도 의사 면허나 대학교 입학이 모두 취소당하는 등 그야말로 도륙을 당했다. 멸문지화를 당했다. 이 정도면 사면해줘야 하는 거 아니냐.' 이런 주장이죠.

하나씩 들여다보면, 먼저 검찰의 조작, 있을 수 있죠. 서울시 공무원 간첩조작 사건* 같은 걸 보면 국가정보원과 검찰이 어떻게 증거를 조작했는지 봤잖아요. (*2013년 서울시 계약직 공무원이던 화교 출신의 유우성 씨가 국가정보원과 검찰에 의해 간첩 혐의로 기소되었으나, 이후 국정원의 증거 조작과 강압 수사 사실이 드러나면서 무죄 판결을 받아 사회적 공분을 일으킨 사건이다.) 그런데 조국 대표 사건은 대법원까지 유죄가 확정됐으니 그러면 3심 법원까지 모두 검찰의 조작에 동조했다는 얘기인데, 우리 사법 시스템이 1970~80년대처럼 군사독재 정권이거나 억압 정치, 공포 정치를 하던 상황이라면 법원도 그에 동조한 거라고 100퍼센트 인정할 수 있어요. 그런데 그런가요? 이 판결 결과를 부정한다면 우리 사법 시스템 전체를 받아들이지 못하겠다는 얘기거든요. 이게 과연 옳은가에 대한 의문이 있습니다.

두 번째는 그때 사람들이 입시 부정을 일상적으로 했다는 얘기인데, 여기에 가장 큰 문제가 있는 거죠. 여기서 계급이 갈리니까요. 그렇게 표창장을 그냥 줄 수 있고 인턴 증명서를 서로 만들어 줄 수 있는, 그런 특권적 관계를 가지고 있는 자녀들이 우리 사회에서 어떤 계급에 속하는가? 결국 상층 엘리트들끼리 그런 걸 교환할 수 있는 세상이었다는 거잖아요. 이건 우리 사회의 정의와 공정성에 비춰보면 용납이 안 되는 거예요. 그러니까 우리 사회의 기회 균등을 위해 가장 공정해야 할 입시에서 상층 계급이 자기들끼리 모든 것을 만들어갈 수 있다면, 그런 사회 체제는 변혁의 대상이죠. 그걸 옹호할 수는 없습니다.

세 번째로 멸문지화를 당했으니 온정적으로 봐야 하는 것 아니냐. 그럴 수도 있다고 봐요. 그런데 결국은 다시 두 번째에서 막히는 거예요. 조국 대표가 최소한 '내가 그 지위에서 우리 사회의 특권과 특혜를 가지고 공정성을 해친 행위를 한 게 맞다'고 인정하는 자세가 필요한 거잖아요. 그런데 조 전 대표가 그걸 인정한 적이 있나요? 그걸 인정조차 하지 않았는데 사면해버리니까 문제가 되는 거죠. '결국 우리 사회는 그런 위법이나 비리를 저질러도 계급에 의해서 사후적으로 다 면책이 되네. 그렇다면 열심히 노력하고 열심히 살아가야 할 이유가 뭐지?' 여기에서 큰 배신감을 갖게 되는 거죠. 조 대표가 사면 조처가 나오기 전에 '나 스스로 징역을 감당하겠다. 괜히 이 문제로 우리 사회의 기준이 왜곡되는 걸 원치 않는다'는 결단을 했다면 어땠을까 하는 아쉬움이 있습니다.

:: 진보정당 25년, 성공과 좌절의 역사

이재훈 이번에는 실패의 첫 번째 이유로 꼽았던 진보의 분열 이야기를 좀 해보겠습니다. 이 얘기를 하려면 2000년 민주노동당 창당 이후 25년 동안 이어진 진보정당 운동의 역사를 함께 짚어야 할 것 같습니다. 그래야 분당의 맥락, 그리고 그런 선택들의 공과 과를 설명할 수 있을 것 같아서요.

권영국 민주노동당 출범이 2000년 1월 30일이었죠. 노동자의 정치세력화를 앞세우고 이들의 배타적 지지를 받는 진보정당이 1987년 민주화 대투쟁 이후 최초로 만들어진 거죠. 그러면서 엄청난 기대와 주목을 받았습니다. 그동안 제도 정치에서 소외되고 배제된 노동자들이 정치 주체로 나섰다는 것에 큰 의미가 있었죠. 그래서 2004년 총선에서, 그것도 10명이나 원내에 진입했죠. 물론 거기에는 2002년 지방선거에 앞서 비례대표제에 대한 위헌 결정이 나오고 후속 조처로 1인 2표제가 도입되면서[*] 우리 사회에서 다양한 정치를 시작할 수 있는 제도가 마련된 덕도 컸습니다. (*2001년 7월 헌법재판소는 국회의원 지역구 선거결과에 따라 비례대표 의석을 배분하는 공직선거법 조항에 대해 위헌 결정을 내렸다. 이에 따라 비례대표 의석을 지역구 득표 비율에 따라 배분하던 방식에서 별도로 비례대표를 따로 뽑는 '1인 2표제' 방식이 도입되었다.)

그랬는데 자주파(NL)의 패권주의적 당 운영을 두고 평등파(PD)와 자주파가 갈등하게 됩니다. 그때 '일심회 사건'[*]이 터지고 친북의 일원으로 활동했던 사람이 민주노동당의 사무부총장으로 밝혀지면서 '친북 정당'이라는 비판을 받았죠. 그러면서 대북 문제에 대해 의견이 갈리기 시작하고, 결국은 자주파가 다수 정파를 차지하면서 당내의 소수 의견을 거의 수용하지 않는 방식으로 당을 운영하면서 평등파가 2008년 갈라져 나가서 진보신당을 창당하게 됩니다. (*민주노동당 간부 및 관련 인사들이 북한 공작원과 접촉해 국가 기밀 및 내부 동향을 보고했다는 혐의를 받고 간첩죄, 국가보안법 위반으로 기소된 사건.)

이렇게 당이 갈라지면서 민주노동당이 시민 대중으로부터 의문의 눈초리를 사게 됐고, 새로운 모색을 하지 않으면 진보정치가 상당한 위기에 빠질 수 있겠다는 인식을 하면서 유시민 등의 국참(국민참여당) 계열이 들어오죠. 그러면서 2011년 12월 민주노동당 자주파와 노회찬·심상정·조승수 등 진보신당 탈당파 일부, 국참계 등이 통합진보당을 만듭니다. 이후 2012년 총선에서 13명의 원내 의석을 확보하는 대단한 성과를 올리죠.

그런데 통합진보당 비례후보 경선 과정에서 부정이 있었던 사실이 드러났습니다. 진상조사단이 꾸려져서 조사를 하고 부정선거가 맞다고 결론을 내렸는데, 당시에 당권파였던 이정희 대표가 '무죄 추정의 원칙'을 들고 나와서 부정선거를 인정하지 않는 상황이 발생하면서 선을 넘어버렸죠. 이렇게 객관적인 사실을 인정하지 않고 정파 대립을 극복해낼 수 있느냐는 물음 앞에서, 이게 불가능해졌다는 게 드러났잖아요. 그러니까 당내 민주주의라든가 가장 기본적인 사실에 근거한 정치적 행보가 가능한가, 여기에 의문이 생겼고, 그래서 다시 분열을 하게 됐죠. 결국 이 사건이 진보정치에 짙은 먹구름을 드리운 것 같아요.

이후 노회찬·심상정 등이 통합진보당을 탈당하고, 2012년 10월 진보정의당을 창당했습니다. 이때 진보정의당 대표가 된 노회찬 의원이 대표직을 수락하면서 그 유명한 '6411 버스 연설'을 하죠. 새벽 시간 6411 버스를 타고 출근하는 미화원들을 "존재하되, 그 존재를 우리가 느끼지 못하고 함께 살아가는 투명인간"이라고 말하면서 "저는 이제 이분들이 냄새 맡을 수 있고, 손에 잡을 수 있는 곳으로, 이 당을 여러분과 함께 가져가고자 합니다"라고 말하죠. 그 연설이 크게 회자됐죠.

그 뒤로 2016년부터 2017년까지 박근혜 탄핵 국면이 있었죠. 당시 탄핵 국면에서 진보정당은 국정을 농단한 박근혜를 탄핵하라는 주장에 주도적으로 참여했는데, 민주당은 처음에는 무대에 오르기조차 어려웠어요.

이재훈 민주당은 촛불집회 초기에 탄핵을 언급하는 것조차 조심스러워 했습니다.

권영국 오히려 탄핵을 부정하는 발언까지 했었죠. 그러면서 정

의당의 지지율도 상승했고, 2017년 대선에서 정의당 심상정 후보
가 '노동이 당당한 나라'를 슬로건으로 내세워서 6.17퍼센트 득표
율을 올렸고, 2018년 지방선거에서는 정의당이 광역의원 비례대
표 합산 전국 득표율 8.97퍼센트를 기록했죠. 그랬는데 노회찬 의
원이 2018년 7월 목숨을 끊습니다. 그리고 '조국 사태'가 났던 게
2019년이네요. 결국 노회찬 대표가 사망하기 전까지는 최고 정점
에 달했는데, 조국 사태를 맞으면서 엄청난 내·외부 반격을 받기
시작했고, 2022년 대선에서 결정타를 맞게 되는 것 같아요.

이재훈 민주노동당의 역사를 한 문장으로 하면 어떻게 표현할
수 있을까요?

권영국 '희망과 좌절의 롤러코스터', 이렇게 표현할 수 있겠네
요. 큰 희망을 가지고 등장했다가 분당했고, 다시 뭉쳤다가 부정선
거 논쟁에 휘말리면서 다시 깨어지고…. 또 박근혜 탄핵 이후에는
노회찬과 심상정이라는 정치인을 통해 거대 양당에 원칙적인 입
장을 견지하는 목소리를 낼 수 있는 가능성을 보였다가, 조국 사태
를 맞으면서는 정체성에 대한 문제 제기를 받고 다시 추락하는 과
정을 이어온 것 같습니다.

:: 권영국은 왜 민주당이 아닌 정의당으로 갔을까?

이재훈 참 굴곡진 역사네요. 대표님은 2019년 10월에 정의당에
입당하신 걸로 압니다. 말씀하신 정의당의 역사를 보자면 조국 사
태의 후폭풍이 한창일 때여서 정의당의 위기가 시작된 때였는데

요. 그런 때에 왜 하필 정의당 입당을 택했나요?

권영국 제가 2020년 총선 출마를 앞두고 출마를 해야 하나 말아야 하나 고민하고 있었는데, 지방에 있어보니 무소속으로 할 수 있는 일이 굉장히 제한적이었어요.* 그래서 정말 국회에 진입해서 제대로 된 정치 운동을 해봐야겠다 고민하던 차에 지역에 있는 정의당과 민주당에서 가입 요청이 왔고, 정의당을 선택했죠. 진보정당 중에 진보당은 해산 심판 이후 힘든 상태였고, 노동당이나 녹색당은 제도 정치와는 너무 멀리 있는 것 같았고, 현실적으로 원내에서 제도 정치를 하는 진보정당은 정의당 외엔 없었던 거죠. (*권영국은 2016년과 2020년 총선에서 경북 경주시에 두 차례 출마했다. 2016년에는 무소속으로 15.9퍼센트, 2020년에는 정의당 후보로 11.57퍼센트를 득표했다. 국민의힘의 아성인 경북 지역에서는 놀라운 득표율이었다.)

이재훈 왜 민주당이 아니라 정의당이었나요?

권영국 처음 정치를 시작할 때부터 민주당은 보수 정당이라는 인식이 강했죠. 그래서 민주당에 입당하거나 민주당과 정치를 하지 않겠다는 입장이 컸어요. 그런데 사실 그동안 제가 활동하던 민변(민주사회를 위한 변호사 모임)에서 민주당으로 진출하는 경우가 많았어요. 민변 변호사들이 마치 무슨 입지를 보장받으려는 의도로 정치 행보를 한 것으로 보이는 듯해서 그 부분이 못마땅했죠. 민주당이 여러 부조리나 부패 문제에 부딪혔을 때나 정당의 이미지를 바꿀 필요성이 있는 위기일 때 외부에서 신망 받는 사회 운동가를 수혈하는 경우가 많은데, 민변이 자주 그 수혈의 대상이 된 거죠. 그 부분에 대해 동의가 안 됐습니다. '왜 민변은 민주당으로만 가야 하나'라는 생각이 강했어요. 결국 정치라는 것은 자신의 정치적 입장을 명확히 하고 그 입장을 관철해 나가는 것이 되어야 하는데, 제가 하나의 전형을 만들 필요가 있겠다, 생각했어요.

이재훈 여전히 한국의 많은 시민들이 민주당과 정의당을 하나로 묶어 '진보'라고 생각합니다. 이재명 대통령이 대선 후보 시절 민주당에 대해 '중도보수 정당'이라고 선언했음에도 말이죠. 이 대통령이 집권 이후 산업재해 사망사고 대처 이런 부분에서 진보적인 입장을 보이면서 정의당의 역할이 다소 불투명해졌다는 지적도 나옵니다. 이런 상황에서 민주당과 구분되는 정의당과 진보정치는 무엇이고, 한국 사회에 진보정당이 필요한 이유는 뭐라고 생각하시는지요?

권영국 지금 말씀하셨듯이 이재명 정부가 들어서고 윤석열 정권에서 퇴행했던 부분을 빠른 속도로 원상회복하는 행보를 하고 있어요. 그러면서 상대적으로 꽤 개혁적으로 비춰지는 측면도 많이 보이고 있죠. 특히 우리 사회의 가장 고질적인 문제 가운데 하나가 산재 문제인데, 굉장히 발 빠른 행보를 하면서 문제의 핵심을 짚고 있는 느낌을 주고 있습니다. 산재다발 사업장인 SPC나 포스코ENC를 두고 "미필적 고의에 의한 살인"이라는 말까지 언급하면서 강하게 드라이브를 걸고 있죠. 산재 문제는 어떻게 보면 정파적인 이해관계가 갈릴 수 있는 문제가 아닙니다. 노사가 대립할 문제도 아니죠. 사람을 죽지 않게 하자는데 정파적 이해관계나 노사의 이해가 갈릴 수 있나요? 그런 측면에서 이 대통령이 의제를 상당히 잘 선점했다는 생각이 듭니다. 그런 방향성에 대해 저는 환영하고, 박수를 보냅니다.

그런데 그것만으로 이재명 정부가 개혁적이라고 평가할 수 있을까요? 우선 차별금지법에 대한 소극적인 태도는 꽤나 일관성이 있습니다. 김민석 국무총리나 강선우 전 여성가족부 장관 후보자 인사청문회에서 볼 수 있었듯이, 차별금지법과 비동의 강간죄 등 젠더 이슈에 대해서 계속 '국민적 합의'를 운운하면서 나중으로 문제를 미루고 있어요. 여기에 이 대통령의 의중이 반영된 거라는 생각을 하지 않을 수 없죠.

환경 정책에 있어서도 그렇습니다. 김성환 환경부 장관이 "신규 원전 건설을 앞으로 할 수도 있다"고 말하고 있어요. 이것은 문재인 정부의 정책 방향까지 완전히 뒤집는 정책이에요. 게다가 4대강 재자연화, 그러니까 4대강 사업으로 망가진 한강, 금강, 낙동강, 영산강의 회복 문제도 후퇴하고 있는 상황이에요. 또한 새만금 신공항 같은 토건 사업도 강력하게 추진하겠다는 입장을 견지하고 있고, 2025년 광복절 사면을 보면 이 대통령이 정말 진영 논리에서 자유로운가 묻고 싶어지죠. 그러니까 이 대통령이 산재 문제나 대북 확성기 문제나 윤석열 정권에서 거부권 행사가 됐던 법안을 통과시키는 과정에서는 상당히 개혁적인 입장을 보이고 있지만, 우리 사회에서 정말 중요한 문제들인 성평등 문제, 기후 생태나 환경 문제, 에너지 문제, 진영 논리에 매몰된 정치 문제 등에서는 매우 주저하거나 혹은 퇴행적인 모습을 보이고 있습니다. 그런 측면에서 정의당과 진보정치가 할 수 있는 역할이 분명히 있다고 생각합니다.

:: 정의당으로 끌어오고 싶은 정치인 셋

이재훈 진보정치와 정의당이 한국 사회에 존재해야 하는 이유를 알려주는 가치나 브랜드는 뭐라고 생각하십니까?

권영국 이번 대선에서 우리가 내세웠던 게 '갈아엎자 불평등 세상'이었어요. 사실 굉장히 구태의연하고 지금 시대 정서에 맞지 않을 거라고 생각했는데, 오히려 이렇게 강한 슬로건이 사람들한테는 꽤 공감을 일으켰던 것 같아요. 그래서 첫 번째로 '부자증세를 통한 부의 재분배와 불평등 해소'를 얘기하려고 합니다. 이 문제는 정치권에서 그 누구도 얘기하지 않고 있으니까요.

두 번째로 '모든 일하는 사람들의 노동권' 이야기를 하려고 합니다. 민주당에서도 이 얘기는 하고 있지만, 특히 특수고용이나 플랫폼 노동자 등 권리가 없는 노동자들의 노동권을 보장하는 문제, 이건 정의당의 핵심 브랜드로 가져가야 합니다.

그리고 세 번째, 기존 양당에서는 거의 건드리려고 하지 않는 게 있죠. 포괄적 차별금지법입니다. 현재 젠더와 관련한 이슈는 보수 양당이 제대로 이야기하기 어려운 구도로 스스로를 몰아넣고 있어요. 그래서 중요하고요.

네 번째는 수탈적 경제 구조에 대한 근본 개혁입니다. 재벌 대기업과 금융기관, 금융지주회사, 플랫폼 기업이 우리나라 경제를 좌지우지하고 있어요. 이 문제 역시 요즘 누구도 얘기를 하지 않아요. 이 점을 더 부각하고 싶습니다.

마지막으로 얘기할 건 기후위기와 정의로운 전환이죠. 경제적으로나 생태적으로 어차피 우리는 탈핵·탈탄소 사회로 가야 하는

데, 이 문제를 진보정당이 주도해야 하고요. 에너지 전환을 공공 재생에너지가 주도하게끔 하는 정의로운 전환*을 모색해야 합니다. (*'공공 재생에너지를 통한 에너지 전환'이란 에너지 공급을 단지 기존의 화석연료나 핵 발전에서 재생에너지로 바꾸는 데 그치지 않고, 정부·지자체·공공기관이 시민 조직과 함께 개발, 운영함으로써 사회적 이익을 나누는 방식을 말한다.)

이재훈 그런 진보정치를 하기 위해서 혹시 현재 다른 정당에서 활동하고 있는 정치인 중에 정의당으로 영입하고 싶다고 생각하는 정치인이 있다면요? 세 분만 꼽아보시죠.

권영국 있습니다. 김예지 국민의힘 의원, 장하나 전 민주당 의원, 그리고 민주당 정책위 의장을 지낸 진성준 의원입니다.

이재훈 특별히 세 분을 꼽으시는 이유를 들어볼까요?

권영국 김예지 의원은 시각장애인으로서 다양한 장애인 입법 활동을 하고 계시고, 소수자와 관련한 법안들에도 적극적입니다. 정의당의 장혜영 전 의원이 '가족구성권 3법'을 대표 발의할 때 함께 발의를 해줬죠.* 이렇게 장애인과 소수자 관련 입법과 정책 활동에서 진보정당과 차이가 없었어요. 그리고 지난 계엄과 탄핵 국면에서 국민의힘 지지층에게 엄청난 공격을 받았잖아요. 그럼에도 불구하고 계엄에 반대하고 탄핵에 찬성하는 아주 일관된 태도를 유지했던 그 소신 있는 모습이 정말 귀감이 될 만하다고 생각했습니다. (*가족구성권 3법이란, 동성 간 혼인을 법적으로 인정하는 '혼인평등법’, 비혼 여성 등 혼인 여부와 관계없이 임신, 출산을 원하는 사람이면 의료와 복지 서비스를 받을 수 있게 하는 ‘비혼출산지원법’, 혼인과 별개로 두 명의 성인이 동반자 관계를 맺고 상호 돌봄과 의료, 주거 등 공동생활에 필요한 법적 권리를 행사할 수 있게 하는 ‘생활동반자법’을 말한다.)

장하나 전 의원은 제가 2024년 총선 때 선거연합으로 만든 녹색정의당의 비례대표 4번 후보였는데, 그때 저를 지지하기 위해서 민주당 탈당 선언을 했어요. 이 분이 의원 시절에는 국회에서 환경노동위원회 활동을 주로 했는데, 그때 쌍용차 정리해고 투쟁 등 노동 사안과 관련한 여러 집회나 투쟁 현장에서 자주 만났어요. 저는 그때 민변 노동위원장으로 활동하고 있었는데, 장 의원이 민주당 탈당 선언을 하면서 저 같은 사람이 환노위에 들어가서 활동해야 한다는 취지의 이야기를 한 거죠. 정치를 정파적인 이해관계를 중심으로 사고하는 게 아니라, 정말로 국민을 제대로 대표할 수 있는 내적 역량을 가지고 있는가를 놓고 판단하는 것을 보고 큰 감명을 받았습니다. 저와는 탈당 전에 상의한 일도 없었거든요. 자신에게 돌아오는 게 아무것도 없는데 소신을 위해 탈당하는 것을 보고 이런 사람이면 정치인으로서 충분히 제몫을 하겠다, 생각하게 됐습니다.

마지막으로 진성준 의원의 정책위 활동을 보면 정의당과 일치할 때가 굉장히 많아요. 금융투자소득세 폐지와 가상자산 과세 유예 과정에서 계속 일관되게 반대 목소리를 냈어요. 조세 정의와 조세 형평성 얘기를 하면서 끝까지 반대하다가 당에 의해서 꺾여버린 거죠. 또한 민주당 일각에서 반도체특별법에서 연구개발 (R&D) 인력의 ‘주 52시간 근무제 예외 조항’을 포함하자는 의견이 나올 때도 반대 입장을 계속 견지했죠. 게다가 최근에 이재명 정부가 주식 양도소득세를 부과하는 대주주 기준을 종목당 보유액 50억 원 이상에서 10억 원 이상으로 낮추려고 할 때도 역시 일관된 입장을 이어갔죠. 이런 정책적인 마인드와 일관적인 태도를 갖춘 분이라면 정의당의 정책을 맡아주셔도 좋지 않을까 생각하게 된 것 같아요.

권영국에게 진보정치란?

세 번째 인터뷰 때였다. 권영국 대표는 얼굴을 보자마자 전날 경남 산청에 있는 간디고등학교에 다녀왔다는 말을 꺼냈다. 간디고등학교 학생들이 권 대표에게 강의를 요청하며 붙인 제목은 '정치는 우리를 구원할 수 있는가'였다. 학생들은 그러면서 권 대표를 '부딪히는 사람'이라고 묘사했다. 기존의 질서와 부딪히는 사람에게서 듣는 정치 강의라는 의미였다.

권 대표는 강의를 하면서 '학교교육의 입시경쟁 문제를 어떻게 풀어가야 한다고 생각하느냐'는 질문을 받았다. 그는 역으로 학생들에게 질문했다고 한다.

"대학에 가려는 학생들 손을 들어보라고 했고, 정말 학문에 뜻이 있어서 대학에 가고 싶은 거냐고 물었더니, 그게 아니라 좋은 일자리 때문에 대학에 간다고 답변들을 하더라고요. 그래서 우리가 경쟁을 뚫고 흔히들 말하는 좋은 일자리, 상위 10퍼센트만 갈 수 있는 그런 일자리로 가게 되면 나머지 90퍼센트는 10퍼센트를 위해 들러리를 서는 사회가 된다, 그런 사회가 행복한 사회가 맞느냐? 이 90퍼센트가 마주한 노동 조건이나 사회적인 조건을 바꾸는 것이 실제로 우리가 해야 할 일 아니겠느냐고 얘기를 했습니다. 학생들이 그 말에 많이 공감해주었어요."

권 대표가 말하는 진보정치가 이 말 안에 담겨 있다고 할 수 있다. 권영국에게 정치는 "소외되고 배제된 사람들의 목소리를 듣고 말을 거는" 것에서부터 시작해야 하는 일이다.

"제게 '권력 의지가 있느냐' 이렇게 묻는 분들이 많아요. '정치라는 건 권력 의지가 있는 사람들이 하는 것이다', 이렇게들 이야기하거든요. 그 질문을 받으면 제가 답이 굉장히 막히더라고요. 결국 정치가 권력을 향한 경쟁이라고 하면, 늘 보듯 국회와 정치판에서 싸움질하는 모습만 생각나는 거예요. '서민들의 삶은 어려운데 너희들은 싸움질만 해?' 이런 이야기가 자주 나오거든요. 우리 사회에서 소외되고 배제된 사람들을 만나 보면 그렇더라고요. 정책이든 법이든 제도로부터 소외된 사람들이 오히려 정치에 대한 불신을 훨씬 더 많이 갖고 있죠. 저는 이 소외되고 배제된, 그래서 제도 밖으로 밀려나 있는 이런 사람들의 목소리를 듣고 말을 건다, 거기에서부터 시작해야 하는 게 정치가 아닐까라는 생각을 했습니다."

부든 권력이든 자원은 결국 한정되어 있다. 따라서 이것을 공평하게 분배하는 과정이 필수적인데, 권영국에게 정치란 이것들을 배분함에 있어 현재의 제도나 정책에서 밀려나 있는 사람들 편에서서 목소리를 내고 그들을 대변하는 일이라는 얘기였다. 그래서 그가 늘 찾아간 곳은 투쟁하는 현장 또는 고통이 있는 곳이었고, 가해자 아닌 피해자가 선 곳이었나 보다.

:: "우리는 정치를 구원할 수 있을까?"

이재훈 학생들이 대표님을 초청하면서 '정치는 우리를 구원할

제2부 진보정치, A에서 Z까지

수 있는가'에 대한 답을 찾으려 했다는 게 인상적입니다. 구원이라고 하는 건 결국 지금 당장의 현실이 너무 힘들다는 얘기가 되고, 그렇게 힘든 우리를 메시아적 정치가 구원해줄 수 있는가라고 묻는 것처럼 보입니다.

권영국 저는 그 학생들이 '정치가 희망인가'라는 의문을 그렇게 표현했다고 생각해요. '정치가 우리에게 희망을 줄 수 있는가?'라는 질문이죠. 그러면서 저의 강의를 듣고 '이제 희망을 가지게 됐다'고 말한 학생도 있었고요. 또 한 학생은 '정치는 우리를 구원할 수 있는가'라는 질문을 '우리가 정치를 구원할 수 있는가'라는 질문으로 바꿔야겠다고 얘기를 하더라고요. 그 말을 듣자마자 제가 이렇게 이야기를 했습니다.

"이제야 질문 순서가 제대로 됐어요. 정치를 하는 건 우리 자신이죠. 우리와 별개인 사람이 하는 것이 아니라 우리가 해야 하는 일인데, 그렇게 치면 정치가 우리를 구원하는 것이 아니라 우리가 정치를 어떻게 구원할 거냐는 질문으로 바꿔야 합니다. 그리고 처음의 질문을 한 학생도 정치가 우리 사회를 유토피아로 바꿔줄 것이라고 생각해서 그런 질문을 한 건 아니라고 봐요. 신이 지배하는 사회가 아닌 이상 모든 문제가 해결되는 사회는 없고, 유토피아도 없습니다. 우리는 단지 유토피아를 이상으로 삼고 거기에 근접하기 위해 끊임없이 노력해가는 과정에 있고, 그 과정이 정치인 거죠." 이렇게 말이에요.

이재훈 2016년 총선을 앞두고 경북 경주에서 무소속으로 출마 선언을 하면서 정치에 뛰어들었습니다. 그 전에 '거리의 변호사'로 활동했던 시기에 했던 생각과 정치를 시작한 이후 한 생각이 일관되게 이어지고 있다고 보아도 될까요?

권영국 기본적인 생각은 크게 달라지지 않았어요. 권리를 보장받지 못한 사람들이 자신의 권리를 주장하는 과정에서 노동운동이든 시민운동이든 사회운동이 펼쳐지는데, 그런 권리가 제도적으로 보장되는 정치의 영역에서 이것을 실제로 어떻게 현실화할 수 있느냐, 이 문제로 연결됐던 것 같아요. 노동운동이나 시민운동에서도 제도를 개선하려는 노력들을 하죠. 그런데 많은 사안들이 결국 그 사안에 대한 해결로 끝나는 경우가 많아요. 당면 사안을 해결하는 수준을 넘어서 유사한 사안들이 반복되지 않게 하기 위해서는 지금 해결한 문제를 제도화해야 하는 과제가 있죠. 그러려면 제도나 법을 근본적으로 바꿔야 하는데, 그렇게 보면 결국은 사회운동이 정치운동으로 확장될 때 우리 사회가 근본적으로 변화할 수 있다는 걸 깨달은 거죠.

그래서 저는 개별 사안들을 해결하기 위해 펼치는 운동이 제도적 차원으로 확대되는 것이 꼭 필요하다고 생각했어요. 그런 점에서, 우리 사회에서 제도적으로나 법적으로 권리를 보장받지 못하는 시민들의 권리를 확장하는 과정 속에는 정치운동과 바로 연결되는 부분들이 많습니다. 그러다 보니 정치운동 과정에서도 여전히 사회적 약자와 소수자 편에 서다보면, 저의 정치적 지향이 본질적으로 사회운동과 크게 다르지 않다는 생각을 하게 됩니다.

이재훈 대표님이 쓴 책 『거리에 핀 정의』(북콤마, 2020)를 보면. 소외된 이들의 변호사로 10여 년 정도 활동하던 이야기가 나옵니다. 특히 쌍용자동차 정리해고 무효 청구 소송이 2심에서 승소했다가 2014년 11월 대법원에서 파기환송한 일이 있었지요. 그때 "사법 정의에 대한 미련을 버렸다", 이렇게 쓰셨어요. 그러면서 말씀하신 게 "민중이 진정으로 자신의 권력을 행사할 수 있는 정치적 모색을 새로이 시작해야 된다. 기존의 서푼도 안 되는 입지와 정파적 이해관계를 모두 던져버리고 반생명 반문명 세력에 대항하기 위한 정치적 결단이 요구된다." 이렇게 썼습니다. 이 문장이 어떤 의미를 담고 있나요?

권영국 우리가 '인민 혹은 민중이 역사의 주인이다' 이렇게 표현을 하는데요. 실제로 보면 현실에서 우리를 지배하고 있는 구조는 우리가 결정한 게 아니라 기존에 이미 만들어져 있는 제도와 질서죠. 그 질서를 위반했다고 해서 심판 받고 재판 받고 이런 구도에 대해 큰 의문을 가질 수밖에 없었습니다.

예를 들어, 정리해고 제도라는 게 결국 자본의 이익을 대변하는 제도로 도입이 된 거잖아요. 그러니까 자본과 자본을 편들고 대변하는 권력 집단에 의해 만들어진 제도를 그대로 둔 상태에서는 우리가 아무리 재판을 통해 주장한다고 하더라도 실제로 그 제도의 틀을 벗어날 수가 없지요. 그래서 우리는 왜 제도에 갇힐 수밖에 없는가, 라는 근본적인 질문을 던져야 했고, 자본 중심의 질서와 제도를 근본적으로 바꾸지 않는 이상, 재판관이 누구냐에 따라 일부 결론이 달라진다고 해도 이게 근본적으로 바뀔 수 있을까, 질문을 던지기 시작했습니다.

그래서 우리가 노동자 또는 국민이 주인이라면, 거기에 맞는 제도를 만들고 거기에 맞는 법을 만들어야만 결과적으로 우리의 운명이 다른 누군가가 만든 제도에 의해 좌지우지되는 상황에서 자유로울 수 있지 않느냐, 라는 생각을 해서 그런 표현을 쓴 거죠. 민중이 진정으로 자신의 권력을 행사할 수 있는 정치적 주체로 나서야 한다, 정치적 주체로 나서야만 비로소 정치권력을 가질 수 있고, 그 정치권력을 통해서 자본 중심의 질서와 제도를 근본적으로 바꿀 수 있는 것 아닌가, 라는 생각을 이때 가지게 된 거예요.

:: 진보정당이 집권하면 무엇이 달라지나요?

이재훈 구체적으로 말한다면, 진보정당의 실력이나 의석수 이런 것들이 늘어나면 민중이 주체가 되는 사회가 가능해지느냐, 이런 의문이 듭니다.

권영국 영국의 노동운동사를 공부한 적이 있습니다. 예전에는 노동운동이 단결금지법에 의해 다 불법이고 탄압의 대상이었어요. 그러다가 노동자의 단결된 힘으로 하나씩 제도가 바뀌어 가는데, 그래도 기본적으로 보수정당이 집권하고 있는 상태에서는 아무리 바꾸려고 해도 바꿀 수 없는 게 있었던 거예요. 지금 우리가 당하고 있는 민사상 손해배상 책임도 영국에서 철도가 파업했다는 이유로 철도노조에 대해 손해배상을 인정하는 판결을 하게 된 게 시초인데, 그때 영국 노동자들이 큰 위기의식을 갖게 되죠. 노동조합이 파업했다는 이유로 형사적으로 구속되고 이런 게 아니라 당장 손해배상하고 재산을 그냥 묶어버리면 과연 노동운동이 가능하겠느냐, 여기에 대한 문제의식을 가지고 노동자들이 노동당에 대거 당원 가입을 하게 됩니다. 그 힘을 가지고 실제로 그 다음 다음 정도의 총선에서 노동당이 원내 제1당이 되죠. 그렇게 노동당이 유력한 의회세력으로 등장하면서 영국이 지구상 최초로 파업에 대한 민사 면책 조항을 도입합니다. 우리로 치면 '노란봉투법'으로 도입하려 한 손배 면책 조항이죠. 그걸 보면서 느낀 것은 결국은 한국 사회가 바뀌려면 노동자 민중이 정치적 주체로 나서서 유력한 정치세력으로, 나아가 집권세력이 되어야 한다는 겁니다.

한국 사회가 초기에는 남북 분단과 같은 현실로 인해 진보정당의 집권 가능성에 대해 의문이 컸던 시절을 보냈고, 2000년대 들어와서 겨우 민주노총을 중심으로 노동자 정치세력화의 깃발을 들고 민주노동당을 창당하죠. 그 세력화의 깃발이 사람들의 주목을 끌면서 2004년 총선에서 10명의 진보정치인들을 만들어냈던 경험을 가지고 있잖아요. 그때부터 실제로 우리 삶을 직접적으로 대변할 수 있는 정치가 가능할 것이다, 라는 희망을 가지게 됐죠.

결국 영국이나 유럽에서 실제로 복지국가로 가는 과정을 보면, 사회당이든 노동당이든 노동자가 중심이 된 민중 중심의 정당이 만들어지고, 진보정당이 만들어지고, 그 진보정당이 집권을 하면서 비로소 복지국가가 만들어지거든요. 이런 과정들이 왜 꼭 서유럽에서만 가능할까, 대한민국에서도 가능하다. 그 가능성을 보여줬던 게 2000년의 민주노동당 출범, 2004년 총선에서의 원내 진입이었기 때문에 저는 우리가 어떻게 하느냐에 따라서 그 가능성을 높일 수 있다고 생각했던 거죠.

이재훈 말씀하신 내용에서 두 가지 의문이 듭니다. 하나는 이렇습니다. 영국은 원래 자유당과 보수당이라는 두 개의 보수 정당이 경쟁하다가 노동당이 1920년대 급부상하면서 자유당이 와해되고, 노동당이 1945년 단독 제1당이 되면서 본격적으로 복지국가를 만들어갔습니다. 그런데 1980년대 들어 마거릿 대처의 신자유주의 정권이 집권하면서 계속 연전연패하던 노동당이 1990년대 들어서는 신노동당이라는 이름으로 '제3의 길'을 선택했고, 최근 집권한 키어 스타머 총리의 노선도 제3의 길인 리버럴(자유주의) 정치라고 볼 수 있습니다. 그러면서 고전적인 좌파였던 제러미 코빈을 축출했지요. 대표님이 말씀하신 1980년대 직전까지의 역사적 맥락은 이해가 되지만, 신자유주의가 강화되면서 노동당도 노동자·민중을 위한 정치를 하기보다는 타협적인 리버럴 정치를 하게 되고, 이에 대한 반발로 극우 정당이 등장하거나 좌파 정당이 등장하는 등 더 극단적인 정치로 가고 있는 게 현재의 상황입니다. 이런 상황에 대해서는 어떻게 생각하시는지요?

또 하나는 결국 한국 상황도 살펴보면, 민주노동당이 노동자들의 지지를 바탕으로 원내 입성을 했던 건 21년 전 이야기이고, 그 뒤로 수많은 일들이 있다가 후신인 정의당이 2024년 총선에서 원내 입성에 실패하는 결과가 초래된 거잖아요. 21년 전에는 당시만 해도 IMF 구제금융 직후였기 때문에 신자유주의의 거센 파도에 맞서는 노동조합을 중심으로 대기업 노동자들이 힘을 모아서 정치세력화를 꿈꿀 힘이 있었는데, 지금은 노동자들이 플랫폼 노동자나 특고 노동자가 되면서 너무나 파편화되어 있고, 사회도 각자도생이 시대정신이 되면서 연대나 연결을 통한 공동체 건설을 얘기하기 어렵게 됐고, 노조를 통해 뭔가를 할 수 있는 시대가 아니라는 생각들을 많이 하는 것 같아요. 이런 상황에서 노동자 중심의 정치로 세력화를 할 수 있을까에 대한 현실적인 의문이 듭니다.

권영국 네, 그러니까 현실 정치에서 사회주의 실험이 실패하면서 전 지구적으로 어떤 미래상을 세울 수 있느냐에 대해서 상당한 혼란이 일어났죠. 그 과정에서 신자유주의가 훨씬 큰 지배력을 가지게 됐고, 자본 중심의 지배 질서가 낳고 있는 폐해가 더욱 심화되고 있습니다. 우리가 양극화 문제라고 얘기하고 또는 사회경제적 불평등이라고 표현하는데, 사회가 양분화하면서 소수가 자원을 독점하고 다수가 전반적으로 가난해지는 현상이 더 심화되고 있는 거죠. 이 문제를 해소하지 못하다 보니까 이제는 대단히 선동적인 극우 정치가 전 세계적으로 활개를 치고 있습니다.

한국만 해도 마찬가지예요. 양극화와 불평등 문제를 해결하기 위한 대안을 제시하는 정치가 진짜 필요한데, 지금 현재 한국 정치를 구성하고 있는 수구(국민의힘)와 보수(더불어민주당) 거대 양당 체제가 이 문제를 해결해 줄 수가 없다는 게 입증되고 있잖아요. 문재인 정부가 사회대개혁 촛불정부로 들어서기는 했지만 오히려 불평등이나 양극화 문제가 훨씬 증대되고 확대되는 과정을 우리는 체험했죠.

하지만 예전처럼 대규모로 조직된 노동자들이 나서지도 않고, 또 조직되지 않은 비정규, 특고, 플랫폼 노동자만 늘어나고 있는 상황에서 앞으로는 어떻게 할 것인가? 고민이 되죠. 바로 그렇기 때문에 우리는 더더욱 이들을 대변하는 정치를 해야 한다고 보는 겁니다. 이들 노동자들이나 일반 민중들이 저절로 세력화되기를 기다리는 게 아니라, 제도적으로 법적으로 이들을 대변함으로써 이분들이 우리를 정치적 대변자로 믿게 해야죠. 바로 이런 부분에 진보정치의 필요성이 있다고 생각합니다.

자본 독점이 점점 심화되고 있는 현 체제를 근본적으로 수술하지 않으면, 일부 재벌 대기업이나 금융 자본이 지배하고 있는 이 구조를 정말로 바꿔낼 수 있을까, 이런 문제의식에서 제도를 개혁해내고 불평등이나 양극화를 심화시키는 본질에 대해 칼을 댈 수 있는 정치 체제로의 전환을 계속해서 추진해가야 한다, 이렇게 생각을 합니다.

:: 맘다니 열풍이 우리에게 말해주는 것은

이재훈 최근 〈권영국과 함께 하는 수다, 조란 맘다니와 한국의 진보정치〉라는 좌담회에서 사회를 보셨더라고요. 맘다니라는 정치인이 2025년 11월 미국 뉴욕시장 선거에서 열풍을 일으키며 당선이 되었어요. 한국의 진보정치 관점에서 맘다니 열풍 현상을 어떻게 보고 계시는지 궁금합니다.

권영국 세계적으로 극우가 세력을 확장해나가는 과정에 있잖아요. 유럽에서는 극우정당이 제1 야당이 되기도 하고, 트럼피즘도 그런 현상 가운데 하나고요. 이런 현상 맞은편에서 진보정치인 조란 맘다니가 1퍼센트 지지율에서 50퍼센트 지지율로 극적인 성장세를 보이면서 민주당 후보로 뉴욕시장 당선이 됐습니다. 이제까지는 극우 확장의 흐름 속에서 진보가 대안 세력의 자리에서 밀려난다고 생각했는데, 이 현상을 보면 꼭 그렇지만은 않다는 걸 알 수 있습니다.

무엇보다 상징적인 건 맘다니가 DSA(Democratic Socialists of America)라고, 미국 민주사회주의자 연합이라고 하는 그룹과 뗄 수 없는 관계라는 점입니다. 그러니까 맘다니라고 하는 참신한 후보 한 명이 단순히 나온 게 아니라 민주사회주의자 연합이라고 하는 조직과 함께 주민밀착형으로, 운동원들이 가가호호 방문한 횟수만 160만회 정도 된다고 하니까요. 그들과 함께 아래로부터 차근차근 지지를 닦아온 거죠. 한국은 가가호호 방문을 하면 공직선거법상 불법인데, 미국은 그게 가능하다고 하네요. 그래서 후보 당사자는 물론이거니와 지지자들과 자원봉사자들이 집집마다 방문하면서 후보의 정책이냐 공약에 대한 공감을 일으켰다고 볼 수 있습니다. 지역밀착형 풀뿌리 운동부터 시작해서 네트워크를 형성해간 게 주효한 거죠.

주민들이 맘다니에게 공감한 것에는 또 다른 배경도 있죠. 미국의 사회경제적인 불평등이 극히 심화되어 있고, 특히 뉴욕의 경우에는 물가가 엄청나게 비싼 걸로 유명하죠. 급여의 절반 가까운 돈을 월세로 내야 해서, 생활비 때문에 고통 받는 사람들이 많고, 맘다니가 거기에 맞춤형 공약을 내민 게 주효했던 것 같아요.

또 하나는, 지금까지는 경제 이슈가 나오면 민주당에 불리하게 작용했고, 트럼프가 자국으로 산업을 리쇼어링(reshoring, 본국 재이전)해오고 인종차별적 정책을 많이 쓰면서 난민 문제 등을 가지고 민주당을 공격했는데, 맘다니가 내세운 구호가 이런 상황을 역전시켰다고 해요. 맘다니가 내세운 구호가 '어포더블 뉴욕'(Affordable New York), 그러니까 '모두가 감당 가능한 뉴욕'이라는 구호였는데요. 집세와 생활비가 천정부지로 치솟은 뉴욕에서 누구나 살 수 있도록 서민 친화적인 정책을 실현하겠다는 구호를 내세운 거죠. 이런 식으로 해서 애초 민주당에 불리했던 생활 이슈와 경제 이슈를 자기 것으로 만드는 전략을 취했고, 그게 성공한 거라고 볼 수 있습니다.

이런 배경에서 세부적인 공약이 나왔는데요. 교통비가 비싼 뉴욕에서 무상버스를 도입하고, 주거 문제에서는 임대료 동결 정책을 도입하면서 공공임대주택 몇 십만 호 건설 공약을 내걸었습니다. 뉴욕은 식료품 가격도 비싸다고 하는데, 뉴욕의 각 자치구에 최소 5개의 시립 식료품점 설치를 제안해서 여기에서는 시가 도매가에 식료품을 구매한 뒤 시민들에게 저렴하게 판매하는 그런 형태를 만들자고 한 거죠. 무상보육 정책도 얘기를 했고요. 이런 식으로 시민에게 직접 생활에 밀착된 공약을 제시해서 오히려 고소득층까지도 지지하게 만드는, 이런 상황을 만들었다고 하겠습니다. 그런 면에서 자기 원칙을 고수하면서도 굉장히 다양한 세력을 포용하는 정치지형을 이루어냈다고 할 수 있죠. 우리 진보정치가 참고할 점이 꽤 많은 사례라고 할 수 있겠습니다.

우는 사람들에게 손 내미는 정치

6·3 대선을 하루 앞둔 2025년 6월 2일. 서울 강남역에서 마지막 선거운동을 하던 권영국 후보는 유세장을 찾아온 25세 여성 이지연(가명) 씨와 만났다. 이씨는 '비동의 강간죄'라고 적힌 손팻말을 들고 권 후보가 유세하는 내내 눈물을 흘렸다. 강간죄의 판단 기준을 '상대방 동의 여부'로 변경하자는 취지의 비동의 강간죄는 20대 국회에서도 21대 국회에서도 여러 차례 발의됐지만 모두 상임위원회 문턱도 넘지 못하고 폐기됐다. 2024년 5월 구성된 22대 국회에서는 아직 발의조차 되지 못했다. 이런 상황에서 권 후보는 유세가 끝난 뒤 이씨에게 "다시는 그러지 말고 살아보자"고 말했다. 두 사람 사이에 무슨 일이 있었던 걸까.

이씨는 2018년 봄, 대학교 1학년 때 동아리 선배에게 성폭행을 당했다. 함께 술을 마시다가 정신을 잃은 뒤 벌어진 일이었다. 이씨는 이후 오랫동안 극심한 우울증과 불안 증상에 시달렸고, 여러 차례 자살을 시도했다. 그나마 희망을 품고 살아갈 수 있었던 건 비동의 강간죄 도입을 위해 싸우는 단체의 존재를 알게 됐기 때문이다. 하지만 민주당은 2024년 총선을 앞두고 10대 공약에서 비동의 강간죄 도입을 철회했다. 2024년 내란 이후 열린 광장의 정치에서 이씨는 이재명 당시 민주당 대표에게 10여 차례 SNS 메시지를 보냈지만 답을 받지 못했다.

다시 무력감에 빠져들 때 권영국 후보가 이씨가 보낸 편지에 응답하는 영상을 유튜브에 올렸다. 권 후보는 영상에서 이씨의 편지를 언급하며 "당선되면 여성이 안전하게 살 수 있도록 비동의 강간죄를 반드시 제정하겠다고 약속드린다"고 말했다. "어쩌면 내가 죽지 않아도 되겠다는 생각이 처음으로 들었어요. 대선 후보에게 응답을 받은 거잖아요. 이렇게 목소리를 들어주는 후보가 있다는 생각에 죽지 말고 계속 문을 두드려봐야겠다고 결심했어요." 이씨가 말했다.

이씨의 이야기는 『한겨레21』 2025년 6월 26일자에 '강간을 강간이라 인정하지 않는 정치, 다리 난간 내몰린 피해자'라는 제목으로 소개되었다. '폭행 또는 협박'이 없어도 강간죄의 판단 기준을 '상대방 동의 여부'로 변경하자는 취지의 비동의 강간죄 제정 논의에서 이씨는 전형적인 피해자에 해당한다.

권영국 대표는 인터뷰에서 그날을 이렇게 돌아봤다. "그날 그분의 표정을 봤을 때 굉장히 간절하면서도 절실하다는 걸 한 눈에 알 수 있었어요. 이 법을 제정하는 것이 말 그대로 한 사람을 살릴 수도 있겠구나, 생각하게 됐습니다. 그때 정치라는 것이, 그리고 제도라는 것이 단순히 그 제도가 있고 없고에 따라 조금 더 불편하거나 덜 불편한 정도가 아니라 어떤 사람에게는 살아야 할 이유가 되고, 그 사람의 삶 자체에 영향을 미칠 수 있는 것이라는 생각을 저 역시 절실하게 느끼게 됐습니다."

정치인은 정치적 언어를 통해 공동체가 나아가야 할 비전을 시민과 공유하고 사회를 함께 만들어가기 위한 구체적인 방향을 제

제2부 진보정치, A에서 Z까지

시한다. 권영국이 이지연 씨에게 유튜브 영상에서 응답한 말은 이 씨뿐 아니라 수많은 성폭력 피해 여성에게 피해 이후의 삶을 살아갈 수 있는 희망이자 지표가 됐다. 이런 희망을 제도로 구현하는 것이 정책이다. 이어지는 인터뷰에서는 권영국이 지난 6·3 대선에서 내놓은 핵심 정책을 바탕으로 그가 그리는 진보적 사회의 구체적 그림을 살펴봤다.

:: 국민 70퍼센트가 찬성해도 '나중에'

이재훈 대표님은 이번 대선에서 후보들 중 유일하게 포괄적 차별금지법을 10대 공약의 하나로 내걸었습니다. 대선 TV토론에서는 이재명 후보에게 차별금지법을 "영원히 입법 못할 것 같다"는 말로 비판하는 장면이 눈길을 끌기도 했고요. 우리 사회에 포괄적 차별금지법이 제정되어야 하는 이유는 무엇인가요?

권영국 우리 사회의 근본적 모순이 사회적 양극화와 불평등인데, 이 양극화를 정당화하기 위해 차이를 차별로 정당화하는 논리나 기제가 필요한 거잖아요. 대표적으로 능력주의*가 있죠. 이를 통해 차이에 대한 차별을 정당화할 수 있는 것처럼 얘기하는데, 기본적으로 사람은 존엄하고 평등하게 태어났잖아요. 그럼에도 불구하고 자기가 태어난 상황이나 처해 있는 처지에 따라서 차별당하는 현상이 일반적으로 일어나고 있습니다. 그러면 결국 우리 사회가 1등 국민, 2등 국민, 3등 국민 이렇게 차별하는 게 가능한 사회가 되어버리는 거죠. 기본적인 인권 개념에서 보더라도 용납할 수 없는 현상이거든요. (*『한국의 능력주의』 저자 박권일에 따르면 능력주의는 '능력과 노력에 따른 응분의 보상체계라는 의미로 사용되며, 능력이 우월할수록 더 많은 몫을 가지고 능력이 열등할수록 더 적은 몫을 가지는 것이 당연시되는 이데올로기'로 정의된다.)

우리 사회가 각자의 차이에 따른 다양한 공존, 다양성에 대한 존중, 이런 사회로 가기 위해서는 차이를 가지고 불합리하게 차별해서는 안 된다고 하는 사회적 규범과 기준이 만들어져야 할 필요가 있습니다. 그런 규범과 기준을 제도화하는 것이 포괄적 차별금지법입니다.

이재훈 차별금지법을 오랫동안 제정하지 못하고 있는 건 결국 보수 개신교계를 중심으로 성소수자와 개인의 성적 지향에 대해 반대하는 목소리를 내기 때문이고, 이를 거대 양당이 고스란히 받아 안고 있기 때문인데요. 이에 대해서는 뭐라고 말할 수 있을까요?

권영국 1997년 김대중 당시 새정치국민회의 총재가 차별금지법 제정이 필요하다고 공론화한 뒤 벌써 28년이 지났습니다. 민주당은 여전히 '사회적 합의가 필요하다'는 말을 하고 있는데, 28년 동안 수많은 공청회와 토론회를 통한 여론 수렴 과정을 거쳤어요. 그럼에도 불구하고 거대 양당이 계속 제정을 반대하는 건 말씀하신 대로 보수 개신교계의 반동성애 여론 때문이죠. 동성애나 동성혼에 대해서는 세계적으로도 이미 인정되고 있는 추세인데 이 흐름을 거부하는 거죠. 예전에는 마치 동성애가 질병인 것처럼 주장하기도 했는데, 의학적으로도 질병이 아닌 성별 정체성이라는 게 증명됐잖아요. 이런 상황에서 여러 차례 여론조사에서 거의 70퍼센트 가까운 차별금지법 찬성 의견이 나오고 있습니다(2025년 7월 27일 글로벌리서치 조사 등). 그런데도 제정을 미루고 있으니까 오히려 보수 개신교계에 정치적 효능감만 안겨주고 있는 셈이죠. '거세게 반대하니까 결국 추진하지 못하더라'라는 인식 말이에요. 그 덕분에 보수 개신교계에서 오히려 자신들의 내부 결집을 위해 반동성애를 더욱 강하게 주장하는 상황을 이어가고 있습니다. 여기에 다시 정치가 휘둘리는 잘못된 방식의 대처가 반복되는 것이 문제의 본질이라고 할 수 있습니다.

이재훈 대선 때 인상적이었던 장면 중 하나가 '비동의 강간죄' 도입을 두고 유세 현장에서 성폭력 피해 생존자를 만났던 모습이었습니다. 그분과 대면했을 때 어떤 생각이 들었나요?

권영국 대선 투표일을 하루 앞두고 한 마지막 유세였는데, 그분이 직접 얼굴을 드러내고 현장에 오겠다고 했고, '비동의 강간죄'라고 적힌 손팻말을 들고 왔기에 바로 만났지요. 그분 표정을 봤을 때 굉장히 절실하다는 걸 알 수 있었고, 정말 이 법을 제정하는 것이 한 사람을 살릴 수도 있겠구나 생각하게 됐습니다. 특히 이 여성이 "비동의 강간죄 제정 공약을 보고 이렇게 고통을 대변해주는 대선 후보가 있다는 것 때문에 자기가 살 수 있는 어떤 희망을 가지게 됐다"고 표현했는데요. 우리가 정치를 통해 어떤 제도를 바꾸려고 하는 것이 사람들에게 단순히 그 제도가 있어서 조금 더 불편하고 덜 불편하고 이런 게 아니라, 살아야 할 이유, 그 삶 자체에 어떤 영향을 미칠 수 있다는 사실을 매우 절실하게 느끼는 순간이기도 했죠. 진보정치의 존재 이유를 현장에서 직접 체감하는 순간이었습니다.

이재훈 비동의 강간죄 도입에 대해서 역시 거대 양당이 부정적인 모습을 보이고 있는데, 가장 많이 제기하고 있는 반론이 이 법이 통과되면 무고가 많아질 것이라는 주장입니다. 죄 없는 남성에 대한 고발까지 생기게 되어서 혼란이 조장될 것이라는 주장이죠. 어떻게 보시나요?

권영국 우리 사회가 성인지 감수성이나 인권 감수성을 지금보다 더 개선해 나가야죠. 다른 사람이 원치 않는 관계를 강제한다는 것, 위계에 의한 것이든 심리적인 이유든 관계를 강요하는 사회에서는 벗어나야 하는 겁니다. 그래서 상호 동의를 전제로 관계 맺기를 하자는 거잖아요. 그런데 지금은 형법상 강간죄 구성 요건에 '폭행이나 협박'이 핵심적인 법적 기준으로 들어가 있습니다. 이제는 이것만으로 안 되는 거죠. 위계에 의한 관계 강요도 있을 수 있고, 정서적으로 저항할 수 없는 조건일 수도 있고, 강요나 속임, 괴롭힘, 술과 약물을 이용한 심신 미약이나 상실 상태를 이용할 수도 있는 이런 문제들이 있으니 이런 부분까지 반영하자는 게 비동의 강간죄입니다.

무고 얘기를 자꾸 하는데, 우리 법과 제도라는 것이 항상 100퍼센트 완벽한 건 있을 수 없어요. 그러한 규정을 악용하는 사례가 부작용으로 아주 소수 나타날 수 있겠죠. 그런데 그건 다른 죄도 마찬가지예요. 결국 수사 단계에서 얼마나 제대로 걸러낼 수 있느냐를 시민사회에서 잘 감시하는 게 중요합니다. 이런 차원에서 이미 세계인권기구에서도 여러 차례 한국에 대해 비동의 강간죄 제정을 권고한 것이고요, 다른 많은 선진국*에서도 이미 비동의 강간죄를 도입한 이유죠. (*미국 일부 주와 영국, 독일, 스웨덴, 캐나다 등이 동의 여부를 강간죄 판단 기준으로 두고 있고, 일본도 2024년 '강제 성교죄' 이름을 '부동의 성교죄'로 바꾸어 범죄 성립 사유를 확대했다.)

:: "부자에게 세금을, 모든 국민에게 복지를"

이재훈 이번에는 조세 정책에 대한 질문입니다. 증세를 통한 불평등 해소가 대표님의 지난 대선 10대 공약 가운데 첫 번째 공약이었습니다. 특히 상속세·증여세를 90퍼센트로 인상하고 최고세율 역시 90퍼센트로 상향하겠다고 밝혔고, 순자산 기준으로 보유세 신설, 소득세·법인세 최고세율 인상, 금융투자소득세와 가상자산세 당장 30퍼센트 실행 이런 공약을 내걸었는데요. 아무래도 증세 공약은 대중적으로 인기가 없잖아요. 그런데도 이런 공약을 첫 번째 공약으로 내걸었어요.

권영국 우리 사회가 이제는 자산 불평등이 소득 불평등을 훨씬 압도하는 상황으로 가고 있죠. 빈부 격차의 주된 원인이 이제는 자산 불평등이다, 그리고 이 불평등이 세대를 거듭할수록 세습된다고 하잖아요. 그래서 자산 불평등을 해소하지 않으면 사회경제적 불평등이나 양극화 문제를 해소할 수 없는 거죠. 청년 세대가 공정하고 평등한 사회에 살 수 있게 하기 위해서는 출발 자체를 같은 선상에서 하게 할 필요가 있는데, 그런 대책으로는 가진 이들에게서 조세를 거둬서 사회적으로 재분배 정책을 쓸 때 이 불평등을 다소라도 완화할 수 있는 겁니다. 그래서 우리가 내세웠던 게 "부자에게 세금을, 모든 국민에게 복지를"이라는 슬로건이죠.

이재훈 부자들에게 세금을 거둬서 재분배를 한다는 게 현실적으로 가능하냐는 질문이 계속 나오는 것 같습니다.

권영국 민주노동당이 처음 창당했을 때부터 '부유세'라는 표현을 썼어요. 거기에 이어서 나왔던 게 무상급식, 무상교육, 무상의료 같은 정책이죠. 초-부자에게 세금을 거둬서 이런 정책의 재원으로 쓰자고 주장했고, 시민들에게 상당한 호응을 얻었어요. 그 부유세가 일부 현실화했던 게 노무현 정부 때 시행한 종합부동산세(종부세)라고 할 수 있죠. 한 사람이 가진 부라는 게 그 개인의 노력만으로 이뤄지는 게 아니잖아요. 여러 가지 사회적 인프라라든가 직원들의 노동이 기여해서 부가 형성되는 것이니까요. 이런 생각으로 과도한 초과 이익을 세금으로 환원하는 정책을 시행하자는 주장을 하는 겁니다.

이재훈 종부세는 20년 전에 보수 언론을 통해 격렬한 반발을 불러 일으켰어요. 그런데 그때는 그래도 시민들이 보수 언론을 비판하면서 종부세의 당위를 얘기하는 분들이 꽤 있었거든요. 부자에 대한 거부감, 불평등에 대한 거부감, 이런 것들이 있었죠. 그런데 요즘은 커뮤니티나 SNS 등을 봐도 그런 분위기가 아닌 것 같습니다. 되레 대부분의 시민들이 주식 투자가 보편적인 기본 상식인 것처럼 얘기하는 사회가 된 거죠. 이런 상황이니 민주당이 금융투자소득세를 도입했다가 철회한 것도 이런 다수 시민들의 엄청난 저항 때문이라고 합니다.

제2부 진보정치, A에서 Z까지

최근에도 민주당에서 주식 양도소득세를 부과하는 대주주 기준을 종목당 보유액 50억 원 이상에서 10억 원 이상으로 낮추려고 할 때 다수 시민들이 '대주주 과세를 강화해서 투자가 위축되면 결국 개인 투자자인 우리도 손해를 보게 된다. 현실을 모르는 과세를 하지 말라'는 여론이 강하게 일어서 결국 정책을 철회했지요. 이제는 시민들 각자가 투자자가 되어서, 정당 정치를 간섭하는 주체가 되어서 투자 소득에 대한 과세에 저항하는 시대 상황이 됐는데, 진보정치는 여기에 어떻게 정면으로 대처할 수 있을까요?

권영국 그런 주장은 형평의 원칙에 어긋나는 주장이에요. 그러면 근로소득은 뭐냐고 질문을 던져야죠. 노동을 통한 소득에 대해서 세금을 다 매기고 있잖아요. 부동산을 통한 양도 차익에 대해서도 세금을 부과하잖아요. 그런데 왜 주식 투자를 통한 양도 차익에 대해서는 세금을 부과하면 안 되는 거죠? 세금을 부과해서 주식시장이 영향을 받는다고 하면, 세금을 부과하니까 노동을 할 필요가 없다는 주장도 할 수 있을까요? 소득이 없는 곳에는 세금이 부과되지 않아요. 세금은 국가의 기본적인 존립 기반이죠. 공동체를 유지할 수 있는 재원이기도 하고요. 국가라고 하는 공동체의 존재 자체를 부정하는 것인지 되묻지 않을 수 없습니다. 게다가 실제로 외국에서 주식 투자를 통해 거둔 소득이 있을 때 세금을 부과하지 않는 나라가 있는가* 되물어야 합니다. 그런 나라에서도 주식 양도 차익에 대한 세금으로 인해 주가가 결정적인 영향을 받지는 않는다는 통계가 여러 개 나와 있어요. (*주요국 가운데 주식 투자로 얻은 소득에 과세하지 않는 나라는 찾아보기 힘들다. 미국·일본·영국 등 주요 국가들은 전체 주식 투자자에게 양도세를 적용한다. '소득 있는 곳에

과세한다'는 조세 원칙에 예외를 두지 않는 것이다.)

그러니까 오히려 문제는 금융투자소득세를 도입해서 그대로 시행하는 방향으로 갔어야 했는데, 이 과세에 저항이 있다고 해서 이걸 폐기하고 나니까 대주주 기준을 10억으로 낮추느냐 마느냐 하는 부수적인 논란에 빠지잖아요. 민주당에 결정적인 실수가 있었다고 봅니다.

:: 국가가 일자리를 보장하는 사회

이재훈 대선 10대 공약 두 번째 공약이 '모든 일하는 사람을 위한 노동권과 사회안전망'인데요. 이를 위한 구체적인 정책에는 무엇이 있을까요?

권영국 '국가 일자리 보장제'라고 합니다. 저는 자본주의의 가장 큰 모순이 다수의 실업군을 양산하고, 이 때문에 매우 질 낮은 일자리가 계속 만들어질 수밖에 없는 점이라고 생각합니다. 그러니 진보정치는 기본적으로 이 낮은 질을 향상시켜야 할 필요가 있죠.

한 사람이 어떤 일을 하더라도 기본적으로 최저임금을 받을 수 있고, 실업을 당했을 때 실업급여를 받을 수 있고, 퇴직하게 될 때 퇴직급여를 받을 수 있는 제도, 이것이 모든 일자리에 대해 제도적으로 보장돼야 합니다. 이런 정도만 보장되어도 우리가 절대 빈곤층을 막을 수 있습니다. 물론 여기서 더 나아가서 소득 재분배 과정을 통해서 보다 더 인간다운 삶의 조건을 만들어줄 수 있는 사회 체제로 갈 수 있도록 고민을 해야죠. 적어도 한 사람이 어떤 방식으로든 사회에 기여하는 노동을 했을 때, 기본적으로 생활임금

을 보장해주는 그런 일자리를 만들어갈 수 있는 방법을 고민해야
돼요.

이재훈 말씀하신 것은 그러니까 지금 한국의 법체계에서 근로
기준법이 5인 미만 사업장이나 플랫폼·특수고용직 노동자 등에
게 적용되지 않으니까, 어찌 됐든 일하는 사람이면 기본적으로 근
로기준법과 노동법을 모두 적용받을 수 있게 하는 그런 제도를 만
들자고 하시는 거죠?

권영국 기본적으로 그런 생각입니다. 예전에는 제조업 공장을
비롯해서 일정한 장소에 고용된 방식으로 일하고, 관련 복지 혜택
을 받았잖아요. 그런데 지금은 제조업 중심 사회가 아니기 때문에
다양한 직종이 만들어지면서 공장 바깥이나 회사조직 바깥에서
일하는 노동자가 엄청나게 늘고 있죠. 이런 사회에서는 문제 해결
방식도 달라져야 한다는 거죠. 노동자의 개념을 바꾸는 것이 굉장
히 중요한 문제입니다. 그래서 노동자 추정 제도가 얘기되고 있기
도 하고요.

자본과 노동의 비대칭성, 힘의 불균형 때문에 형식적으로는
3.3퍼센트 사업소득세를 내는 개인사업자로 분류됐다고 하더라
도, 그 실질을 보면 결국 노동자인 사람들이 대부분이라고 생각합
니다. 이런 '가짜 노동자'가 860만 명* 정도로 추산되는데, 저는 기
본적으로 1순위에 둬야 할 정책이 이런 분들, 프리랜서 노동자들
에게 노동자 추정 제도를 통해서 근로기준법을 적용할 수 있도록
해야 한다고 봅니다. (*국세 통계에 따르면, 사업소득세 원천징수 대상
자는 2019년 약 669만 명에서 2023년 862만 명으로 29퍼센트 늘었다. 이

가운데 실제로는 '3.3 노동자'로 추정되는 '기타 자영업'에 종사하는 원천
징수 대상자가 같은 기간 315만 명에서 485만 명으로 54퍼센트 증가했다.
소속 회사가 없어 사업소득세를 내지만, 실제로는 사업자 요구에 따라
노동을 제공하고 급부를 받는 이들의 규모가 점점 더 늘어나고 있다는
얘기다.)

프리랜서는 개인사업자 같은 성격을 띠고 있지만, 굉장히 영세
한 분들이 많아요. 이런 분들을 생산수단을 가지고 이윤을 추구하
는 자본가라고 보기는 어려운 거죠. 기본적으로 타인의 업무를 위
해 노동력을 제공하는 '노무제공자'라면 근로기준법을 전면 적용
하는 제도가 필요하다고 봅니다. 원래 근로기준법은 모든 노동자
에게 적용돼야 할 법입니다. 가장 최저선의 기준을 정해서 이익을
볼 당사자가 원치 않아도 따르게 하는 강행 법규죠. 이 근로기준법
이 1953년에 제정됐거든요. 이제는 5인 미만 사업장에 적용하지
않는다는 규정을 없애야죠.

이재훈 진보정치의 큰 어젠다 중 하나가 기후정의 확립입니다.
폭염 기간이 길어지고 집중 호우에 따른 피해가 이어지고 있는 현
상도 기후재난이 미래가 아니라 지금 여기의 문제가 됐음을 얘기
해주고 있는데요. 다만 기후정의 문제는 근본적으로 시민 모두가
지구에 대한 가해자가 된 상황이어서 싸우는 대상이 모호하다고
지적하는 분들도 있습니다.

권영국 기후재난은 화석연료 사용에 따른 탄소 배출이 주요인
이 되고 있는데, 한 명의 개인이 아주 작은 부분에 있어서 탄소 배
출을 일정 부분 늘린다고 해서 훨씬 더 큰 규모로 탄소를 배출하

는 기업이나 자본과 동일하게 책임을 져야 한다는 논리가 가능한지 우선 묻고 싶습니다.

북반구 선진국들이 남반구에 있는 저개발 국가에 견줘 훨씬 더 많은 탄소 배출을 하고 있고, 그런 측면에서 화석연료를 통해 유지해왔던 자본의 이윤 시스템이 탄소 배출을 폭증시켜온 역사가 확인되고 있잖아요. 그렇게 가장 중요한 원인을 제공하는 주체에게 책임을 묻는 것이 기후정의 차원에서 합당한 것이죠. 개인과 시민이 탄소 배출 감축에 조금씩 기여한다고 해도 극히 제한적인 효과밖에 없다는 것도 확인되고 있고요.

국내로 시야를 돌린다면, 역시 실제로 가장 탄소 배출이 많은 곳이 석탄발전소, 제철소, 석유화학단지, 이런 순서거든요. 그래서 석탄발전소를 폐쇄하고, 제철소도 탄소를 배출하지 않는 형태로 제련 방식을 바꾸는 정책을 써야 하며, 석유화학단지 역시 산업 전환이 필요한 상황에 처해 있습니다. 이렇게 문제 해결에 대한 책임을 비례적으로 져야 한다고 보고 있습니다.

:: 전쟁의 시대, 평화주의는 물러설 수 없는 원칙

이재훈 이번에는 외교와 국제관계에 대한 질문입니다. 김정은 북한 국무위원장이 얼마 전 중국 전승절 기념식에서 처음으로 다자 외교무대에 데뷔했습니다. 북한은 중국-러시아와 밀착하는 모습을 보이고 있는데, 한국의 경우 일본과의 관계는 어느 정도 유지되고 있지만, 미국과의 관계는 도널드 트럼프라는 예측 불가능성이 큰 리더십에 의해서 흔들리고 있는 것으로 보입니다. 대표님은 현재 국제 정세를 어떻게 보시고, 한국은 여기에서 어떤 외교 정책을 펴는 게 옳다고 보시는지요?

권영국 고래 싸움에 새우 등 터지게 된 상황이죠. 미국은 다른 모든 지역들을 자기 세력권 하에 종속시키려는 의도로 대중국 견제 정책을 쓰고 있는데, 그 과정에서 자국의 힘을 폭력적으로 행사하는 상황이라고 할 수 있겠어요. 예전의 제국주의 국가처럼 자기 멋대로 약소국가에 일방적으로 요구하고, 그 요구를 들어주지 않으면 엄청난 불이익을 주는 방식으로 미국 중심의 일방적인 무역 질서를 만들려고 하는 형국인데요. 굉장히 부당하고 불의하고 거의 강도 행위나 마찬가지라고 보이는데도 대놓고 얘기는 못하고 있는 거죠. 중장기적으로 조율을 해 나가야 한다고 봅니다. 미국의 이런 일방적인 국제 관계가 영원할 거라고는 아무도 생각하지 않거든요. 일국에 의한 패권이라고 하는 것을 넘어서 다극화 체제에 대한 고민이 이뤄지고 있으니, 중장기적으로 그런 체제에 대응해야 한다고 봅니다.

수출을 중심으로 꾸려가는 우리 경제를 생각하더라도 우리 시장과 경제에 영향을 미칠 수 있는 곳들이 단순히 미국만 있는 건 아니거든요. 중국과 동남아시아, 유럽 등이 있는데, 중국을 완전히 배제하고 미국에 의존하는 방식으로 우리 경제를 지탱할 수 있느냐, 이런 점을 고려해야 합니다. 그런 점에서 철저히 자국 국민의 이익을 어떤 식으로 보호할 것이냐 하는 문제를 따져봐야 하고, 불이익에 대한 위협이나 협박이 있다고 하더라도 자주적인 관점을 가지는 게 매우 중요하다고 봅니다. 한편에서는 불가피하게 한미 동맹 관계에 대해서 매우 존중한다, 이런 방식이 필요할 수도 있는데, 그러면서도 중국과의 관계에 있어서는 전략적 동반자 관계의

제2부 진보정치, A에서 Z까지

끈을 놓아서는 안 된다는 생각을 가지고 있고요. 자국에 닥친 여러 어려움에서 당장 벗어나기 위해서 장래에 벌어질 수 있는 더 큰 위험을 방치하는 그런 우를 범해서는 안 되겠다는 생각을 가지고 있습니다.

이재훈 미국은 패권주의를 바탕으로 일방적으로 관세 협약을 흔들고 있고, 러시아는 우크라이나를 침공하는 방식으로 영토 확장의 야욕을 드러내고 있으며, 중국도 호시탐탐 대만을 노리는 상황이 이어지고 있습니다. 또 미국은 최근에 베네수엘라 대통령을 납치, 체포하고 그린란드를 가지겠다고 호언장담하는 상황이에요. 이렇게 강대국이 패권주의로 흘러가는 상황에서 균형 외교라는 건 구체적으로 어떤 건지 궁금하고, 그게 가능한지도 의문입니다.

권영국 앞서 자주적인 균형 외교를 말씀드렸는데, 거기에 또 하나의 원칙이 있죠. 우리는 남북 간에 참화를 겪었던 민족이기도 하잖아요. 게다가 일제의 침략이라는 고통스러운 과거사를 가지고 있는 나라이기도 합니다. 그렇기 때문에 더더욱 국제관계에 있어서 견지해야 할 또 하나의 원칙이 바로 평화주의입니다. 평화를 무력으로 파괴하고 위협하는 부분에 있어서는 원칙을 바탕으로 대응할 필요가 있습니다. 평화를 파괴하거나 침해하는 전쟁에 스스로 관련되지 않도록 하는 입장을 계속 지켜야 합니다.

이재훈 이런 평화주의 원칙을 흔들리게 만드는 게 한국의 방위산업이라고 할 수 있습니다. 예를 들어 전쟁이 발발한 상황에서 우리 군대가 개입하지 않아야 한다는 외교적 원칙은 견지할 수 있는

데, 문제는 한국의 방산이 급속하게 성장하면서 현재 진행되고 있는 가자 전쟁에서도 한국에서 생산된 살상용 무기가 쓰이고 있다는 주장이 제기되고 있습니다. 전쟁이 산업화, 첨단기술화하면서 이에 올라탄 한국의 방산 즉 군수산업도 급속히 팽창하고 있거든요. 평화주의라는 대원칙과 군수산업의 팽창이라는 이 모순을 어떻게 봐야 할까요?

권영국 딜레마죠. 요즘 'K-방산'이라고 해서 우리나라 무기 제조 역량이 엄청나게 성장하고 있는 것을 마치 굉장한 자랑처럼 얘기하고 있거든요. 그런 상황에서 살상무기까지 수출하고, 그걸 전쟁에서 무고한 민간인들을 죽이는 데 사용하게 만들고 있죠. 그런 방식으로 경제적인 부를 만들고 거기에 기초해서 우리의 생활수준을 개선할 수 있도록 하는 것이 정말로 우리가 추구해야 할 방향인가에 대해서는 정말 고민이 되는 지점입니다. 우리가 만든 무기를 수출해서 사람을 집단 살상하는 것에 대해 평화주의 원칙을 이야기하면, 비현실적이라고 반박하는 분들이 계시겠죠. 그런데 우리가 지금 북한을 향해 핵무기를 만들면 안 된다고 주장하고 있잖아요. 우리는 무기를 계속 만들고 있고, 심지어 외국에 수출까지 해서 방산을 키우고 있으면서 북에 핵무기를 만들지 말라고 주장할 수 있을까요?

세계적으로도 인류가 두 차례나 엄청난 세계대전을 거치면서 인간 생명을 무시했던 시기를 지나 평화체제를 구축하고 국제연합 등을 만들었잖아요. 이런 체제가 어느덧 무너지려고 하고 있는데, 결국 다시 생명을 존중하고 공존을 말할 수 있는 세계를 만들어야죠. 방산을 통해 부를 축적하는 것이 중장기적으로 봤을 때 한국 경제를 지탱하는 산업으로 지속 가능한가, 살상 무기에 의존하는 경제 구조가 옳은가에 대한 고민이 필요하다고 봅니다. 자국의 국방이나 방어에 필요한 무기 이상의 것들을 생산해서 이것을 부의 축적 수단으로 삼는 방식이 계속된다면 우리가 군사 강국들에 맞서서 어떤 기준을 가지고 평화를 얘기할 수 있을까, 이런 고민을 더욱 적극적으로 해야 합니다.

진보정치, 그 지난한 현실 앞에서

2025년 3월 서울 종로구 경복궁역 4번 출구에서 광화문 앞 월대까지 200미터가량 보행로에 50여 동의 천막이 커다란 줄을 이루고 있었다. 내란을 일으킨 윤석열 탄핵과 사회대개혁을 바라는 시민단체와 노동단체, 정당에서 세운 천막들이다. 같은 달 7일 지귀연 부장판사를 재판장으로 하는 서울중앙지법 형사합의부는 날짜 단위로 구속기간을 계산해온 71년 관행을 허물고 시간 단위로 구속기간을 계산하는 이상한 셈법으로 윤석열의 구속을 취소했고, 헌법재판소의 윤석열 탄핵심판 결정 역시 하염없이 늘어지면서 불안해진 시민과 정치인들이 거리로 뛰어나온 것이다.

이때 이재명 당시 더불어민주당 대표가 정의당의 광화문 천막 당사에 찾아와 권영국 정의당 대표와 짧게 면담했다. "대단히 의례적인 이야기를 했죠. '고생한다' 등과 같은 인사말을 주고받고 다른 얘기도 나누다가 이런 말을 하더라고요. '왜 정의당은 국민의힘에 도움이 되는 방식으로 그렇게 활동을 하는지 잘 모르겠습니다.' 그게 아마 이재명 대표가 패배한 2022년 대선을 두고 하는 이야기였던 것 같아요." 권 대표의 회상이다.

직전 대통령 선거에서 윤석열 48.56퍼센트, 이재명 47.83퍼센트, 심상정 2.37퍼센트의 득표로 윤석열 국민의힘 후보가 당선된 뒤, 일부 민주당 지지자들 사이에서는 심상정 후보를 찍은 이들이 이재명 후보를 찍었다면 윤석열 후보가 당선되지 못했을 것이라는 주장이 제기됐다. 진보정치를 표방하는 정의당의 독자 노선을 인정하지 않고 민주당과 진보정당이 반-국민의힘으로 '빅텐트'를 이뤄서 대응해야 한다는 민주당 지지층 일각의 오래된 주장이다. 그런데 이런 주장을 이재명 대표가 직접 권영국 대표에게 언급한 것이다.

"한 정당의 대표가 저런 생각을 하고 있구나 싶어서 놀랐죠. 그러니까 2022년 대선 패배의 원인을 정의당이 중도 포기하지 않고 완주한 것에서 찾고 있다는 점에 대한 놀라움이죠. 패배의 원인을 어떻게 인식하느냐에 따라 대응도 달라지잖아요. 또한 앞으로 다원화한 다당제 정치로 갈 수 있도록 선거제도 개혁이나 정치개혁이 필요한 것 아니겠습니까? 그런데 그런 인식이 보이지 않는 발언이었으니까요. 저는 이재명 대표가 거대 양당 중심의 선거제도가 가진 문제라든가, 문재인 정부의 개혁 실패에 대한 반작용이 패배의 근본 원인이었다는 얘기를 할 거라고 생각했거든요. 그래서 '당시에 정의당을 지지하던 분들이 위기감 때문에 오히려 민주당으로 바꾼 경우가 훨씬 많은데, 그건 알고 계십니까?'라고 답했지요. 그렇게 표를 보태주었는데도 패배한 게 누구 책임인가를 말하고 싶었죠. 이에 덧붙여서 '바로 그러니까 결선투표제 같은 제도 개혁이 필요한 것 아니겠어요?'라고 얘기했던 것으로 기억합니다."

이는 한국의 독자적 진보정당이 처한 엄혹한 현실을 보여주는 상징적인 장면이다. 한국 정치는 오랫동안 거대 양당이 지배했다.

국민의힘으로 대표되는 제1지대와 더불어민주당으로 대표되는 제2지대가 적대적으로 공생해온 구조다. 이들은 진영을 나눠 극심하게 대립하고 증오하면서도, 승자가 독식하게 만드는 정치 시스템을 뜯어고치자는 여론이 일면 서로 손잡고 개혁을 군건하게 저지해왔다. 특히 민주당 지지층의 경우 한국 사회 주요 언론과 검·경·사법부를 포함한 권력기관의 보수 편향성, 지역 구도의 불리함 등으로 인해 권력구조가 보수 쪽에 '기울어진 운동장'이라는 주장을 하며 민주 세력과 진보 세력이 '빅텐트'를 만들어 보수 세력에 맞서야 한다는 주장을 계속해왔다. 민주당이 2020년 총선과 2024년 총선에서 두 차례에 걸쳐 위성정당을 만들어 선거제도를 해킹한 것도 넓게 보면 이런 관점 위에 서 있다.

진보 세력은 이런 현실 위에서 1987년 민주화운동 이후 13년이 지난 2000년에야 겨우 제3지대 정당인 민주노동당을 창당할 수 있었다. 하지만 이후 25년 동안 진보정당은 독자적으로는 한 번도 교섭단체를 구성해보지 못하고 원내에서도 주변부에 머물러야 했다.[*] 그러다 결국 2024년 총선에서 원외로 밀려난 상태다. (*'교섭단체'란 국회에서 의사진행과 주요 안건 협의를 대등하게 할 수 있는 의원 집단을 말한다. 의사일정 조정, 국무위원 출석 요구, 상임위원회 위원 선임 등의 국회운영 권한을 갖는다. 2018년 3월 당시 6석의 정의당은 14석 민주평화당과 공동교섭단체를 구성, 짧은 기간 원내 교섭단체로 활동한 바 있다. 현재 20석의 교섭단체 기준을 10석으로 낮추는 방안이 논의되고 있다.)

이런 정치 구조는 진보정당의 독자적 정치 행보를 어렵게 만든다. 특히 민주당 정부가 들어섰을 때, 진보정당이 민주당 정부를 비판하는 일은 더더욱 쉽지 않은 일이 된다. 이 어려움에 대해 김

진숙 민주노총 부산본부 지도위원은 그 유명한 〈노무현 '동지'를 꿈꾸며〉라는 연설에서 이렇게 설명한 적이 있다.

"당신이 출마한 대선에서 전 4번(권영길 민주노동당 후보)을 찍었습니다. 단 한 번도 단 한 순간도 고민하지 않은 선택이었습니다. 강화도 외포리를 한 번도 벗어나지 않았던 것처럼 평생 1번(국민의힘)을 벗어난 적이 없는 큰언니가 전화를 했더군요. "이 노무혜니가 그 노무헤니지? 니 벤호사? 그 사람 찍었다. 너 인자 깜빵 안 가지? 복직두 되갔지?" 얼른 대답할 말이 떠오르지 않더군요. 제가 왜 '내 변호사'를 놔두고 4번을 찍었는지 우리 큰언니는 죽을 때까지 이해 못할 거예요. 2번(민주당)과 4번(진보정당)의 극심한 차이를 설명하는 일도 이리 막막한데, 민주노동당과 진보신당의 그 미세한 차이를 설명하는 일은 저의 재주로는 난망한 일이 되어버렸습니다."

이번 인터뷰에서는 진보정당이 처한 이런 현실에 대한 고민을 들어봤다.

:: 민주당은 좋은 보수가 되라, 진보는 우리가 맡는다

이재훈 지난 대선을 두고 반응이 엇갈립니다. 한쪽에서는 '지금과 같이 진보에 엄혹한 정치 상황에서 그래도 선전했다'는 평가와 '그래도 권영국이 있어서 다행이었다'는 반응이 있었던 반면, 다른 한쪽에서는 '엄밀히 말해 이번 대선도 지난 총선처럼 실패였다'는 평가도 있었습니다. 그런 부정적 평가에서는 실패의 이유로, 대선 TV토론에서 대표님이 김문수 국민의힘 후보나 이준석 개혁신당 후보에게는 날카로운 모습을 보였는데, 이재명 민주당 후보에게는 다소 우호적인 모습을 보인 것 아니냐는 지적도 있었습니다. 이 지적에 대해 어떻게 생각하시나요?

권영국 네, 인정합니다.

이재훈 아니, 바로 이렇게 인정하시면…(웃음) 왜 그러셨나요?

권영국 이재명 후보가 갖고 나왔던 전략은 기본적으로 성장과 친기업, 투자와 개발이죠. 예를 들어 AI와 관련해 100조 원 투자 얘기를 했잖아요. 에너지 고속도로 얘기도 하고. 그런 반면 노동자들의 권리나 정치개혁 문제, 젠더 이슈와 관련한 차별금지법 얘기로 들어가면 대부분 흐릿한 태도를 보였어요. 그건 나중에 할 문제다, 좀 더 사회적 합의가 필요한 일이다 같은 반응이었죠. 이익균점권 얘기를 했을 때도 그랬고요. 제가 그 부분을 훨씬 더 집요하게, 또 태도도 매우 단호하게 얘기했어야 했는데, 온화한 태도를 보였다는 지적이 있죠. 기본적으로 민주당이 갖고 있는 성장 전략 가지고는 우리 사회의 불평등이나 차별 문제를 전혀 극복할 수 없다는 것을 훨씬 더 강하게 제대로 얘기했어야 했다는 지적을 저는 수용합니다.

그 이유는, 여전히 우리 정치는 굉장히 대립적인 국면에 있잖아요. 윤석열 이 무도한 정권이 모든 걸 다 엉망으로 만들어버렸어요. 노동권 문제, 여성 문제, 젠더 이슈, 기후정의 문제 이걸 다 퇴보시켰죠. 그래서 민주당과 우리는 실제로 광장에서 윤석열 파면 투쟁을 같이 하는 관계였잖아요. 이 관계를 생각하고 동의를 이끌어내는 요구를 해보자는 전략이 좀 있었습니다. 적어도 헌정질서

제2부   진보정치, A에서 Z까지

를 부정하는 극우 세력과 반동 정치, 갈라치기 정치를 하는 세력에 대해서는 아주 분명한 입장을 취해야 한다는 것 하나, 반면 민주당이 오락가락하고는 있지만 적어도 내란 세력 청산과 관련한 입장은 변함이 없으니 함께 광장에서 싸우면서 극우 세력의 입지를 좁혀야 한다는 생각이 강했죠.

저는 그래서 결국은 극우와 갈라치기 정치세력은 퇴출로 가야 하고, 민주당이 보수정치를 맡고, 우리가 진보정치를 맡는 구도를 만들어야 한다는 생각이 있었던 것 같습니다. 그런 측면에서 민주당에는 동의를 이끌어내려고 했던 거죠. 예를 들면 결선투표제라든가 차별금지법이라든가 이런 제도를 도입하는 문제에 있어서 말이죠.

이재훈 결국은 국민의힘이나 개혁신당은 경쟁 상대도 아니고 아예 정치에서 퇴출시켜야 되는 세력이다. 다만 민주당은 경쟁도 하고 서로 다투기도 하고 어떤 때는 타협도 해야 할 그런 파트너다, 그런 생각을 하셨던 거군요.

권영국 그렇죠. 우리가 보수와 진보의 구도를 앞으로 만들어내려면 결국은 민주당과 경쟁 혹은 협력 관계로 정치적 진로를 살펴야죠. 우리가 왼쪽에 있는 진보의 영역을 굳건히 하고, 민주당이 보수를 맡아 경쟁하기 위해서는 일정 부분 극우 세력과 차이를 보여줘야 된다고 하는 내부적인 전략이 있었습니다.

이재훈 하지만 민주당은 준-연동형 비례대표제라는, 정당 간 합의에 의해 도입된 선거제도를 2020년 총선과 2024년 총선에서 두 차례나 해킹하고 위성정당을 만들었습니다. 2020년 총선 때는 이해찬 대표 체제였지만, 2024년 총선은 이재명 대표 체제에서 벌어진 일인데요.

권영국 이재명 대표가 처음에는 위성정당을 만들지 않을 것처럼 얘기하다가 결국에는 불가피하다고 돌아섰죠. 이런 게 '정치는 결국 현실'이라고 하는 인식의 큰 테두리 안에 있는 거겠죠. 선거제도의 비례성을 강화해야 한다는 당위를 누구든 부인할 수는 없잖아요. 그런데 준-연동형 비례대표제가 여러 현실적인 한계와 허점을 가진 상태에서 결국은 자당의 의석을 최대한 확보하기 위한 현실적 이득의 논리가 당위를 뒷전으로 밀어낼 수밖에 없다고 주장하는 게 정치 현실론이죠.

그렇다면 그 현실론 속에서 거대 양당이 다당제 정치라든가 다원적 민주주의를 해가려고 하는 의지는 있느냐를 물어야겠죠. 겉으로는 있다고 할지 몰라도 속내로는 그렇지 않다고 봅니다. 왜냐하면 승자독식의 단순 다수대표제가 어떻게 보면 거대 양당이 적은 득표를 하더라도 의석을 가장 많이 확보할 수 있는 수단이기 때문이죠. 그래서 거대 양당이 비례성 강화에 진심을 기울인 적은 거의 없다고 봅니다.

:: 그러나 이재명 대통령에게도 박수를 보낸다

이재훈 민주당 정부가 집권하면 집권 초반에는 진보적 정책에 드라이브를 거는 경우가 많습니다. 이재명 대통령도 집권 초반 산업재해 사망사고 방지라는 분야에서 인상적인 드라이브를 걸었습

제2부 진보정치, A에서 Z까지

니다. 사실 산재 사고 방지는 이제까지 진보정당이 가장 적극적인 행보를 보였던 정책이잖아요. 중대재해처벌법 제정 운동도 이끌었고요. 어떻게 보면 진보의 이슈를 빼앗긴 셈인데, 진보정치는 여기에서 어떤 역할을 더할 수 있을까요?

권영국 중대재해처벌법은 실제로 정의당이 견인해낸 법안이었죠. 노회찬 전 대표 때부터 중대재해처벌법을 발의했고, 강은미 전 의원이 제21대 국회에서 발의한 뒤 민주당이 후속 발의를 하면서 제정이 이뤄질 수 있었습니다. 특히 2019년과 2020년, 김용균 씨 어머니 김미숙 씨, 이한빛 PD 아버지 이용관 씨 등 산재 피해 유가족과 강은미 의원이 직접 중대재해처벌법 제정을 촉구하면서 단식 투쟁을 했잖아요. 그런 결과로 중대재해처벌법이 제정될 수 있었다고 봅니다.

다만 법을 만드는 것만으로는 한계가 있죠. 이재명 대통령이 집권 초기 SPC 산재 사망 사업장(SPL삼립 평택공장)을 방문하고, 국무회의 생중계를 통해 포스코ENC의 반복적인 중대재해 사례를 언급하면서 산재 사망에 대해 보여준 적극적인 행보와 발언이 국민들에게 신선한 반향을 불러 일으켰습니다. 생중계 국무회의에서 산재 사망사고를 핵심 의제로 놓고 "산재 사망사고 근절 원년을 만들자"거나, 고용노동부 장관에게 "주무부처 장관이니 직을 걸어야 한다"고까지 얘기하는 모습은 대단히 인상적이었어요.

다만 문제는 여전히 산재 사망사고가 끊이지 않고 있다는 거죠. 최근에도 2025년 8월 19일 경북 청도에서 무궁화호 열차 사고가 나면서 2명이 숨지고 5명이 다쳤고요. 8월 25일에는 서울 강서구 염창동 도로 맨홀에서 하수관 보수 공사를 하던 40대 노동자가 급

류에 휩쓸려 사망했습니다. 그게 뭘 의미하는가 하면, 대통령이 강하게 질타한다고 해서 산재나 중대재해가 쉽게 줄어들지는 않는다는 거죠.

결국 산재는 구조적인 문제를 들여다보지 않으면 실패할 수밖에 없습니다. 산재 사고가 대단히 난해한 작업에서 위험을 피하기 어려워서 발생하는 것이 아니에요. 화학 물질이 잔류한 탱크에 들어가면서 산소마스크도 없이 들어가게 하는 상황, 맨홀에 들어가면서 아무런 보호 장비와 대비책 없이 들어가는 상황이 계속 이어지고 있잖아요. 대통령이 관심을 가지니까 산재 사고가 줄어들 것이라고 기대하지만, 안전을 뒷전으로 만드는 구조를 바꾸지 않는 한 질적인 변화가 쉽지 않다는 겁니다.

예를 들어볼게요, 2021년 6월 광주 동구 학동에서 5층 건물 철거공사 중 건물이 도로로 무너지며 정차 중이던 시내버스를 덮쳐 승객 9명이 사망하고 8명이 다친 광주 학동 참사를 기억할 것입니다. 이 어이없는 참사에는 불법 다단계 하도급 구조가 있었습니다. 학동4구역 주택재개발정비사업조합이 굴지의 건설회사인 HDC현대산업개발에 학동 4구역에 대한 재개발 사업을 발주했고, 현대산업개발은 재개발구역의 철거와 정비 공사에 대해 하청을 줍니다. 그런데 하청은 다시 재하청, 재하청은 재재하청까지 주게 됩니다. 당연히 불법 재하청과 재재하청이었습니다. 철거공사비는 평당 28만 원으로 책정되었으나, 다단계 하도급 과정에서 공사비는 수수료로 잘려 나가, 최종적으로 철거공사를 수행한 재재하청 철거업체에게 주어진 철거공사비는 평당 4만 원대로 내려갑니다. 설계 철거공사비의 14퍼센트 금액으로 철거공사를 진행했다는 겁니다. 어떠신가요? 그저 입이 딱 벌어지지 않나요. 이런 상황에서 안전을 고려할 수 있을까요? 이미 불가능한 공사비에서 이윤을 남기려면 인건비를 더 줄이기 위해 공사기간을 최대로 단축해야 하고, 안전을 고려한 작업은 사치가 되는 구조이죠.

건설공사에서 최저가 낙찰제와 관행화된 다단계 하도급 구조야말로 산재를 낳는 근본적인 원인입니다. 이러한 관행과 구조를 그대로 두고 산재를 질타한다고 한들 쉬이 바뀔 수가 없겠죠. 건설공사에서 불법 다단계 하도급 구조를 방치하고서 중대재해를 줄인다는 것은 연목구어와 같은 일일 겁니다.

구의역 김군 사망사건이나 김용균 산재사망 사건에서 보는 바와 같이 하나의 사업이나 사업장에서 인위적으로 업무를 분리해 외주화하는 원청-하청 구조와 중대재해의 연관성에 주목해야 합니다. 원청은 시설과 작업에 대한 실질적인 권한을 모두 가지면서도 운영에 대한 책임을 하청에게 떠넘기는 구조로 인해 위험은 증폭됩니다. 산안법상 산업안전보건위원회도 업체별로 구성하게 되므로 위험 진단과 안전 대책은 업체 단위로 분절됩니다. 실제로 중대재해의 대다수는 하청업체에서 발생하고 있습니다. 이러한 구조와 제도에 대한 개선 없이 대통령이 강한 압박과 질타만 한다고 해서 산재가 줄어들지는 깊이 생각해 보아야 합니다. 그래서 위험을 전가하지 못하도록 실질적인 권한을 가진 사업주와 법인에게 안전에 대한 최종 책임을 지게 해야 합니다. 그래야 원청 자신이 관리하거나 통제할 수 없는 다단계 하도급 구조를 지양하게 할 수 있게 됩니다. 한 사업장 내에서 긴밀하게 연계된 업무임에도 비용 절감의 이유로 업무를 인위적으로 분리해 외주화하는 불법파견의 관행도 시정할 수 있게 될 것입니다.

결국 중대재해가 발생하는 근본적인 구조와 원인에 대해 지적을 하고, 그 근본적인 원인을 해소하도록 하는 규제책을 제안하는 방식으로 가야 된다는 것이죠. 정의당은 그것을 고민하고 있습니다.

이재훈 마지막에 말씀하신 근본적인 원인을 해결할 수 있는 제도적인 대책으로는 구체적으로 어떤 게 있을까요?

권영국 생산과 공사에 대해 최종적인 권한을 가진 사업주와 법인에게 안전사고에 대해 엄중한 책임을 물을 수 있는 체계와 제도를 만들어야 한다고 생각합니다. 그리고 사고 후 감당해야 할 손실 비용이 안전대책을 위한 사전 비용을 압도하게 만들어야 합니다. 결국 최종적인 권한을 가진 사업주와 법인이 감당해야 할 책임과 비용이 경영에 부담을 느낄 정도로 무겁다면 기업 스스로 안전을 저해할 다단계 하도급 구조나 사업장 내의 인위적인 외주화와 같은 불합리한 원-하청 구조를 시정할 유인이 될 수 있다고 봅니다.
　산업안전보건법이 있어도 처벌 수준은 법인에게 400~500만 원 벌금에 그쳤고, 책임도 중간관리자에게 머물고 처벌 수준도 대부분 벌금이거나 잘해야 집행유예로 그치곤 했습니다. 중대재해처벌법이 만들어진 이후에도 이와 같은 현상은 크게 바뀌지 않고 있습니다. 법인에 대해 물리는 벌금은 여전히 평균 몇 천만 원 수준에서 그치고, 원청의 대표이사를 처벌한다고 해도 처벌 수위는 법정형의 하한인 1년 주변을 맴돌고 이조차 거의 대부분 집행유예에 그치고 있죠. 검찰은 처음부터 대기업 '오너'들을 입건 대상에서 제외하거나, 경영책임자들에 대한 낮은 구형으로 처벌 수위를 최저한으로 낮추어 버리죠.
　중대재해처벌법이 시행된 직후에 들어선 윤석열 정권은 중대재해처벌법이 기업에 부담을 준다며 계속해서 법 개정을 약속하며 법 적용을 방해하는 신호를 줬잖아요. 검찰총장 출신 윤석열은 검찰에 대한 장악력을 통해 수사 및 기소 과정에서 법 적용을 사실상 솜방망이로 만들어버렸습니다. 검찰이 보강수사를 이유로 하세월을 보내고 있는 사건들이 수두룩합니다. 안전의무 위반 정도와 재해 발생 횟수에 관계없이 구형 또한 2년 징역형, 벌금 1억 원 이하로 거의 획일화해버렸습니다. 법원도 소수의 판결을 제외하고는 검찰의 낮은 구형에 맞장구를 치며, 1년 이하의 징역과 집행유예, 법인에 대해서도 1억 원 이하 몇 천만 원의 벌금형이 태반입니다. 도저히 법의 지엄함을 느낄 수가 없습니다. 징벌적 손해배상제는 그저 규정에만 있을 뿐입니다.

최소한 3년이라도 수사역량을 보강해 중대재해처벌법을 엄정하게 적용해 보았으면 합니다. 높은 자유형 적용이 부담이 된다면, 중대재해처벌법에 매출액 대비 벌금형과 영업정지, 입찰제한 같은 처벌 조항을 보완하고 말이죠. 이러한 제재 유형은 정의당과 운동본부(중대재해없는세상만들기 운동본부)에서 발의한 입법안에 이미 존재했던 내용입니다. 하지만 법 제정 과정에서 다수당이 모두 제외하고 말았죠. 뒤늦게 이런 제도를 도입해야 한다고 야단법석이었으나 다시 오리무중입니다.

안전과 관련해서 위험성 평가는 매우 중요한 문제로 부각되고 있습니다. 위험성 평가는 실제 유해·위험 요소를 확인하고 발굴하는 절차거든요. 위험을 가장 잘 아는 사람은 그 업무를 수행하는 노동자입니다. 위험성 평가의 핵심은 바로 위험을 가장 민감하게 체감하고 있는 노동자의 참여권을 보장하는 것입니다. 또한 위험성 평가 제도를 두고 있으나 이행을 하지 않더라도 아무런 제재가 없어요. 이런 점들을 고려하여 위험성 평가를 실질화하는 방안을 모색해야 합니다. 아울러 노동자가 위험에 직면했을 때 작업을 중지할 수 있는 권리를 제도적으로 보장해 주는 것이 정말 필요합니다.

:: 주식 투자? 문제는 자본과 노동에 대한 근본적 시각

이재훈 진보정당과 민주당의 가장 큰 차이는 자본을 바라보는 시선이 아닐까 합니다. 특히 이재명 대통령이 취임 이후에 한 발언이나 정책 방향들을 보면 아무래도 부동산시장보다는 주식시장을 활성화하는 쪽으로 방향을 잡고 있는 것 같아요. 이 대통령의 인식은 돈이 부동산시장에 맴돌면서 집값이 터무니없이 뛰는 이런 상황을 방지하려면 부동산시장보다는 주식시장으로 돈이 옮겨가서 이 돈이 산업 투자에 기여할 수 있게 만들어야 한다는 방향성을 가지고 있는 것 같습니다. 이런 방향성에 대해서는 어떻게 생각하시나요?

권영국 부동산 투자는 매우 불건전하다는 인식이 깔려 있는 거죠. 부동산 양도차익이 대표적인 불로소득이고, 주거 문제의 주된 원인이라고 보는 건 맞고요. 반면 주식 투자는 건전한 투자라고 인식하는 것 같아요. 투자를 통해서 삶을 개선하도록 하는 것, 주식 투자를 통해서 자산을 불리고 우리 삶을 그만큼 더 풍요롭게 할 수 있다는 그런 입장에 서 있는 것으로 보입니다. 그런데 우리 주식시장은 제조업 비중이 높지만 실물경제에서는 서비스업이 큰 비중을 차지해요. 주식시장이 실물경제 전체를 대변하지는 못하는 거죠. 상장기업이 실물경제에서 차지하는 비중이 부가가치로 치면 10퍼센트, 고용으로 치면 4퍼센트에 불과하다는 한국은행 연구결과도 있습니다.

한때는 집을 가지면 모두 부자가 될 것처럼 말했죠. 이명박 정부 시절에도 뉴타운 막개발 공약을 하면서 뉴타운에 입주하는 사람은 부자가 될 것 같은 환상을 얘기했고요. 박근혜 정부 들어서는 빚내서 집 사라고 부추겼죠. 그 후과가 엄청났잖아요. 결국은 전세 사기와 갭투자 등의 부작용이 나타났죠. 부동산 가격 폭등으로 이어지고요. 그렇다면 이에 비해 주식 투자는 리스크가 없는 건가? 투자만 하면 모두 부를 형성할 수 있는 건가? 이런 걸 고민해봐야 하는 거죠. 게다가 우리가 투자를 통해서 자산을 형성하고 삶을 윤택하고 풍요롭게 한다고 하는 그런 사회적 인식을 만들어가는 것이 정말 바람직한가? 투자할 여력이 없는 사람은 어떻게 해야 하나? 이런 근원적인 고민도 필요합니다. 열심히 공부하고 취업 이후 노동을 해서 그 노동 소득을 통해 자신의 삶을 설계하고 개선해 나가려고 하는 사람들은 어떻게 해야 하는 걸까?

이런 의미에서 어느 순간부터 우리 사회에는 가치 전도 현상이 벌어진 것 같아요. 원래는 이렇게 얘기를 해야 하는 거죠. 국가는, 우리 정부는 열심히 일하는 사람의 노동에 대한 대가가 정당하게 보장될 수 있도록 노력해서, 누구든지 열심히 일하는 사람이면 우리 사회에서 뒤처지지 않고 최소한 인간의 존엄성을 유지할 수 있는 그런 사회적 조건을 만들어가겠다. 이를 위해 학력이든 고용 형태에 따른 차별을 없애고 누구든지 열심히 일하면 그에 따라서 공정하게 기회가 보장될 수 있도록 하겠다. 이렇게 노동 소득을 통해서 우리가 얼마든지 우리 삶을 지탱하고 유지할 수 있도록 하는 사회를 만들겠다는 얘기가 우선해야 한다고 생각합니다. 이게 정부가 내놓아야 할 비전 아닐까요? 그러고 나서 투자를 통해서도 어떤 작전 세력이라든가 이런 사람들 때문에 생기는 불투명성과 불공정한 시스템을 바꾸고, 개혁을 통해서 공정한 주식시장이 될 수 있도록 하는 정책을 펴나가겠다, 이런 순서가 됐어야 하지 않을까요?

그런데 갑자기 노동 소득을 통한 삶의 개선 이런 얘기는 없어지고, 투자를 통해 삶을 바꿔보라는 식의 이야기만 하는 건 매우 위험하다고 생각합니다. 이런 구조에서 투자하지 않는 사람 혹은 투자할 수 없는 사람은 어떻게 하나요? 부동산과 마찬가지로 주식을 통한 소득도 자산 소득이고 불로소득입니다. 어떤 사람은 주식으로 돈을 벌려면 얼마나 공부하고 애를 써야 하는데 불로소득이라고 하느냐 반박하기도 합니다. 하지만 아무리 주식 투자에 시간을 들이고 노력한다 해도, 자산을 더 많이 가진 사람이 노동과 무관하게 버는 불로소득임에는 틀림이 없습니다.

이렇게 생각해볼까요? 한국에서 2024년 말 기준으로 국내 상장사 주식을 보유한 국내 개인 주식 투자자 수가 1,410만 명 정도라고 해요. 그럼 나머지 3,800만 명은 투자를 안 하거나 못 하는 사람들이잖아요. 그런데 대통령이 주식 투자를 강조하면, 이 둘 사이의 자산 격차를 해소하려는 노력은 덜하게 되는 거고, 1,400만 명 내에서도 엄청난 자산 격차가 있을 텐데 그것 역시 큰 관심사가 안 되겠죠. 따라서 대통령의 그런 말들은 오로지 노동 소득을 통해서 자기 삶을 지탱하려고 하는 사람들한테는 엄청난 좌절감을 불러일으키는 발언이 됩니다.

게다가 저는 주식 투자 권유가 언젠가 발목을 잡을 수밖에 없다는 생각도 합니다. 주식은 펀더멘털(기업의 본질적 가치)에 따라서 주가가 움직인다고 하는데, 펀더멘털에 가장 중요한 건 실물 가치가 증가하느냐 안 하느냐에 있잖아요. 그러면 궁극적으로는 저성장 경제 구조에서 벗어나지 못하는 이상은 과연 주가가 계속 올라갈 수 있는가, 저성장 상태에서의 주가 상승이라고 하는 것은 결국 누군가가 얻게 되면 누군가는 잃는 거죠. 저성장을 전제로 하면 제로섬 게임이라는 겁니다. 과연 그것이 정말로 우리의 기본적인 삶을 정말 공정하고 풍요롭게 할 수 있는 방안일까요? 꽤나 우려되는 부분이죠.

갈수록 자산 불평등과 부의 불평등 격차가 훨씬 더 커지는 사회로 갈 수밖에 없는데, 그것을 어떻게 하면 해소해 나갈 것인가 하는 점이 정부 정책의 중심에 있어야 한다고 저는 보고 있어요. 결국은 세금을 통한 재분배 정책에 대해 제대로 된 비전을 제시하고 격차를 해소해 나가려는 그런 정책 방향을 잡는 것이 바람직한 정치라고 생각합니다.

:: AI 만능주의에 숨어있는 문제들

이재훈 이재명 정부의 경제 정책에서 신성장동력 이야기를 보면 거의 'AI 정부'라 할 만큼 모든 것이 AI 중심입니다. 주요 부처 인사도 네이버나 IT기업 출신들을 대거 등용하고 있고, '소버린 AI'*를 만들어서 한국이 AI 시장을 세계적으로 주도할 수 있는 것처럼 얘기하고 있습니다. AI 정책에 대해서는 어떻게 보시나요? (* '자주적'이고 '주권적'인 AI를 말한다. 인공지능 기술의 개발, 운영, 인프라 등을 정부나 자국 내 조직이 자체적으로 통제, 운용하는 체계.)

권영국 AI라는 것은 결국 인간이 만들어낸 정보 안에서 존재하는 것일 텐데요. 그러면 두 가지 측면이 있겠죠. AI가 과연 인간의 역량을 증강하는 식으로 기능하는 시스템을 만들 것인가, 아니면 AI가 인간의 일자리를 대체하고 인간을 지배하는 수단으로 이용될 것인가, 여기에 갈림길이 놓여 있다고 보거든요. 만약 AI가 오히려 다수 대중을 지배하는 형태로 간다면 이 방향은 우리가 지향할 방향이 아니죠. AI가 다수 대중을 지배한다는 건 결국 소수의 자본이 AI를 통해서 사회를 지배하는 방향으로 갈 가능성이 매우 크니까요. 그러니까 결국은 AI를 이용해 우리의 생산성을 높여갈 수 있다고 할 때, 인간의 역량을 지원하고 역량을 증강할 수 있는 방향으로 갈 수 있도록 하는 것이 진보정치가 지향해야 할 방향일 겁니다.

게다가 AI를 발전시키려면 결국 관건은 데이터 문제가 될 겁니다. 아시다시피 데이터센터는 전기 먹는 하마입니다. 그러니까 데이터센터를 운영하는 데 필요한 에너지를 만들어야 하는데, 이게 신재생에너지 사회로 가는 데 있어서 여러 가지 문제를 발생시킵니다. 자칫하면 지구 생태계를 파괴하고, 우리 공동체를 파괴하는 방식의 에너지 정책이 나올 수도 있는데, 무조건적인 AI 성장 드라이버가 괜찮은 건지 물어야 한다고 생각해요. 용인 반도체 클러스터 얘기가 계속 나오는데, 여기에도 어마어마한 전력 공급이 필요하잖아요. 이 전력을 어디에서 가져올 건가, 결국은 지역에 있는 해상 풍력이나 태양광 에너지를 수도권으로 가져와야 하는 거잖아요. 이 전력을 가지고 오려면 '에너지 고속도로'라고 하는, 송전망으로 연결하거나 해저로 연결하거나 이런 방식을 쓴다는 거잖아요. 그런데 이게 생태계에 부정적인 영향을 미치는 문제가 있고요. 송전망이 통과하는 지역 주민들의 건강권 문제도 직결돼 있습니다. 엄청난 지역 갈등을 유발할 수 있죠.

이런 상황인데 지금은 AI 만능주의, 검증되지 않은 만능론에 너무 올인하고 있는 것은 아닌가 하는 우려가 있습니다. 산업 정책에 있어서 모든 걸 AI가 해결해줄 것처럼 하는 건 균형 있는 산업 정책이 아닐 수 있다는 것, 그 경계를 진보정치가 헤아릴 필요가 있는 것 같습니다.

:: 극우는 왜? "불평등의 불만을 약자에게 돌려라"

현실 정치에서 진보정치의 또 다른 경쟁자는 극우 정치라고 할 수 있다. 극우 정치의 세계적 부상은 경제적 불안이나 사회적 불평등에 대안이 되지 못하는 기성 정치에 대한 불만과 반감에서 기인한다. 이에 대한 반발로 강력한 국가주의나 민족주의, 반이민과 반세계화를 외치는 극우 정치에 강한 소속감을 느끼면서 불안을 잠재우려 하는 것이다. 미디어사회학자 박권일은 이런 현상을 이렇게 설명했다.

"극우주의가 많은 사람에게 호응 받는 건 서사의 단순성 때문이다. 인간은 이유 없는 고통을 싫어하며 그래서 설령 허구일지라도 고통의 근원을 찾아내려 한다. 주류 자유주의 정치세력은 여기에 제대로 답하지 못한다. 좌파는 '자본주의 체제'라는 너무 거창한 대답을 내민다. 하지만 극우파는 명쾌한 답을 제시한다. '이게 다 무임승차자와 불순세력 때문이다. 난민·이주민, 무슬림, 중국인, 호남인, 김치녀, 종북세력, 빨갱이, 장애인, 성소수자들이 기여도 없이 보상만 챙기면서 나라를 망가뜨린다.'"(『한겨레21』 2025년 2월

13일자 칼럼)

그러므로 진보정치가 이런 서사의 단순성에 맞서려면 '거창한 대답'이 아니라 구체적이고 명쾌한 대안을 제시할 필요가 있다. 극우의 대안이 될 수 있는 진보정치는 무엇인지, 권영국 대표에게 물어본 까닭이다.

이재훈 또 다른 한편에서는 극우화하고 있는 사회에 대한 우려도 나옵니다. 내란 사태 때 서울서부지방법원 난입 폭동 사태가 그렇듯이 한국에서도 극우 시민들이 거리에 본격적으로 나서고 있고, 전 세계적으로도 극우의 부상이 만만치 않습니다. 미국에서는 도널드 트럼프 2기 정부가 들어섰고, 유럽에서도 곳곳에서 극우 정당들이 주요 정당 세력으로 등장하고 있습니다. 이런 현상의 원인이 어디에 있다고 보시는지, 그리고 이런 시기에 진보정치는 어떤 것이 되어야 할까요?

권영국 제2차 세계대전 이후 전쟁으로 폐허가 된 사회를 복구한 뒤 경제 성장이 이어지는 황금기가 있었다가 1980년대에 접어들면서 신자유주의가 등장해서 다시 시장질서의 모든 것을 자본과 이윤 중심의 체제로 돌아가게 만드는 과정이 존재했지요. 여기에서 불평등의 문제가 사회경제적 양극화 문제로 이어져 점점 더 심각해지는 상황이 도래했습니다. 동시에 일자리의 불안정성이 증가한 반면 복지가 축소되는 현상도 동반됐죠. 그러면서 상대적 박탈감을 느끼는 시민들이 늘어나게 됐고, 사회적 불만이 누적되기 시작했습니다.

이런 현상이 벌어진 건 자본주의가 저성장 시대를 맞이하고 생

제2부 진보정치, A에서 Z까지

산성과 이윤율이 점점 한계에 달한 문제를 노동자들의 희생에 떠맡기고 있기 때문입니다. 노동시장에 비정형 노동자*가 늘어나고, 갈수록 심화되는 삶의 불안과 사회적 불만을 상대적 약자들에게 돌리는 것도 그렇고요. 특히 유럽에서는 난민이 유입되면서 내가 누려야 할 복지와 일자리를 빼앗기고 있다는 식의 선동과 포퓰리즘 정치가 지지 세력을 점점 확대하고 있습니다. 사실 사회구조적인 문제에서 발생하는 양극화나 불평등의 문제가 약자를 저격한다고 해서 해결되는 게 아니잖아요. 그런데 이런 포퓰리즘이 득세하면서 극우 세력이 마치 나의 이익을 챙겨줄 것처럼 말하고 있습니다. 하지만 이런 식으로는 문제가 풀리지 않죠. (*정규직, 장기고용, 고정된 근무시간 등 전통적 고용 형태에서 벗어난 근로 형태의 노동자를 말한다. 프리랜서, 특수고용직, 플랫폼 노동, 단기계약직, 시간제·일용직 노동자 등이 있다.)

한편으로는 이에 대한 반대 움직임이 왼쪽에서 일어나고 있는 것도 주목할 만해요. 영국의 제러미 코빈 같은 정치인은 노동당에서 팔레스타인 가자지구를 공격하는 이스라엘을 비판했다가 반유대주의자로 몰려 당에서 축출되었는데요. 하지만 최근 '유어파티'(당신의 당)라고 하는 훨씬 더 급진적인 정책을 제시하는 좌파 정당을 창당했는데, 일주일 만에 60만 명이 입당 원서를 냈다고 합니다. 미국에서도 앞서 말했듯이 트럼프의 이주민 정책 등 차별에 기초한 정책에 반발해서 조란 맘다니 같은 민주적 사회주의자가 뉴욕시장 선거에서 열풍을 일으켰죠. 이런 걸 보면 이미 극우 세력이 해결책이나 대안 세력이 아니라는 회의론도 일고 있다고 봅니다. 그러니까 어떤 파격적인 사회정책을 내세우고 있는 좌파 세력이 극우 세력과 동시에 지지를 받는 그런 현상들이 공존하고 있는 것 같아요.

이런 상황에서 한국은 어떤가. 우리 사회의 극우 세력도 한편에서는 유럽의 극우 세력과 공통점을 가진 부분이 많죠. 우리 사회도 신자유주의라고 하는 흐름에서 전혀 자유롭지 않았고, 그 과정에서 자산 불평등과 사회적 양극화, 경제적 불평등이 훨씬 더 심화하고 있는 과정에 있죠. 특히 젊은 세대들에게 제대로 된 일자리가 없고 기본적인 생활에 들어가는 비용도 매우 높아진 상황에 처해 있죠. 당장 주거비도 감당하기 힘들 정도로 오른 상태고요. 그러니까 미래를 설계할 수 있는 상황이 안 되죠. 부모 세대와 비교했을 때 엄청난 박탈감을 가지게 되는 이런 구조에 처해 있는 거고, 그래서 현실에 대한 박탈감과 삶의 불안정성에 대한 상당한 불만이 쌓여 있는 상태입니다.

여기에서 양극화와 불평등을 만들어내는 사회 구조, 일자리 문제나 주거 문제 등을 해결해주지 못하는 복지 및 사회보장 문제 등은 이런 접근이 너무 멀고 어렵게 보이니까, 자신과 가장 가까이에 있는 여성에 대한 상대적 역차별론이 설득력을 얻게 되는 거죠. 또 이주민들이 일자리를 빼앗아 간다고 여기고, 비정규직을 정규직화하면 공정성이 침해되는 것처럼 느껴서 약자 계층에 대한 혐오나 공격을 통해 불만을 토로하는 그런 상황이 되고 있는 것으로 보입니다. 이런 상황이 극우 세력이 성장할 수 있는 토양을 제공하고 있는 것이고요.

다만 유럽은 정당 질서 내에서 극우 세력이 선거를 통해서 팽창하는 과정에 있다면, 우리는 극우가 정당 질서나 제도 내에서가 아니라 거리에서 폭력적인 방식으로 등장하고, 특히 종교와 결합해서 특정한 종교 세력이 이를 무기 삼아 세를 확장해 나가는 방식을 보인다는 점이 좀 다를까요.

　　이재훈　말씀하신 것에서 두 가지 궁금증이 생깁니다. 하나는 국민의힘이 2025년 8월 열린 전당대회에서 장동혁 의원이 당대표가 됐는데, 장 대표가 극우 성향을 지닌 전한길 씨를 옹호하는 발언을 많이 했고, 내란을 일으킨 윤석열 탄핵에 대해서도 반대한 정치인이죠. 이런 사람이 당대표가 됐다는 건 우리도 정당 질서 내에서 점점 극우화되고 있는 정당이 등장한다는 증거라고 볼 수 있지 않을까요?

　　또 하나는 이준석 개혁신당 대표도 장 대표와는 다른 형태의 극우 정치인이라고 할 수 있는데, 앞서 말씀하신 것처럼 여성과 장애인 등 사회적 약자를 갈라치기해서 이들에 대한 혐오를 조장하는 방식으로 지지를 얻는 정치를 한다는 점에서 그렇습니다. 이런 두 가지 점에서 한국의 의회도 점점 극우화하고 있다고 볼 수 있지 않을까요?

　　권영국　그렇죠. 다만 유럽은 극우 정치인들이 중심이 되어서 극우 세력을 조직해 나가는 방식이었다면, 우리는 거리에서 극우들이 영향력을 키워나가는 과정에서 수구 정치가 여기에 포획되는 경로로 나아가고 있는 것 같아요. 그러니까 기존의 양당 정치 구도에서는 국민의힘도 최소한 선거라든가 민주적 시스템에 대한 수용을 전제로 정치를 했잖아요. 그런데 어느 순간부터 부정선거론을 전면에 앞세우고 기본적인 헌법 질서를 부정하기 시작하는 과정에 들어섰죠. 그건 국민의힘이 거리의 극우 세력에게 지지를 얻어내기 위한 방편으로, 극우에 스스로 포획돼 들어가는 상황에서 발생한 일이라고 봐요. 어느 순간부터 아스팔트 극우가 국민의힘 쪽에서 목소리를 키워가면서 이제는 주류를 형성해버린 상황이 되었죠. 그러니까 전한길 같은 사람이 국민의힘 정치인의 면접을 보겠다는 등의 얘기까지 나온 거잖아요. 그런 상황에서 국민의힘 이 극우 정당으로 갈 현실적 가능성이 커지고 있죠.

그리고 말씀하신 또 다른 쪽의 극우, 이준석 같은 정치인은 사실 부정선거론을 얘기하거나 불법 계엄을 찬성하는 데까지 나아가지 는 않았죠. 기존의 정치 질서를 부정하지는 않았지만, 말씀하셨듯 이 약자 혐오, 여성과 남성, 장애인과 비장애인 갈라치기를 통해서 여성과 장애인 등 약자를 공격 대상으로 하는 정치, 갈등과 혐오를 통해 자신의 정치적 지지 기반을 구축한다는 점에서 극우 정치의 한 단면이라고 볼 수 있을 겁니다.

:: "이준석은 왜 정치를 하는지 모르겠어요"

이재훈 국민의힘이든 개혁신당이든 이렇게 극우적인 성향의 정 치를 계속하면 앞으로 시민들에게 점점 더 외면을 받을 거라고 보 시나요, 아니면 한국의 정치 구도에서 적당한 포지션을 취해가며 계속 존재할 수 있을 거라고 보시나요?

권영국 우리 사회의 의지에 따라 달라질 문제라고 봅니다. 우리 사회에 불평등이 더 심화하면 심화할수록 불평등과 양극화의 수 혜 세력과 혜택을 누리지 못하는 박탈 세력 사이에 격차가 더 커 지면서 극우 세력이 성장할 수 있는 토양이 더 커질 거라고 봅니 다. 그래서 이런 양극화를 해소하고 완화시켜 가는 방식으로 정치를 해나간다면 극우 정치는 축소될 가능성이 클 것이고요. 그런데 우리 사회에 진영 정치가 점점 더 확대되고, 이 과정에서 사회적 양극화가 더 확대되면서 사회적 안전망을 제대로 확보해내지 못하는 경우에는 여기에서 생기는 불안과 불만이 결국은 극우의 자양분이 되겠죠. 결국 핵심은 청년 세대가 아닐까 합니다. 청년 세대가 자신들의 삶에 대한 희망과 안정성을 어떻게 회복할 수 있느냐에 따라서 극우 지향성이 상당 부분 개선되거나 혹은 더 악화하거나 할 여지가 있죠.

결국 앞으로 진보정치가 얼마나 더 확장성을 가지고 민주당의 중도보수 정치와는 다른 정치를 보여줄 수 있느냐에 따라서 극우가 더 늘어나느냐 마느냐가 달려있다고도 할 수 있을 것 같습니다. 진보정치가 확장성을 가진다는 건 불평등을 완화하고 사회 안전망을 늘리는 정치를 한다는 의미가 되는 거니까요.

이재훈 이준석이라는 정치인에 대한 평가도 궁금합니다.

권영국 이준석 대표에 대해 면밀하게 살펴본 적은 없습니다. 언론이나 대선 TV토론을 통해서 발언하는 내용들을 보았는데, 본인에 대해 과도한 자신감을 가지고 있는 것 같기는 했어요. TV토론 때 보니까 자기가 모든 걸 잘 꿰고 있다는 듯 자신감이 넘쳐 보인다고 할까요. 그런 이유 때문인지 토론 상대방을 가볍게 여기는 태도가 토론 과정에서 자주 드러났죠. 상대방 후보가 질문을 해도 그 질문을 경청할 생각이 별로 없어 보였고, 되레 그것도 모르냐는 식의 반응이 많았습니다. 상대방 후보의 발언에 코웃음을 치거나 신경질적인 반응을 보이는 경우도 자주 눈에 띄었고요. 상대보다 우월하다는 냉소적이고 엘리트적인 태도가 몸에 배어있다고 할까요?

정책적인 측면에서도 우리 사회를 좀 더 통합적이고 공존할 수 있는 사회로 만들어갈 수 있는 내용은 별로 없었죠. 이주노동자에 대한 최저임금 차등 적용, 서울과 지역의 최저임금 차등 적용 등 갈라치기 하는 정책을 주로 꺼냈어요. 여성도 군대를 갔다 와야 경찰관이나 소방관에 대한 신청 자격을 주겠다는 정책을 애기한 적도 있죠. 그러니까 왜 자꾸만 이렇게 사회를 점점 분열시키고 차별화하는 그런 정책들만 자꾸 이야기를 할까. 결국 이 사람은 자신의 지지 기반을 만들기 위해서 우리 사회를 끊임없이 분열된 사회, 서로를 갈라치게 만드는 사회를 만들려고 하는 것 같다, 이런 생각이 들었습니다. 결국은 자신이 권력을 쥘 수 있기 위해서는 사회가 분열되든 말든 상관없다는, 정치의 본말이 전도된 것 아닌가 합니다.

그래서 이준석 대표의 정치적 목표는 뭘까? 궁금해집니다. 이준석 대표가 그리는 정치에서는 가장 어렵고 약한 계층에 대해 정부 또는 국가가 책임지고 기본적인 삶을 보장할 수 있도록 하는 정치는 전혀 보이지 않습니다. 자신의 지지층이라고 여기는 젊은 남성들에 대해서도 그들의 상황을 정말로 개선하겠다는 정책보다는 대결 심리를 부추기고 있고요. 그러면 대체 왜 정치를 하려고 하는지… 권력을 잡는 것이 오로지 유일한 목적인가? 의문이 듭니다.

:: 진보정치는 어떻게 청년 세대를 설득할까?

이재훈 결국 정의당은 미래를 바라보는 정치를 할 수밖에 없는데, 거기에 가장 중요한 사람들이 지금의 젊은 세대, MZ 세대와 이제 곧 성인이 될 10대잖아요. 10대부터 30대까지의 세대가 지금의 정의당을 어떻게 인식하고 있다고 생각하시나요?

권영국 젊은 세대가 정의당에 대해 이렇게 생각할 것 같아요. '이상은 좋을 수 있다. 그러니까 우리 사회에 필요한 정당이다. 그런데 과연 지금 정도의 실력을 가지고 이상을 실현하는 게 가능해? 그냥 좋은 얘기만 하는 거 아냐? 가까운 시일 내에 그런 이상을 현실화시킬 수 있어? 참 턱도 없는 얘기다.'

젊은 세대도 우리 사회의 격차와 불평등에 대해 부당하다고 느끼죠. 부모만 잘 만나면 자기 미래가 결정돼 버리는 사회를 좋아할 수는 없잖아요. 다만 그걸 해결할 수 있는 방법이 있느냐에 대해 상당한 의문을 갖고 있는 것 같아요. 그러다 보니까 내가 상대적으로 뭔가 혜택을 누리지 못하고 오히려 남에게 빼앗기고 있다는 박탈감을 가지게 되고, 그런 불만이 다른 대상에 대한 혐오나 공격으로 나타나고 있는 것 같고요.

젊은 세대들은 기존 제도 하에서 입시지옥을 견뎌내며 최선을 다했는데, 최선을 다하고 사회로 진출을 하려고 하는데, 제대로 된 일자리도 없고 또 평생을 벌어도 집 한 채 마련할 수 없는 그런 사회에서 미래 설계 자체가 불가능한 상황에 봉착해 있죠. 이렇게 자신의 현실은 불안정하고 절박한데, '문제를 해결해 보자'라고 말하는 정의당은 올바름을 기준으로 가르치려는 것 같아 거부감부터 드는 게 아닐까요. 한편으로는 '너희는 그런 실력이 없으면서 몽상 같은 이야기만 하고 있잖아' 이런 생각을 하며 관심조차 두고 싶지 않은 것은 아닐까요?

이재훈 답변을 들으면서 두 가지 생각이 듭니다. 하나는 강조하신 실력에 대한 이야기인데, 실력에도 두 가지 의미가 있는 것 같아요. 하나는 정의당이 정말 의회 내에서 의석을 확보해서 우리의 목소리를 대변해줄 수 있느냐가 있고, 다른 하나는 정의당이 우리와 실시간 소통도 하고 정책 대안도 활발하게 제시해주고 우리 옆에서 언제나 서포터가 되어줄 정치적 능력이 있느냐는 얘기도 되는 것 같습니다.

또 하나는 우리 사회의 격차와 불평등에 대해 부당하다고 느낀 젊은 세대가 공존의 삶보다는 각자도생의 삶을 선택하는 경향성도 커지고 있다고 보거든요. 물론 '각자도생'은 젊은 세대만이 아니라 한국의 시대정신이 되어가고 있기는 합니다. 여하튼 이번 대선에서 이준석 대표가 TV토론에서 극단적 여성 혐오 표현으로 엄청난 비판을 받았으면서도 한편으로는 젊은 세대에서 어느 정도 지지를 받은 건 이 대표가 꺼낸 연금 세대분리 정책 덕분이라는 분석이 많이 보도됐습니다. 청년층이 파편화한 각자도생 사회에 살고 있다 보니, 지금 당장 내가 내는 연금으로 이미 좋은 시대를 누렸던 노인층을 사회적으로 부조하는 게 옳지 않다고 여기는 여론이 커진 것 같습니다. 그런 측면에서 진보정치가 얘기하는 국민연금과 같은 공적 부조 시스템에서조차 퇴행하는 기조가 생기고 있는 거죠.

이런 상황에서 정의당이 현실 정치에서 어떻게 실력을 보여줘서 사람들을 설득시킬 것인가에 대해 궁금하고요. 이어서 사회 공공 부조나 연대, 공동체 같은 가치에 대해 냉소적 반응이 나오는 한국 사회를 어떻게 설득할 것인가에 대해서도 듣고 싶습니다.

권영국 우선 진보정치나 진보정당이 제도 정치 속에서 어떻게 일정한 권력을 획득해야 하느냐 하는 문제는 현실 정치에서 진보가 갖고 있는 숙제죠. 왜냐면 진보정치를 내걸었던 세력 중 일부가 민주당의 위성정당에 기생하는 방식으로 원내에 소수가 진출했는데, 그건 자력으로 진출한 게 아니잖아요. 독자적 진보정치를 내걸었던 세력은 원내에 진입하지도 못한 현실을 마주하고 있는 상황이죠.

이 상황을 풀려면 두 가지 과제가 있습니다. 하나는 우리 선거제도가 지나치게 승자독식 구조이기 때문에 사실 1등 아니면 현실 정치세력으로 진입하기 어렵죠. 이 제도의 틀을 어떻게 바꿔 갈 것이냐 하는 과제가 하나 있는 거고요. 다른 하나는, 이 제도는 바꾸지 않더라도 지금 당장의 제도 속에서 진보정치가 어느 정도 표를 받을 수 있도록 하는 전략적인 고민도 함께 필요하잖아요. 그런 측면에서 1987년 민주화운동 이후 노동자 민중의 정치세력화를 목표로 내걸고 달려 온 진보정당 운동에 대한 철저한 평가와 성찰이 필요해 보입니다. 시대의 경과에 따라 이미 정치의 문법 자체가 굉장히 달라지고 있는데, 우리는 여전히 아날로그적인 사고에 머물러 있는 것 같아요. 새로운 세대의 문법에 걸맞은 문화적이고 정서적인 부분에서 얼마나 공감하고 적응하려고 노력해왔는지… 사실 저부터 반성이 됩니다.

또 하나 말씀하신 국민연금 문제라든가 이런 쪽에서 각자도생으로 몰리는 것도 청년들이 처해 있는 엄혹한 현실에서 기인한 바크겠죠. 청년들의 경우 기존의 질서와 제도에서 최선을 다했음에도 불구하고 제대로 된 일자리 하나에도 쉽게 접근할 수가 없고, 특히 지역에 있는 청년들이 지역에만 머물러서는 일자리를 구하기도 힘들어서 수도권으로 몰리고 있잖아요. 그러다 보니 또 엄청난 수도권의 주거비 문제에 부딪히게 되는데, 여기서 정치가 그런 고충을 제대로 해결해주고 있느냐, 그런 정치가 보이지 않는다는 거죠.

그런 측면에서 차라리 '쉬었음'을 택하는 청년들의 현실에 제대로 공감하는 일부터 시작해야 하지 않을까 생각하게 됩니다. 공감을 바탕으로 국가적 차원에서 청년들의 사회 진입을 위한 프로세스를 어떻게 만들 것인지, 괜찮은 사회 진입을 위해 필요한 기간 안정된 주거 공간을 어떻게 보장할 것인지 등의 구체적 대안을 마련하는 게 필요하다고 생각합니다.

이재훈 그런 점에서 다소 민감한 이야기일 수 있는데, 전세 사기 피해자들이 발생했을 때 사실 정의당만 유일하게 피해자와 연대를 했잖아요. 피해자의 목소리를 대변해주는 정치세력이 필요할 때 정의당이 그 자리에 있었던 건 잘한 일이지만, 한편으로는 이런 시선도 있어요. 계속 주거 문제를 말씀하셨는데, 주거 문제에는 전세 사기를 당해서 피해를 호소하는 분들도 있지만, 사기 피해까지는 아니어도 보이지 않는 곳에서 주거 문제로 고통 받는 사람들이 더 폭넓게 존재하잖아요. 당연히 피해자 구제 활동을 해야 하지만, 피해자 구제 외에 보이지 않는 곳에서 주택 문제로 인해 고통 받는 사람들을 위해서는 정의당이 눈에 띄는 활동을 무엇을 했느냐, 이런 의문을 얘기하는 분들도 계세요.

그러니까 정의당은 피해를 당했다고 깃발을 든 사람들 곁에는 다가가지만, 그렇게 깃발조차 들지 못하고 하루하루 억압된 삶을 살아가는 다수의 구조적 피해자들에게는 보이지 않는다는 지적인 것 같습니다. 투쟁 중인 사업장이 아니라 노회찬 전 대표가 얘기했던, 매일 새벽 6411번 버스 첫 차를 타고 출근하는 힘겨운 삶을 살면서도 목소리 한번 내지 못하는 투명인간들을 위해서 정의당이 할 수 있는 게 무엇이 있을까요?

권영국 굉장히 좋은 지적이고 질문입니다. 저도 느껴지는 부분인데, 투쟁 현장 혹은 전세 사기 피해자와 같은 경우에는 대단히 가시적이죠. 그러니까 눈에 보이고 문제 해결이 매우 시급한 분들입니다. 그러니까 이런 문제에 함께 참여하고 문제 해결을 촉구하는 것이 가시적이기 때문에 연대하면 좀 더 빨리 눈에 띄는 효과를 거둘 수 있으니 거기에 집중하는 방식이 되기 쉽죠.

하지만 방금 지적하셨듯이 근본적으로 보면 전세 사기가 발생하지 않도록 갭 투자의 문제라든가, 주택 소유와 임대차 관계에서 발생하는 문제, 주거 불평등의 문제 등에서 실제로 당장 가시적인 피해는 아니지만 엄청난 월세나 이런 것 때문에 고통 받는 사람들의 문제를 해결하기 위해서 좀 더 광범위하고 근본적인 문제 해결 방식을 찾아야 하고, 선거 때 정책적으로 이걸 제안해야 하죠. 그 부분에 대해서 얼마나 실현 가능성과 의지를 가지고 국민들을 설득하고 정치권에 압박을 가했느냐에 대해 돌아봐야 할 필요가 있겠다 싶어요.

지금까지 우리 사회는 사람들에게 주택 소유 방식의 주거 정책만 중심에 두었지, 세입자 중심의 주택 정책, 즉 공공임대주택을 대폭 확대해서 꼭 집을 소유하지 않더라도 주거의 안정성을 기할 수 있는 제도를 만드는 방향의 정책적 모색을 한 적은 없잖아요. 집을 소유하지 않더라도 주거의 안정성을 보장받을 수 있도록 공공임대주택을 우리 사회의 기본적인 주거 시스템으로 만드는 것을 얼마만큼 제대로 정책화하려고 했느냐, 그런 부분을 성찰해봐야 할 필요가 있다고 생각합니다.

제2부   진보정치, A에서 Z까지

문제는 양당제와 선거제도

2025년 5월 27일 대선 정치 분야 TV토론. 첫 번째 주제는 '심각한 수준의 정치 양극화와 이념 갈등을 해소하기 위한 방안'이었다. 이 주제에 대한 시간총량제 토론에서 권영국 후보는 이렇게 질문했다.

"22대 국회에는 법조인 출신이 60명입니다. 법조인은 5만 7,000명으로, 전체 인구의 0.1퍼센트밖에 되지 않습니다. 그런데 국회 의석의 20퍼센트를 차지하고 있습니다. 공직자 출신도 40명이 넘습니다. 그런데 200만 농민 중에는 국회의원이 단 1명, 900만 비정규직 노동자 중에도 단 1명, 500만 자영업자 중에는 단 3명만이 존재합니다. 이게 바로 우리 국회의 현실입니다. 이게 말이 됩니까? 이게 과연 국민 전체를 대표하는 국회라고 할 수 있습니까? 노동자와 시민의 삶은 국회에서 극소수입니다. 그래서 준-연동형 비례대표제를 도입했는데 양당이 서로를 핑계 삼아서 위성정당을 만들고 정치개혁을 무력화시켰습니다. 정치개혁을 하려면 위성정당이 반복되어서는 안 됩니다. 여야가 위성정당을 하지 않겠다고 약속하고 위성정당방지법을 여야 합의로 도입해야 합니다. 우선 이재명 후보님과 김문수 후보님께 위성정당방지법 도입하고 위성정당 하지 않겠다고 약속할 수 있는지 답변 부탁드립니다.”

이에 대해 이재명 민주당 후보는 이렇게 답했다. “아주 맞는 지적이세요. 저희는 위성정당방지법을 만들어야 한다는 입장이었고, 정말로 그렇게 하고 싶었어요. 고민도 많았죠. 그러나 이게 정치 룰이기 때문에 국민의힘과 합의를 해야 하는데 그쪽의 협조를 얻기가 어려웠어요. 저는 협의가 가능하면 위성정당방지법을 실효성 있게 꼭 만들고 싶습니다.”

김문수 국민의힘 후보의 답은 이랬다. “저는 원래 위성정당이 태동하게 된 연동형 비례대표제 선거법 자체를 저는 반대했습니다. 이 자체, 이 선거법 전체가 잘못돼 있기 때문에 이 선거법을 고쳐서 위성정당은 물론이고 아직 국민들도 모르고 법을 만든 사람들도 모르는 연동형 비례대표제 이런 건 고쳐야 된다고 생각합니다.”

4년마다 치르는 국회의원 선거에서 의석수 300석 가운데 46석을 비례대표로 뽑는다. 비례대표를 뽑는 방식은 병립형 비례대표제와 연동형 비례대표제로 나뉜다. 병립형 비례대표제는 지역구 의석과 상관없이 비례 의석을 정당 득표율에 맞춰서 나눠 갖는 제도다. 반면 연동형 비례대표제는 지역구에서 정당 득표율만큼 의석을 채우지 못했다면 비례대표에서 그만큼 의석을 채워주는 제도다. 한국의 총선에서는 병립형 비례대표제를 오랫동안 유지했는데, 이 제도는 정당 득표율과 정당이 실제로 얻는 의석 수 사이에 괴리가 커서 민심이 왜곡된다는 문제점이 계속 지적돼왔다.

이에 국회는 2020년 총선 때부터 비례의석 47석(현재는 46석) 가운데 30석에 한해 ‘준’ 연동형 비례대표제를 적용하기로 합의했다. 하지만 2020년 총선과 2024년 총선에서 국민의힘과 더불어민

주당은 나란히 위성정당을 만들어 준-연동형 비례대표 선거제도
의 취지를 무너뜨렸다. 권영국 후보의 앞선 TV토론 질문은 그런
취지에서 나온 것이다. 이번 인터뷰에서는 선거제도 개혁, 그리고
12·3 내란 사태로 인해 더욱 필요성이 강하게 제기되고 있는 개헌
논의에 대한 권영국 대표의 견해를 들어봤다.

:: 가짜 비례대표제는 이제 그만

이재훈 준-연동형 비례대표제는 2020년과 2024년 총선에서 두
차례 도입됐다가 두 번 모두 위성정당 해킹으로 비례성 강화의 취
지를 살리는 데 실패했습니다. 그럼에도 불구하고 총선에서 소선
거구에 기초한 단순 다수대표제라는 승자독식 제도를 극복할 수
있는 대안이 필요한 건 여전합니다. 한 선거구에서 1등만 선출되
기 때문에, 2, 3위를 득표한 상당수 유권자의 표가 사표가 되고 민
의가 제대로 반영되지 않기 때문이지요.

그런데 이미 두 차례나 해킹된 준-연동형 비례대표제를 계속
유지하면서 이번에야말로 제대로 운용하자고 말하기는 쉽지 않은
상황이 됐습니다. 새로운 대안이 필요한 시점이라고 할 수 있는데,
어떤 이야기를 할 수 있을까요?

권영국 1987년 체제에 따른 승자독식 정치 구조의 한계로 진영
갈등이 갈수록 극심해지고 있죠. 진영 갈등이 심각해지면서 민주
적 대화와 타협은 갈수록 찾아보기 어렵고요. 승자독식과 진영 갈
등의 악순환은 대한민국 민주주의 퇴행의 가장 중요한 원인입니
다. 진영 갈등의 해소, 대화와 타협을 통한 민주정치 복원이 반드

시 필요해요. 그러려면 1987년 체제에 따른 승자독식의 정치 구조를 개혁하는 것이 선행되어야 합니다.

승자독식 선거제도와 대통령제 하에서는 성공한 대통령을 만들기 위해 협력하는 것이 아니라 상대를 실패한 대통령으로 만들어 정권을 교체하려는 경향이 더욱 강하게 나타나게 돼요. 승자독식의 정치 구조가 선의의 경쟁을 불가능하게 하기 때문입니다. 조화와 타협이 아니라 전부 또는 전무의 게임을 지향하게 만드는 것이 승자독식 정치 구조의 핵심이죠. 패자에게 너무나 가혹하기 때문에 경쟁이 더욱 치열해지고, 그 결과로 상대의 실패를 꾀하게 되는 겁니다.

그런데 대통령 선거에서 승자독식을 배제하는 것은 구조적으로 가능하지 않죠. 다만 대통령의 권한을 총리와 나눔으로써 분권을 시도하는 정도가 가능할 뿐이에요. 그래서 개선 방안으로 주로 논의되는 것이 결선투표제의 도입입니다. 결선투표제는 단순히 과반수 지지를 확보해 권력의 대표성을 높이는 효과만이 아니라, 1차 투표에서 떨어진 후보의 지지자들에게도 정치 참여의 기회를 계속 부여하는 중요한 의미가 있어요.

현재까지 대통령 선거와 광역지방자치단체장 선거 정도에서는 결선투표제가 높은 공감을 받고 있는 것으로 보이고, 민주당도 결선투표제를 계속 언급은 하고 있어요. 그래서 이젠 대선뿐만 아니라 광역지방자치단체장 선거까지는 반드시 결선투표제를 도입해야 한다, 그렇게 해야만 투표자가 정말 선택하고 싶어 하는 후보, 자기가 좋아하는 후보나 정당에 대해 사표가 될 우려를 하지 않고 선택을 할 수 있다, 이런 생각입니다.

제2부 진보정치, A에서 Z까지

이재훈 결선투표제는 지난 대선 TV 토론회 때 이재명 당시 민주당 후보가 언급했는데요. 당시에는 대선에서만 도입하겠다고 했던 걸로 기억합니다.

권영국 그렇죠. 제가 "광역지방자치단체장에 대해서는 2026년부터 할 수 있는 것 아닙니까? 지방선거가 바로 내년인데"라고 했더니, "현실적인 여러 가지를 고려해서 좀 더 검토하자" 이렇게 하고 넘어가 버렸죠.

이재훈 국회의원 선거에서는 어떻습니까?

권영국 국회의원 선거에서 결선투표제를 도입하자는 논의는 아직 찾아보기 어렵습니다. 소선거구 기반의 단순 다수대표제를 중대선거구 소수대표제로 바꾸자는 논의가 최근 들어 꾸준히 계속되고 있기는 해요. 이를 통해 지역 구도를 타파하고 특정 정당의 승자독식을 깨뜨릴 수 있다는 주장도 나오고 있고요. 하지만 이를 '중대선거구제'라는 말로 뭉뚱그려서 이야기해서는 안 됩니다.

하나의 선거구에서 2명을 선출하는 선거구 제도는 사실상 양대 정당의 '나눠먹기'가 되거나 영호남에서 한 당이 독식하는 상황을 초래할 수 있어요. 표의 등가성을 보장하는 효과도 없고 양당제를 오히려 강화할 가능성이 매우 크죠. 그렇다면 하나의 선거구에서 5명 이상을 선출하는 대선거구제는 어떤가요? 대선거구제에서 모든 정당이 하나의 선거구에 1명의 후보자를 내는 것이 아니라면, 지역구도 타파에 크게 도움이 될지 의문입니다. 여전히 특정 정당이 특정 선거구의 의석 대부분을 독점하거나 양대 정당이 나눠먹을 가능성이 크니까요.

결국 이러한 문제를 근본적으로 해결하고, 최근 국회의원 선거에서 크게 문제되고 있는 정당별 득표율과 의석점유율의 불비례성 문제를 해소하려면 비례대표 선거의 강화가 필요합니다. 이와 함께 지역 안배와 지역정당의 제도화를 고려한다는 전제에서, 대선거구제와 독일식 권역별 연동형 비례대표제를 결합하는 방식을 적극 검토하는 것도 제안하고 싶습니다.

이재훈 독자적 진보정당이 정말로 필요한 것인지 의문을 품는 시민들도 많은 것 같습니다. 이에 대해 어떤 생각이신지요?

권영국 지금 한국에는 부동산 투자를 권하는 정치, 주식 투자를 권하는 정치만 있죠. 땀 흘려 일하는 정직한 노동과 그 권리를 통해 삶을 개선할 수 있음을 권하는 정치가 필요합니다.

'투자와 성장'을 중심으로 자본의 입장을 대변하는 정치세력이 있다면, 진보정당은 '노동과 분배의 가치'를 중심으로 비정규직 불안정 노동자, 농민, 소상공인, 여성, 장애인, 성소수자, 이주민, 기후생태의 입장에서 정치적, 사회적 이해관계를 대변하는 세력이죠. 인간의 존엄성이 보장되고 누구도 배제되지 않는 평등한 세상을 만들려면, 불평등을 심화시키는 기득권 질서와 체제에 도전하는 진보정당이 사라져서는 안 됩니다.

진보정당의 더 본질적인 존재 이유는 '사람들'에게 있어요. 광장에서 응원봉을 들었던 2030 여성들, 제도 밖에서 보호받지 못하고 있는 불안정 비정규직 노동자들, 차별에 맞서 싸우는 장애인들, 혐오와 배제로 고통 받는 성소수자들, 임대료와 대출 갚기에 급급한

제2부 진보정치, A에서 Z까지

자영업자와 소상공인들, 사업장 변경의 자유를 인정받지 못하고 있는 이주노동자들…. 이들이 차별과 혐오, 불평등을 조장하는 사회 체제를 바꾸기 위해 정치적 주체로 나서게 하는 것, 이들이 정치적 주체로 조직되고 목소리를 낼 수 있도록 공간을 만들어내는 것. 그게 진보정당의 존재 이유라고 생각합니다.

'독자적'을 강조하는 이유도 있어요. 위성정당들은 그 정치적 생존을 민주당 같은 거대 정당에 의탁하고 있죠. 그래서 결정적인 정치적 선택의 순간에 거대 정당이 허용하는 울타리를 넘어서는 것은 현실적으로 불가능하다고 봅니다. 위성정당의 존재가 거대 정당에 위협이 되거나 불리한 요인으로 작용한다면 지속가능할까요? 거대 정당의 지지자들이 절대 그냥 두지 않겠죠. 또 위성정당의 반복적 출현은 오히려 양당제 진영 정치를 더욱 심화시키고 있기도 합니다. 독자적인 생명력을 가진 진보정당이 보수정당과 제대로 경쟁할 수 있어야죠. 그래야 우리 사회가 진보와 보수의 양 날개로 날 수 있지 않겠습니까?

:: 개헌에 담아야 할 것

이재훈 그 다음으로는 개헌 이야기를 여쭤보고 싶은데요. 대선 이전부터 다가올 지방선거에 맞춰서 소폭으로라도 개헌을 해야 하지 않느냐는 얘기가 나왔습니다. 가장 크게 나오는 의견은 대통령 4년 중임제이고, 국회 기능을 강화하는 측면에서 감사원의 국회 이관 등이 제시되고 있습니다. 특히 지난 내란 사태에서 우리는 제왕적 대통령제의 한계를 명확하게 봤잖아요. 그런 측면에서 한국 사회의 정치를 근본적으로 대개혁해야 한다는 목소리도 나오는데, 대표님과 정의당은 개헌에 대해 어떻게 의견을 모으고 계신 가요?

권영국 정의당에서 새로운 개헌안을 준비하고 있습니다. 단순히 기본권을 좀 더 신장하거나 집중된 권력을 일부 완화하는 양적인 개선 정도에 그치지 않으려고 해요. 시민 주권을 강화하고, 승자독식과 약육강식의 경쟁적 체제를 평등하고 지속가능한 협력적 체제로 바꾸는 것, 즉 '체제전환 개헌안'이라고 명명하고 싶네요.

2018년 노회찬 전 의원이 제7공화국 건설을 주창하면서 '노회찬 개헌안'을 발표한 바 있어요. '제7공화국 건설 개헌안'이라고 부를 수 있겠죠. 진보정당 최초로 전면 개헌을 제안했다는 점, 그 개헌안을 중심으로 '제7공화국 건설 운동'이라는 정치적 진로를 제안했다는 점, 1987년 이후 지체되었던 기본권 영역의 보완을 시도했다는 점에서 중대한 의의가 있습니다.

이번에 우리가 제안하는 '체제전환 개헌안'은 노회찬 개헌안이 나아가지 못했던 영역으로까지 진보정당 운동의 문제의식을 확장하려고 합니다. 직접민주제 조항을 도입해서 시민주권을 강화하자는 것이 있고요. 불평등 사회체제를 평등 사회체제로 전환하자는 것, 20세기 자유권 중심 헌법 체제를 21세기 노동·생태·돌봄의 사회권 중심 체제로 전환하자는 주장도 있습니다. 탄소 기반의 기후위기 체제를 지구 생태계와 환경을 보전하는 지속가능한 사회 체제로 바꾸는 것도 중요하고, 권력 집중의 원인인 대통령 중심 체제를 대통령-총리 체제로 전환하는 내용도 빼놓을 수 없어요.

이재훈 구체적인 내용을 말씀해 주신다면요?

권영국 첫째, 5·18 광주민주화운동과 6·10 민주항쟁의 민주 이념을 전문에 추가해서 민주주의를 더욱 확고히 하는 겁니다. 헌법을 파괴하는 국가권력에 대한 국민의 저항권을 명시하는 것도 포함됩니다.

둘째, 직접민주제를 실현할 수 있는 국민발안, 국민의 국민투표 부의권, 국민소환제를 일반조항과 개별조항으로 도입해서 시민 주권을 강화하는 것입니다.* (*'국민발안제'는 일정 수의 유권자가 헌법 개정이나 주요 법안과 조례 등을 제안할 수 있는 권리로, 제안 안건을 바로 국민투표에 붙이는 직접 발안과 의회 심의 후 투표에 붙이는 간접 발안 두 가지가 있다. 1954년 개헌 때 50만 명 이상의 찬성으로 개헌안을 발의할 수 있는 조항을 두었지만 유신헌법 때 폐지되었다. '국민투표 부의권'은 현재 대통령만 가지고 있고, 마지막으로 '국민소환제' 또는 '주민소환제'는 선거로 선출된 공직자를 유권자 투표로 파면하는 직접민주주의 제도로, 현재 지자체장과 지방의회 의원에 대해 시행중이지만 요건이 너무 까다롭고 국회의원 등이나 다른 공직자에 대해서는 적용되고 있지 않다.)

셋째, 불평등 사회체제를 평등 사회체제로 전환하는 내용들입니다. '자유민주적 기본질서'라는 헌법 전문의 규정을 '민주적 기본질서'로 변경하고, 차이를 이유로 부당한 차별을 하지 못하도록 차별 금지 사유를 전면적으로 확대하고, 국가로 하여금 다양한 부분에서 실질적 평등을 실현하도록 적극적 조치 의무를 부여하는 거죠. 특히 구조적 성차별 해소를 위한 적극적인 성평등 원칙도 명시했습니다.

또 노동자들의 기업경영 참가권과 이익균점권을 보장하고, 경제력의 집중과 남용을 방지하기 위한 경제민주화 조항을 재량 조항이 아닌 의무 조항으로 변경하는 내용이 있습니다. 토지공개념을 도입해서 토지 투기와 불평등을 방지하고, 토지에 대한 제한과 의무를 부과하는 것도 중요합니다.

넷째, 20세기의 자유권 중심 헌법을 21세기 노동·생태·돌봄의 사회권 중심 체제로 전환하는 겁니다. 사회권의 주체 또한 예외적인 경우를 제외하고 모든 사람으로 변경하고요. 노동자들의 노동할 권리와 노동3권을 획기적으로 강화해야 합니다.

주거·교육·의료·교통·돌봄·먹거리 등의 기본권을 명시하고 공공성을 확대 강화해서, 모두가 인간으로서의 존엄성을 지키며 살아갈 수 있도록 하고, 사회안전망을 든든히 하는 것도 헌법의 역할이겠죠. 사회적 약자인 아동·노인·장애인·성소수자 등의 권리를 신설하고 이를 보장하도록 할 것입니다.

기후위기 대응을 위한 내용도 담겼습니다. 탄소 기반의 개발 체제를 지구 생태계가 지속가능한 사회 체제로 전환하는 것이죠. 환경권을 함께 누릴 권리로 명시하고, 모든 생명체를 보호하고 지구 생태계가 지속가능하도록 환경을 보전하고 온실가스 감축과 정의로운 전환 등 기후정의를 실현해야 할 의무를 국가에 부여했습니다.

다섯째, 산업과 디지털 기술 발전, 가족 형태의 다양화, 동물에 대한 인식의 변화 등에 따라 새롭게 등장하고 있는 21세기형 기본권을 신설해서 현실과 규범 사이의 괴리를 극복하고자 합니다. 인터넷 접근권과 사라질 권리(일명 '잊힐 권리'), 다양한 가족 구성권, 낙태권, AI나 로봇에 대한 인간의 권리, 정보접근권, 동물권 등입니다.

여섯째, 권력 집중형 대통령제를 권력 분산형으로 바꾸는 내용들입니다. 점진적으로 대통령과 총리가 권한을 분점하는 정부 형태로 통치 구조를 전환하는 것이죠. 총리를 국회에서 선출하고, 점진적으로 대통령이 외교, 국방, 통일 등의 외치를, 총리가 일상적인 국내 정치와 관련된 행정권의 내치를 책임지게 하는 권력구조로 변화시키면 제왕적 대통령제의 권력 남용을 견제할 수 있겠죠.

이재훈 국민발안제는 국민들이 국회에 청원을 내고 30일 내에 5만 명 이상의 동의를 받으면 국회 상임위원회로 회부되어 심사하도록 되어 있는 '국회 국민동의 청원' 제도와는 다른 건가요?

권영국 다릅니다. 국회 국민동의 청원은 국회 상임위에 회부는 되지만, 심사 기간이 무기한 연장될 수 있어서 실효성 논란이 있습니다. 헌법상 국민발안제는 심의해서 처리하는 것까지 의무를 부여하는 거죠.

이재훈 국민발안제를 통해 선거제도 개혁안이나 이런 게 발안되어도 결국 심의는 거대 양당 의원들이 해야 하니까 의회를 통과하여 제도화되기가 어려운 건 똑같은 것 아닐까요?

권영국 그래서 국민의 국민투표 부의제가 뒤따라 나옵니다. 만약 국민발안으로 제안된 법률안이나 개헌안을 제대로 처리하지 않으면 아예 국민투표에 부치게 하는 거죠. 지금의 대의제 민주주의는 지나치게 시민 주권을 제약하는 방식으로 돼 있어요. 대의제 민주주의가 지나치게 당리당략으로 흘러갈 때는 국민들이 자신들이 처해 있는 현실을 직접 개선할 수 있는 제도적 장치가 필요한 거잖아요. 그래서 개헌안을 직접 발안하고 투표를 통해서 법이나 제도를 결정할 수 있는 그런 제도가 좀 더 적극적으로 검토돼야 할 필요가 있는 겁니다. 국민이 선출한 권력자가 국민이 수용할 수 없을 정도로 권력을 남용하고 국민의 신뢰를 배신했을 때, 그걸 제어할 수 있는 제도를 고민해야 할 필요도 있죠. 그것 때문에 국민 주권 또는 시민 주권의 강화가 중요하다는 것이고요.

두 번째는 정치개혁의 문제를 법률로 바꿀 수 있기는 한데, 지금 현재와 같은 이 거대 양당 구조에서 거대 양당이 자기들에게 유리한 방식의 선거제도를 스스로 포기하는 것은 불가능할 수도 있기 때문에 선거제도의 비례성을 강화하는 방식을 위해 좀 더 주권자의 명령 같은 걸 헌법에 담을 수 있는 방법을 모색하자는 차원입니다. 헌법에 선거제도의 비례성을 강화하자는 취지의 문구가 생기게 되면, 거대 양당 중심의 현행 선거제도에 대해 위헌 소송도 가능하죠.

이재훈 경제민주화 원칙 강화 이런 부분도 있나요?

권영국 네, 맞습니다. 우리가 사회 양극화나 불평등이 심화하는데 경제의 지나친 독점화가 큰 작용을 하고 있기 때문에 경제민주화를 비롯해서 노동자 계층의 권리를 확대시켜 나갈 수 있는 그런 조처가 필요하다고 생각해요. 우리가 노동헌법, 농민헌법, 기후헌법, 여성헌법 이런 걸 만들어야 한다고 주장하고 있는데요. 여성헌법의 경우 여성들의 처한 구조적 차별에 대해 어떤 식으로 더 권리를 보장할 것이냐, 기후헌법의 경우 기후정의와 관련한 문구를 어떤 식으로 헌법 내용에 담아낼 건가, 노동헌법의 경우는 현재 단

제2부 진보정치, A에서 Z까지

결권·단체교섭권·단체행동권 등 노동3권을 보장하고 있는 헌법 제33조를 넘어서 노동자들의 권리를 더욱 보장할 수 있는 조항은 무엇이 있는가, 이런 고민들을 이야기하는 거죠.

또 하나 인공지능과 디지털 혁명에 따른 산업전환이 이뤄지면서 우리 사회가 바뀌고 있는데, 정보 접근성이나 디지털 권한과 관련해서 우리는 어떤 권리를 주장할 수 있을까, 이런 것도 시대 흐름에 따라 헌법에 반영되어야 할 부분이죠.

:: 세계사에도 이례적인 '이익균점권'

이재훈 대선 TV토론에서 말씀하신 '이익균점권'이 이슈가 됐습니다. 한국의 제헌헌법에 '이익균점권'이라는 조항이 있었다는 사실에 많은 시민들이 놀라기도 했는데요. 제헌헌법에 담겼던 이익균점권은 기업의 이윤을 노동자가 함께 나눌 권리인데, "영리를 목적으로 하는 사기업에서 근로자는 법률이 정하는 바에 의하여 이익의 분배에 균점할 권리가 있다"는 조항으로, 제18조 2항에 명시되어 있었습니다. 그런데 5·16 군사쿠데타 이후 1962년 개정된 헌법에서 '비현실적'이라는 이유로 삭제됐죠. 전 세계 헌법사에서도 매우 이례적이고 진보적인 권리로 평가됩니다. 지금과 같은 불평등 사회에 더욱 필요한 조항인데, 아예 없었던 것이 아니라 이미 있었던 것을 부활시키는 거라면 다시 만들 가능성이 훨씬 더 크지 않겠느냐는 여론도 있었습니다. 이익균점권을 말씀하신 이유를 듣고 싶습니다.

권영국 우리가 기업을 운영하게 되면 사업주가 있고 다른 한편에는 노무를 제공하는 노동자들이 있잖아요. 생산을 통해서 어떤 이익을 만들어낼 때 사업주의 자본이 기여한 부분이 있고 노동자들이 노동을 통해서 기여하는 부분이 있죠. 물론 요즘 여기에는 조금 더 넓은 범위의 이해관계자가 걸려 있을 수 있어서, 자본주의도 주주 자본주의에서 이해당사자 자본주의로 개념이 확장됐잖아요.

그래서 기업이 이익을 창출하는 데 있어서 각자가 기여하는 부분에 대한 권리를 헌법에 기본권으로 규정한다는 거죠. 지금까지는 기업 이익에 대한 실제 처분 권한을 사업주와 자본에게만 주고 있잖아요. 어떤 이익을 냈을 때 사업주가 거의 일방적으로 성과급이나 보너스 이런 개념으로 사업주의 재량에 따라 시혜 차원에서 이익을 배분하잖아요. 그게 그렇지 않다. 기업 혹은 법인이라는 것이 사업주만의 조직이라고 볼 수 있느냐, 거기에 들어가 있는 이해관계자가 만들어낸 총체가 이익 창출에 기여를 한 거다. 그러니까 그 기여분에 대한 권리 주장을 기본권으로 규정한다면 지금과는 굉장한 차이가 발생하겠죠. 이런 점을 명백하게 헌법에 보여주자는 것이 '이익균점권'이고, 이렇게 되면 실제로 이익에 대한 사회적 배분에 있어서 불평등 사회가 평등 사회로 갈 수 있는 매우 중요한 규정으로 작용할 수 있을 것이라고 생각합니다.

여기에 이런 반론도 있겠죠. 이렇게 되면 이익을 독점하는 대기업 중심으로 그 사업주와 노동자들만 잘 살고, 이익의 대부분을 대기업에게 빼앗겨 버리는 중소기업은 사업주나 노동자들이 아무리 뭘 해도 안 되는 것 아니냐는 반론 같은 게 있죠. 그래서 이익균점권이라는 것이, 아까도 말씀드렸지만, 실제로 그 이익에 기여하는 주체가 대기업의 자본가와 노동자들만으로 이뤄져 있는 건 아니거든요. 납품업체와 하청업체 등 어떤 상품을 생산하는 데 있어서 여기에 연관돼 있는 여러 이해당사자들이 있죠. 사업주와 노동자만이 아니라 이렇게 이해당사자들까지 이익이 배분될 수 있는 그런 이익균점권으로 헌법에 재규정하는 것이 필요하다, 그렇게 되면 우리 사회가 분배 문제에 있어서 불공정 아니면 불평등한 부분을 훨씬 더 잘 해소할 수 있는 계기가 될 것 같다, 이렇게 생각합니다.

이재훈 개헌과 관련해 마지막으로 여쭙고 싶은 건 권력구조의 문제입니다. 많은 시민들의 관심사 중에 하나가 권력구조 개편인데요. 현재까지는 일반적으로 4년 중임제에 대한 이야기가 가장 많습니다. 여기에 대해서는 어떤 생각을 가지고 계시고, 권력구조에 대한 의견은 어떠한지 궁금합니다.

권영국 4년 중임제가 민주주의를 강화하느냐, 사실 그렇게 바로 연결되는 건 아니죠. 어떤 점에서는 오히려 장기 집권을 가능케 한다는 우려도 있고요. 또 한편에서는 첫 4년 동안 책임정치를 할 수 있는 제도라고 하는 주장도 있고요. 저는 단순히 중임이냐 연장을 더 하느냐의 문제보다는, 그렇다면 실제로 권력을 어떤 식으로 견제할 것인가의 문제가 더 중요한 것 같습니다.

그동안의 논의를 보면 과도하게 집중되어 있는 대통령 권한을 어떻게 분산시키고 견제할 것인가에 대한 이야기가 많았잖아요. 특히 이번 12·3 내란 사태 같은 걸 봐도 대통령의 비상대권 같은 경우는 견제 장치를 훨씬 더 엄격하게 강화할 필요가 있다고 봅니다. 국회의 사전동의제를 만든다든가 전시 계엄 선포 외에 평시 계엄 선포는 아예 삭제한다든가 하는 쪽으로 바꿀 수 있고요.

또 하나 대통령이 지나치게 폭넓은 인사권을 가지고 있어요. 이 부분도 일정 부분 제한할 필요가 있습니다. 특히 대법원장과 대법관, 헌법재판소장과 헌법재판관 등에 대해서도 대통령이 모두 임명하는 구조로 되어 있잖아요. 3부가 대등한 권력기관이라고 얘기하면서도 실제로는 대통령이 다 임명을 하는 구조인데, 납득하기 어렵죠. 그러니까 대통령의 대법관 임명으로 사법부를 구성하는 것, 최후의 기본권 보루라고 하는 헌법재판관에 대한 임명권을 제한할 필요가 있습니다. 특히 헌법재판소는 권력 분쟁이 발생했을 때 일정한 심판 역할을 하는 기관인데 대통령이 임명하는 건 모순이 있습니다. 그래서 3부가 자체적으로 선출할 수 있는 구조를 만들거나 최소한 사법부의 대법관은 국회가 선출하도록 해서 대통령의 임명 없이 업무를 할 수 있도록 해야죠.

그 다음에 대통령의 또 다른 인사권에 대해서도 좀 더 시민사회의 참여를 확대해야 합니다. 인사추천위원회 같은 방식으로 시민을 참여시키고, 공공기관의 임명 제도도 바꿔야 한다는 생각을 합니다. 특히 검찰과 같은 권력기관의 인사 임명권 같은 경우도 견제와 제한을 둘 수 있는 여러 제도적 장치들이 중요합니다.

이재훈 그러니까 권력구조에 있어서 대통령제 개편이나 임기 문제보다는 대통령이 가지고 있는 절대적 권한을 분산하는 게 더 중요하다는 말씀이 되겠네요.

:: 대통령 사면권, 폐지보다는 제한으로

권영국 사면권도 마찬가지입니다. 대통령이 하고 싶은 대로 다

할 수 있는, 사면권도 헌법에서 일정한 제한 요건을 둘 필요가 있다고 생각합니다.

이재훈 이재명 대통령의 2025년 광복절 특별사면에 대해서도 논란이 많았습니다. 대통령의 사면권을 폐지하자는 주장에 대해서는 어떻게 생각하시나요?

권영국 우리가 군사독재 시절이라든가 권위주의적인 정권이 들어섰을 때, 특히 1960년대까지 거슬러 올라가면 사법 살인이라고 해서 사실 사법이라는 제도가 통치에 대한 거수기 역할을 하던 시기가 있었죠. 그러다 보니까 사법부가 독립적인, 그리고 객관적이고 공정한 재판을 하지 않았고, 선의의 피해자들이 많이 발생하게 됐던 거잖아요. 권력 분립이 제대로 안 되어 있을 때 선의의 피해자가 발생할 수 있어요. 그런 측면에서 보면 사면이라고 하는 것이 경우에 따라 필요할 수도 있습니다. 지금도 가끔은 억울한 사법 피해자가 나오곤 하잖아요. 민생 사범이나 시대 흐름을 따르지 못한 법 제도로 인해서 발생한 피해자들이 있죠.

그런 경우에 비추어 볼 때는 민생 사범이나 억울한 피해자를 사면해서 국민통합이라는 걸 실현할 수 있는데, 지금 이루어지고 있는 사면은 그런 사법 정의의 차원에서 이뤄지는 게 아니라 사실상 정치적 거래로 이뤄지는 거잖아요. 지금은 그래서 사면권에 대한 법적 제한, 이런 조항을 분명히 해야 할 필요가 크게 증가하고 있는 상황이라는 점은 분명합니다.

이재훈 그러니까 대표님은 대통령의 사면권 폐지보다는 사면권

제한 쪽으로 가자는 의견이라고 보면 될까요?

권영국 네, 제가 변호사로 법정에서 대리를 하다 보면 두 가지 피해가 발생할 수 있거든요. 하나는, 지나치게 경직된 법 형식주의 또는 법 실증주의로 해석하다 보면 일반 민생에 있어서 피해가 발생할 여지가 있다는 점입니다. 또 하나는, 절차적 민주주의가 일정 부분 진전됐다고 하더라도 아직 완성된 건 아니잖아요. 그러니까 정권에 따라서는 대단히 퇴행적인 정권이 들어설 수 있기 때문에 윤석열 정권처럼 검찰 독재 형태로 굉장히 무리한 기소를 하거나 할 수 있고, 법원은 기소에 따라서 매우 소극적인 판단을 하는 경우가 발생할 수 있습니다. 그렇게 되면 정치적인 피해자가 또 나올 수 있는 거죠.

사법의 잘못된 판단에 대해서는 재심을 통해서 구제하면 되는 것 아니냐고 얘기를 하는데, 실제로 우리가 재심을 통해 결과가 뒤집어지는 경우는 정말 예외적이에요. 3심 제도를 통해서 어떤 판결이 나왔는데, 법원에서 그걸 다시 뒤집는 결정을 법원 스스로 하기가 상당히 어려운 거죠. 게다가 사법적인 판단의 경우도 시간이 지나서 보니 그 판단에 문제가 있었다는 걸 사후적으로 확인할 수 있는 여지도 있거든요. 그래서 사면권은 폐지보다는 엄격한 제한 속에서 인정하는 게 어떻겠느냐 하는 게 제 생각입니다.

이재훈 개헌과 관련해 마지막으로 하시고 싶은 말씀이 있다면요?

권영국 우리 헌법이 개정이 너무 힘들게 돼 있어요. 결국 국회가 동의하지 않으면 아무것도 안 되는 구조, 이제는 이걸 넘어서야 합

제2부 진보정치, A에서 Z까지

니다. 현재와 같은 헌법을 경성헌법이라고 하는데요, 개정 요건이
너무 까다롭게 돼 있습니다. 이 경성헌법을 연성헌법으로 바꾸어
야 한다는 주장들이 많이 있습니다. 특히 우리 시대는 시대 변화가
굉장히 빨리 이뤄지기 때문에 시대 변화에 따른 기본적인 사회 계
약과 사회 규범인 헌법을 바꾸는 것이 너무 어려워서는 안 된다는
주장을 하는 분들이 많아요.

　저도 거기에 동의하는데요. 실제로 한꺼번에 전면 개헌을 하는
건 세계사적으로 보더라도 실제로 이뤄진 나라가 별로 없어요. 그
래서 순차적이고 단계적인 개헌을 하기 위해서는 지금처럼 경직
된 개정 요건을 가지고는 어렵다, 연성헌법으로 가야 한다고 생각
합니다.

진보의 어제, 오늘, 그리고 내일

'보수는 부패로 망하고 진보는 분열로 망한다'는 말이 있다. 진보정치가 다양한 이념과 목표, 여러 분파와 목소리의 차이로 단일화에 실패하고, 이 때문에 선거에서 패배하거나 정치적 힘을 충분히 발휘하지 못해 세력이 약화되는 현상을 지적하는 정치적 격언이다. 하지만 진보 내 논쟁과 갈등, 노선 투쟁이 오히려 다양한 대안과 가능성을 탐색하는 과정이 될 수 있다는 반론도 있다. 다양성과 다원주의는 더 나은 정치를 위해 필요한 기반이기 때문에 '묻지마 단일화'보다는 비슷한 가치 지향을 바탕으로 연합정치를 해서 지지 세력을 키우면 된다는 얘기다.

권영국 대표는 이에 대해 "쉽게 통합하기 어려운 정당을 하나로 통합하라고 하는 것은 어떻게 보면 다당제 또는 다양성을 추구하는 다원적 민주주의에서 일정 부분 이념적 지향을 강제하는 측면도 있다"면서, 대신 한국의 선거제도가 막고 있는 선거연합 제도 도입을 대안으로 제시했다. 이 대안에 대한 구체적 설명과 함께, 권영국 대표가 생각하는 진보정치의 미래 비전을 함께 들어봤다.

:: 진보는 왜 합치지 못할까?

이재훈 지난 대선 때 정의당, 노동당, 녹색당, 민주노총 일부 산별노조 등 노동·사회운동 단체와 결성한 '사회대전환 연대회의'가 '민주노동당'이라는 이름으로 공동 대응을 했습니다. 하지만 결국 0.98퍼센트 지지에 그쳤지요. 그러면서 시민들이 궁금해 하고 있습니다. '큰 차이가 없어 보이는 진보 세력이 왜 힘을 합치지 못할까? 왜 잘게 나뉘어 선거에 나오는가?' 이 질문에 어떻게 답을 할 수 있을까요?

권영국 실제로 현장에서 그런 얘기를 많이 하죠. 시민들도 그렇고 노동조합원들도 그렇고 시민사회단체도 그런 이야기를 합니다. "야, 너희는 뭘 그렇게 큰 차이가 있어서 만날 갈라서고 나뉘어 있냐. 그냥 하나로 합치면 되지. 무슨 선거 때만 되면 나를 지지해 달라, 각자가 다 얘기하는데 그럴 때 누구를 지지해야 돼?" 그러니까 이 말은, 우리가 볼 때 보수정당과 진보정치는 크게 구분이 되는데, 진보정치 안에서 작은 차이를 가지고 늘 그렇게 아웅다웅해 봤자 실제로 대안 세력으로 보이지도 않고 누구를 지지할지도 모르겠다, 그러니까 하나로 좀 만들어 와라, 이런 뜻이죠.

실제로 양극화나 불평등, 차별을 조장하는 기존 기득권 질서를 변혁해야 한다, 바꿔야 한다, 이런 주장을 하는 측면에서 보면 이제까지 거론되어 온 진보정당들이나 사회단체가 큰 차이가 없어 보일 수 있죠. 민주주의를 파괴하려는 세력에 맞서서 가장 적극적으로 민주주의를 지키려고 했고, 불평등과 차별 문제에 있어서 가장 적극적으로 저항하려고 했고, 윤석열의 비상계엄 선포에 대해서도 별 이견 없이 싸움을 했던 거죠. 그래서 윤석열을 교체하고 그 다음에 사회대개혁으로 가자고 했던 점에서는 크게 이견이 없어서 지난 대선 때 '사회대전환 연대회의'라는 플랫폼을 만든 거고요.

그런데 각 정당 내부로 들어가 보면, 역사와 지향에 있어서 차이가 있습니다. 녹색당은 기후생태 문제를 핵심 강령으로 삼고 있으면서 동시에 녹색당만의 독자 정당 전통이 있어요. 그 고유한 정체성과 '녹색'이라고 하는 이름을 반드시 가지고 가야 한다는 얘기를 하고 있고요. 노동당은 체제에 대한 분명한 입장을 말해요. 자본주의 폐지와 사회주의 실현이라는 정체성을 자기 존재 이유로 삼고 있죠. 정의당은 사회주의를 전면에 내걸고 있지는 않거든요. 어떻게 보면 자본주의의 틀을 어느 정도 인정하는 전제에서 불평등이라든가 양극화 문제, 차별 문제 등의 폐단을 최대한 극복해 나가려고 하는 정당이죠. 그래서 사회복지국가론 얘기를 해왔던 거고요. 그런 점에서 차이가 있어요. 게다가 노동당은 앞서 말씀드렸던 것처럼 민주노동당에서 분당해 나가면서 진보신당을 만들었던 역사적인 이유와 맥락도 있었던 거고요.

이렇게 차이가 있는 세 정당을 무조건 "야, 합쳐!" 이렇게 할 수는 없는 것 같습니다. 그래서 지난 대선에서도 우리가 하나의 정당으로 합치는 방식이 아니라 서로가 가진 가치와 정체성에 대한 인정을 전제로 한 연대 또는 연합이라고 하는 전략을 썼던 거죠. 그렇기 때문에 각자의 차이를 인정하면서, 사회적 양극화와 불평등, 기후위기, 차별이라는 공통적인 과제 해결을 위해 연대와 연합을 강화하는 전략을 추진하고 있습니다.

유럽 여러 나라에서는 각자 자신의 정당을 유지하면서도 선거 시기에 정치적 지향이 비슷한 정당끼리 선거연합을 할 수 있도록 제도적인 장치를 두고 있습니다. 예를 들면 이탈리아는 선거연합을 하기 위해서 선거일 전 44~42일 사이에 상징 표지를 제출하면 됩니다. 선거기간 동안 연합한 정당은 하나의 상징 표지를 사용할 수 있습니다. 1996년 중도좌파 정당인 좌파민주당, 이탈리아 국민당, 녹색당, 이탈리아 부흥당이 좌파연합인 '올리브연합'을 결성해서 선거에 참여한 뒤 2001년까지 좌파정부를 구성했습니다. 스페인은 선거소집일 10일 이내에 선거위원회에 선거연합을 통보하면 됩니다. 1936년 스페인사회노동당, 좌파공화당, 카탈루냐 공화당 등 온건좌파 정당이 '인민전선'(Frente Popular)을 결성해서 우파 최대정당인 스페인자치우익연합(CEDA)에 승리한 사례가 있습니다.

그런데 우리나라에서는 선거연합 제도가 보장되지 않은 결과, 선거 시기 하나의 정당으로 출마하려면 다른 정당의 후보들은 자신의 정당에서 탈당한 뒤 하나의 특정 정당에 입당하거나 하나의 정당으로 통합해야만 합니다. 그러니 우리도 이탈리아나 스페인처럼 비슷한 세력이 연합해서 선거를 치를 수 있도록 하는 제도적 보장이 필요합니다. 그런 제도가 없는 게 오히려 문제인데, 이 문제는 잘 거론되지 않고 쉽게 통합하기 어려운 정당을 하나로 통합하라고 하는 것은 어떻게 보면 다당제 또는 다양성을 추구하는 다원적 민주주의에서 일정 부분 지향을 강제하는 측면도 있습니다. 그런 면에서 선거연합 제도를 도입할 필요가 있고요. 당장은 그 제도가 없으니 다가오는 선거에서 진보정치 세력들이 다시 연대 및 연합의 방식으로 후보 단일화나 지역구 조정 문제, 상호 지원하는 문제 등을 두고 고민을 하고 있습니다.

지난 대선 때 '사회대개혁 연대회의'에 들어와 있는 단체들을 보면, 노동이나 좌파운동 단체는 많이들 들어왔는데 내란 사태 이후 광장에서 상당한 목소리를 냈던 여러 시민사회단체의 참여는 많이 낮았거든요. 그리고 내란 사태 이후 새롭게 목소리를 내기 시작한 여러 세력들도 있는데, 이들을 진보정치에 합류시키는 노력들도 함께 있어야 할 것 같습니다. 그러니까 광장에서 분명한 자기 목소리를 내면서도 정치적으로는 아직 주체화하지 않고 있는 이들을 어떻게 진보정치에 합류시킬 것인가, 그 과정을 좀 더 고민해야 하지 않을까 합니다.

이재훈 그럼에도 불구하고 정의당만으로 진보정치를 하기보다 통합을 하거나 혹은 연합하는 정치가 필요하다는 목소리가 나옵니다.

권영국 정의당은 2024년 제22대 총선에서 12년간의 원내 정당으로서의 지위를 상실하고 원외로 밀려났습니다. 진보정당의 지속적인 분열과 지역 및 현장으로부터 신뢰를 상실한 진보정치에 대한 심판으로 받아들였습니다. 원외 정당으로 추락한 후 정의당만으로 진보정치를 다시 일으켜 세우는 것은 가능하지 않다는 내부 결론을 내린 바 있습니다. 그 반성적 평가에 근거해서 정의당은 독자적 진보정치를 추구하는 다른 진보정당들, 노동·사회단체들과 연대하여 공동으로 대선을 치르는 것으로 결정하게 되었던 것이죠. 그 결실이 사회대전환 연대회의 구성이었고, 대선을 맞이하는 공동 대응의 일환으로 TV토론 출전권을 가지고 있던 정의당을 플랫폼으로 하는 민주노동당 후보로 출마하는 전략이었습니다.
정의당은 대선 공동 대응의 경험과 성과를 승계해가야 한다는 입장을 뚜렷이 정하고 있습니다. 다만 대선의 경우에는 전국적으로 후보 1명을 세워 이를 중심으로 선거연대를 하면 되지만, 지방선거와 총선은 상황이 다릅니다. 앞서 언급한 바와 같이 현실적인 조건상 진보정치의 통합이 여의치 않는 상태에서 연합정치를 추진하는 것은 너무도 마땅한 당위입니다만, 선거연합 제도가 없는 상태에서 각 당의 존립을 위해서는 각 당의 이름으로 후보를 출마시켜야 하는 불가피함 또한 존재합니다.[*] 연대 및 연합을 이어가야 한다는 절박함과 각 당의 후보 출마 필요성이 충돌하고 있는 것입니다. 최소한 지역구가 겹치지 않도록 하고, 진보 후보 단일화를 추진하며, 연대회의가 통합적으로 함께 선거를 치르는 방안을 제안하고 있습니다. 물론 이 과정에서 탄핵 광장을 가득 메웠던 목소리들을 진보정치로 유입하기 위한 방안도 같이 고민하고 있습니다. (*정당법상 최근 4년간 총선 또는 지방선거에 후보를 내지 않은 정당은 등록이 취소되기 때문이다.)

:: 진보정치를 희화화하는 진보 위성정당

이재훈 2025년 9·27 기후정의행진을 앞두고 일부 진보 세력에서 위성정당에 참여했던 정당은 행진에 참여하지 못하도록 제적해야 한다는 성명이 나와서 논란이 인 적이 있습니다. 앞서 말씀하신 진보정치 세력의 연대·연합 정치 구상에서 위성정당에 참여했던 정치세력은 어떤 위치에 있을까요?

권영국 저는 이 문제에 대해서는 입장이 분명한 편이에요. 위성정당의 반복적인 출현으로 인해 국회는 비례성 강화에 역행해서

되레 양당제 정치가 심화하는 구조로 가고 있습니다. 있는 그대로 보면 국회에 거대 양당 말고 다른 정당도 많잖아? 그런데 왜 양당 정치가 심화되었다고 해? 라고 궁금해 하실 수 있는데, 내용을 따져보면 그렇지 않습니다. 더불어민주당이 주도한 위성정당에 참여했던 진보적 원내정당들(진보당, 기본소득당, 사회민주당)이 대선에서 이재명 민주당 후보의 선거운동원으로 뛰었죠. 게다가 이 위성정당들은 민주당에 의존하는 방식으로 정치적 생존을 이어가고 있기 때문에 결정적인 정치적 선택에 있어서도 민주당의 울타리를 넘어서기에는 한계가 있다는 것이 제 진단입니다. 결국은 '범민주당 세력'이라는 양상을 띨 수밖에 없죠.

주식양도세라든가 대통령 특별사면 등의 쟁점이 있을 때, 혹은 대통령의 인사에 문제가 있을 때 여기에 있는 정당들이 사활을 걸고 자기 입장을 이야기하고 있는가? 민주당에 대한 비판이 간간이 있긴 하지만, 그 당의 지향성과 위배되는 민주당의 결정이 나왔을 때 결정적으로 대립할 수 있을 만큼 정치적 입장을 견지할 수 있는가? 아닌 것 같아요. 선거 때만 되면 같이 움직여야 하니까 내용적으로 보면 오히려 양당제 정치를 더욱 심화시키는 구조 안에 있는 거죠.

그런 측면에서 범민주계에 있는 정당들을 진보정당의 범주에 포함시키면 진보정치의 구도 정립이 어려워질 수밖에 없습니다. 그렇게 되면 이것도 아니고 저것도 아닌 게 되는 거죠. 어떤 경우에는 민주당, 어떤 경우에는 진보정당과 함께 하려는 세력은 지지자들마저 혼란스럽게 만들지 않겠습니까? 그러니까 정치가 제대로 된 자기 정체성을 갖고서 경우에 따라서 경쟁과 견제를 할 수 있도록 하고 경우에 따라서는 협력도 하는 그런 건강한 관계가 아니라, 위성정당을 만들어서 진보정치라는 걸 희화화하면서 민주당이 지지 세력의 비율보다 훨씬 더 많은 권력을 장악하게 만드는 데 일조한다는 점에서는 위험이 느껴지고 우려를 하는 겁니다. 그래서 정의당은 1차적으로는 민주당과 경쟁하며 독자성을 추구하는 동시에 제 진보세력들을 정치연합과 연대의 범주로 생각하고 있는 거고요. 독자적인 진보세력의 구심을 만들고 이를 중심으로 세력화할 때 장기적으로는 새로운 진보정치, 국민들이 볼 때 "그렇다, 저들이 진짜로 불안정 노동자의 목소리, 구조적 성차별에 시달리는 여성들의 목소리, 소수자들의 이해관계 이런 것들을 제대로 대변하는 대안 세력으로 가려고 하는구나" 이런 인식을 할 수 있게 되는 것 아닌가 합니다.

그래서 위성정당과의 관계는 다른 진보정당과 일정 부분 구분해야 할 필요가 있지 않느냐라는 생각을 가지고 있고요. 물론 그렇다고 해서 아예 벽을 쌓자는 건 아니죠. 정책적인 연합이야 일상적으로 해야 하는 경우가 많을 테니까요. 소수정당이 국회에 진출하기 위해서 관철해야 하는 선거제도 개혁과 정치개혁, 그리고 현안 문제에 대한 정책연대, 이런 것들은 열어두고 있습니다.

다만 위성정당들이 어느 경우에는 민주당인 것처럼 하고 다른 경우에는 진보정당인 것처럼 하면, 제대로 된 정치 구도를 형성하는 데 있어서 상당한 걸림돌이 될 것 같다는 생각에는 변함이 없습니다.

이재훈 지금 한국의 정치 구도는 극우화하고 있는 국민의힘, 중도보수 정치를 지향하는 더불어민주당, 정의당을 비롯한 진보정치세력 이렇게 세 그룹으로 볼 수 있는데요. 위성정당은 그러니까 진보정치 세력이 아니라 중도보수 민주당 그룹에 속한다고 선언하신 거라고 볼 수 있겠습니다.

권영국 미국으로 보면 미국 민주당 내 좌파 그룹, 이렇게 비유할 수 있을지도 모르겠습니다. 그러나 형식적으로는 다 독립돼 있는 정당이긴 하죠. 하지만 독자적인 진보정당의 기능을 하는 건가에 대해서는 부정적이고, 오히려 민주당 왼쪽으로서의 기능을 하고 있는 정도라고 봅니다.

:: '생태' '평등' '돌봄'의 비전은 긴밀히 얽혀 있다

이재훈 정의당의 미래 비전은 무엇입니까? 세 가지 키워드로 말씀해주십시오.

권영국 정의당은 투자와 성장을 중심으로 자본의 입장을 대변하는 정치세력에 맞서 노동과 분배의 가치를 중심으로 노동자, 민중의 입장에서 사회경제적 이해관계를 대변하는 정치를 지향합니다.

이런 지향을 바탕으로 정의당이 추구하는 미래 비전은 생태사회국가, 평등사회국가, 돌봄사회국가입니다. 이를 합쳐서 생태·평등·돌봄 사회국가라고 부르겠습니다. 현재 우리가 마주하는 위기는 복합적이에요. 화석연료와 탄소 배출로 인한 심각한 기후생태위기, 노동과 자산 양극화와 불평등 심화로 인한 사회경제적 위기, 고령화·주기적 감염병 유행·지역 쇠퇴 등으로 인한 돌봄(공동체) 위기가 대표적이죠.

생태·평등·돌봄은 정의당이 지금 당장 한국 사회 변화의 방향으로 삼는 세 가지 대원칙이고, 복합 위기 상황에서 '가장 확실하게 꼭 해야 할 과제들'이라 여기는 세 가지 긴급한 과제입니다. 정의당은 이 과제들에 우선 도전하고, 그 과정에서 쌓인 지침과 안목, 능력을 사회의 다른 모든 영역으로 확산함으로써 한국 사회 전체를 바꾸어 나간다는 것입니다.

사회국가라는 것은 자유권에서 나아가 사회권, 즉 노동과 안전, 자기실현, 번영의 권리 같은 것들을 보장하는 국가를 말합니다. 자유와 시장이라는 이름으로 사회를 해체하고 붕괴시키려는 흐름에 맞서 연대 공동체로서의 사회를 지키고 발전시키는 국가이죠. 21세기 한국에서 '사회국가'를 건설하기 위한 세 가지 대원칙 중에서 첫 번째로 '생태'는 지구라는 생태계가 모든 정책과 실천의 근본 전제이자 절대적인 기반임을 뜻합니다. 우리의 삶이, 우리의 사회와 문명이 지구 생태계라는 한계 안에서만 존립할 수 있다는 존재론적 자각에서 나온 원칙이라 할 수 있죠. 이제는 어떤 제도나 실천이든 이 한계 내에서만 가치와 의미를 지닐 수밖에 없어요.

다음으로 21세기 사회국가는 신자유주의로 인해 유례없이 심해진 불평등과 양극화를 해소해가는 것을 긴급한 과제로 삼아야 합니다. 즉 '평등'을 또 다른 대원칙으로 삼는다는 겁니다. 이를 위해서는 고용 형태, 소속기업 규모, 젠더, 지역, 학력, 장애 유무 등의 차이가 소득, 자산, 지위의 격차 확대로 이어지지 못하도록 다양한 정책을 펼쳐야겠죠. 그중에서도 가장 먼저, 가장 기본적으로 실현해야 할 것은 불평등 심화로 가장 심각한 고통을 당하고 있는 이들의 생활을 보장하고 소득 수준을 끌어올리는 일입니다. 이와 동시에 불평등 심화의 주역인 노동시장 이중구조에 대한 구조적인 변혁, 초고소득층과 신자유주의 금융화에 따른 구조적 불로소득에 대한 강력한 규제와 조세 및 재분배 정책을 실시할 필요도 있고요. 더 나아가서는 소유 구조의 근본적인 전환이 필요합니다. 소득, 자산, 지위의 불평등은 자본주의 사회의 권력 불평등이라는 더 근본적인 구조적 원인에서 비롯된다고 봅니다. 따라서 불평등의 이러한 심층적 수준까지 공략해야 비로소 평등을 향해 한발 더 나아갈 수 있을 겁니다.

마지막으로 21세기 사회국가는 과거 복지국가와는 구별되는 세계관, 인간관을 바탕으로 제도와 실천을 새로 짜나가야 합니다. 역사 속의 복지국가들은 '서로 경쟁하며 독립적으로 살아가는 개인'이라는 인간관을 자본주의와 일정하게 공유했다고 봅니다. 반면에 우리 시대의 사회국가는, 인간이란 무수한 관계들을 통해 상호 의존하지 않고는 존립할 수 없으며 따라서 끊임없이 연대하며 서로를 돌봐야 하는 존재임을 인정하는 데서 출발합니다. 최근 들어 기후생태 위기, 인구 위기, 글로벌 팬데믹 등에 직면하면서 '돌봄'이 이러한 지향을 압축하는 표어로 급부상하고 있죠. 경쟁적인 자본주의적 인간관을 넘어 사회국가의 이상과 원칙을 훨씬 더 강력하게 실현하려는 노력들이 '보편적 돌봄 사회 건설'을 지향점으로 삼고 있는 겁니다. 이러한 시대정신에 발맞춰 정의당은 '돌봄'을 사회국가 건설의 대원칙 중 하나로 세워두고 있습니다.

이러한 생태·평등·돌봄 사회국가 건설에서 핵심적인 도전 과제는 세 가지 지향이 상호상승 작용을 일으키게 만드는 것입니다. 생태 전환과 평등 사회, 돌봄 사회 건설이 서로 충돌하는 것이 아니라, 오히려 생태 전환이 불평등 해소의 기회가 되고 돌봄 기본서비스 체계 구축이 탄소 배출 감축에 기여하는 선순환 구조를 정착시켜야 하는 거죠. 자본주의가 강요하는 상상력의 한계를 넘어 기존 지배 세력의 기득권 구조와 대결하며 가장 폭넓고 적극적인 형태의 민주주의를 통해 생태 전환과 평등 사회, 돌봄 사회 건설이 서로 긴밀히 얽히게 만드는 것, 이것이 우리 시대 진보정치의 사명이라고 생각합니다.

:: 2026년 지방선거 계획은?

이재훈 이제 세부 계획으로 들어가 보겠습니다. 2026년 6월 지방선거가 코앞인데요, 이번 지방선거에서 정의당의 전략은 무엇이고, 선거를 통해 이루려는 목표는 무엇인가요?

권영국 지방선거를 통해서 이룩하려는 목표는 크게 보면 지역 기반을 강화하는 것이라고 말할 수 있겠습니다. 그러니까 지금까지 '풀뿌리 정치'라는 얘기를 계속 해왔는데, 정당이 자기 지지 세력이나 국민의 의사를 대변하는 헌법상의 정치결사인데 그것이 공중에 떠 있는 게 아니잖아요. 다 지역에 기반을 두고 살아가는 주민들, 사업장 내에서 일하고 있는 노동자들, 시장에서 열심히 채소를 팔고 있는 상인들, 이런 분들이 사실 정치의 기반이 돼야 하는 겁니다. 그러면 결국은 지역이나 현장에 기반을 두어야만 정당의 자기 근거가 만들어지는 거죠. 그렇기 때문에 이번 선거는 우리가 지역 기반을 어떤 식으로 더 만들어가고 확대할 것이냐가 목표가 될 것 같습니다. 만약 지역 기반이 없는 곳이라면 어떻게 지역 기반을 조성해나갈 건가, 이게 1차적인 목표가 되겠고요.
두 번째는 우리가 지난 총선에서 국회 의석이 없어졌고, 완전히 원외로 밀려났어요. 지금 현재는 기초의회, 광역의회 다 합쳐서 9명이 전국적으로 현역 의원이 있어요. 도의원 2명, 기초의회 의원 7명이죠. 국회에서 다시 원내로 진입하기 위해서는 지방선거 당선 자를 적어도 지금보다는 많이 내야죠. 지금 9명이니까 최소한 두 배를 목표로 잡아야 하는 것 아닌가 싶습니다. 그것을 위해 선거 전략을 어떻게 짜야 할지 고민이 되는데, 지금 정의당은 재정적으 로나 조직적으로나 굉장히 취약한 상태를 벗어나지 못하고 있어 서요. 그래서 집중과 선택을 해야 하는 고민이 있습니다. 당선 가 능 지역이라든가 정의당이 갖고 있는 지향 및 정체성과 가장 부합 하는 지역에 전략적으로 집중하는 그런 선거를 치러야 하는 것 아 닌가 생각하고 있어요.

이재훈 구체적으로 생각하고 계신 지역을 공개해주실 수 있을 까요?

권영국 일단 현역 의원이 있는 곳은 지역 기반이 일정 정도 형성 돼 있기도 하니까 그런 곳은 기본이고요. 그 다음에 기후위기에 따 른 탈탄소 사회로 가기 위해 정의로운 전환이 필요한 지역, 예를 들어 석탄화력발전소를 폐쇄하는 지역에서 일자리를 잃게 될 노 동자들에게 어떤 일자리를 보장할 건가, 붕괴하는 지역경제 공동 체는 어떻게 할 것인가, 이런 이야기를 쟁점으로 제기하며 가야 할 지역들이 있죠. 그런 곳에 집중해서 선거 전략을 짜볼 수 있을 것 같아요.

이재훈 말씀하신 9명의 명단을 보면 모두 의회 의원들입니다.

정의당이 주로 의회에 목표를 두고 자치단체장을 감시하는 역할에 집중하고 있는데, 정의당도 이제는 자치단체장 배출에 역량을 집중할 때가 되지 않았느냐는 질문을 할 수 있을 것 같습니다. 하나의 자치단체를 운영하면서 정의당이 추구하고 지향하는 정치가 무엇인지 보여줄 수 있는 모델을 제시할 수 있는 것 아니냐, 라는 생각이 들거든요. 그러니까 의회를 통해서 정치권력을 감시하는 견제 권력이 아니라, 직접 정치체제를 운영하는 행정 권력으로서 정의당이 가진 모습을 보여주는 지방선거 전략이 필요한 것 아니냐는 얘기입니다. 이에 대해서는 어떻게 생각하시나요?

권영국 그것도 검토 의견 중 하나에 들어가 있는데요. 실제로 지방자치단체 중에서 어디가 가능성이 있느냐가 고민이 되죠. 그걸 지방선거 전에 검토해볼 생각입니다. 우리가 의회 의원들은 많이 배출했는데, 지방자치단체장은 배진교 인천 남동구청장 한 번 있었죠. 그런 실험들을 더 해야 할 필요성이 있겠다는 생각을 가지고 있습니다. 실제로 이재명 대통령 같은 경우가 대표적인 예죠. 기초단체장부터 시작해서 행정에 대한 추진력을 국민들한테 검증받기도 했고 그래서 상당한 호응을 이끌어냈던 거죠. 그게 이 대통령의 커다란 정치적 자산이 된 것이고요. 우선적으로 당 활동이 활발한 목포시에서 여인두 지역위원장이 목포시장 출마를 준비하고 있습니다.

:: 새로운 대중적 진보정당이 온다

이재훈 지방선거 이후의 미래도 얘기하지 않을 수 없는데요. 개헌으로 인한 변동이 없는 한 2028년 4월에 총선이 있고, 2030년 6월에 대선이 있습니다. 2028년에 다시 의회에 재진입하기 위해서는 어떤 목표가 있고, 2030년 대선에는 어느 정도까지의 목표를 가지고 있다, 이런 이야기들을 좀 들어봤으면 좋겠습니다.

권영국 총선에서는 일단 원내 재진입을 해야 하고요. 그러기 위해서는 이번 지방선거에서부터 지역에서 일정한 지지도를 만들어서 지역 기반을 확대하고 밀착해 나가는 목표를 달성하는 게 필요하다고 생각합니다. 다만 그게 우리 정의당 자체의 힘으로 가능한가에 대해서는 누구나 의문을 가지고 있지요. 역사적으로나 세계사적으로 보더라도 원외로 밀려나왔던 정당이 똑같은 당으로 원내로 재진입하는 사례는 거의 발견되지가 않습니다. 이게 뭘 의미하느냐 하면, 뭔가 진보정치를 한다고 하더라도 새로운 정치세력으로서 대중들에게 기대와 희망, 발전 전망 이런 것들을 제시할 수 있어야 관심을 넘어서 지지로 이어진다는 거죠.

그래서 정의당을 넘어서 새로운 세력의 유입과 세력의 확장 두 가지를 이뤄내는 새로운 진보정치 세력을 만드는 시도를 지금부터 해야 한다는 내부 공감대가 형성되고 있습니다. 그러니까 새로운 대중적 진보정당의 창당이 필요하다는 얘기를 제가 노회찬재단 포럼에서 얘기한 바 있습니다. 그 얘기는 결국 기존에 존재하는 세력을 넘어서야 한다는 의미죠.

우리 사회에는 2017년 그리고 2025년에 대통령을 끌어내리면서 광장을 뜨겁게 달구었던 여러 신진 세력 또는 청년 세대들이 광범위하게 있잖아요. 민주주의에 적극성을 보였던 이런 세력들과 세대들이 진보정치의 주체로 나서도록 하는 새로운 흐름에서

제2부 진보정치, A에서 Z까지

새로운 진보정당의 출현을 그 이름에 맞도록, 새로운 시대정신을 담은 새로운 정치적 주체로서의 새 진보정당 창당 또는 재창당, 이런 걸 이뤄내야만 2028년 총선에서 국민들이 새롭게 관심과 호응을 보낼 수 있는 게 아닐까 싶습니다.

이재훈 앞서 말씀하신 세 가지 비전을 바탕으로 새로운 대중적 진보정당을 만들겠다는 말씀인데, 구체적인 창당 목표 시점은 언제일까요?

권영국 기본적으로는 다음 총선 이전으로 생각하고 있습니다. 그전까지 민주주의를 위해서 투쟁했던 여러 세력들 또는 기후 문제와 불평등 문제를 가지고 싸우고 있는 세력들을 모아 어떻게 새롭게 연대를 만들어낼 것인가 하는 게 있고, 그 다음으로는 기존의 진보정치 블록에서 연대를 어떻게 잘 조율할 것인가 하는 고민을 하고 있죠. 한마디로 말하면 진보정치 세력의 재구성과 재편이 이제는 필요한 시점이라고 생각합니다.

이재훈 모든 인터뷰가 마무리되었습니다. 독자들에게, 그리고 시민들에게 마지막으로 못다 한 말씀을 해주시면 좋겠습니다.

권영국 사실 우리 사회가 다원적인 여러 목소리에 대해서 의외로 관용적이지 않습니다. 그런데 우리가 국정농단이나 비상계엄 사태를 맞으면서 우리 사회가 굉장히 다양한 사회로 분화돼 있고, 다양한 목소리가 분출되고 있다는 사실을 확인할 수 있었습니다. 그런데 정치가 여전히 과거에 묶여 있는 상황이다 보니, 시민들의 의식은 놀랍게 성장하고 있는데 정치가 시민들이 만들어낸 민주주의 성장에 조응하지 못하고 오히려 걸림돌이 되어서 민주주의의 질적 발전을 제약하는 행태로 기능하고 있다는 느낌을 계속 받고 있습니다. 여기에서 돌파구를 만들려면 결국은 다당제 정치와 다원적 민주주의로 가야 하는데, 그러려면 소수 정당에 대한 국민적인 또는 시민적인 개입과 참여, 지지가 없으면 우리 민주주의가 질적으로 발전하는 데 있어 상당한 한계에 맞닥뜨리게 될 것입니다.

그래서 이제는 거대 양당 중심의 진영 정치가 중심을 잡고 있는 정치 구도와 틀을 뛰어넘어야 한다는 얘기를 꼭 드리고 싶습니다. 시민 스스로가 양당에 구속되거나 그것으로 인해서 내 의사를 강요당할 수밖에 없는 정치 구도를 뛰어넘어 스스로가 자기의 목소리를 대변할 수 있는 그런 정치 제도와 개혁을 요구하는 데 있어서 지금이 굉장히 중요한 시점이라고 봅니다.

물론 한편에서는 그동안의 분열로 인해서, 또 여러 가지 오류들로 인해서 진보정치에 실망이 크다 하더라도, 정치라는 것이 누가 어떻게 하느냐에 따라서 얼마든지 다르게 발전해 나갈 수 있다는 점을 고려했으면 합니다. 그렇기 때문에 시민 스스로가 다양한 정치 주체로 참여해서 우리 사회가 이제는 보수와 보수, 극우와 보수, 이런 구도가 아니라 정말 제대로 된 보수와 진보가 공존하는 다당제 정치, 대화와 소통을 통해서 공론의 장에서 서로 경쟁할 수 있는 그런 다원적 민주주의 정치를 만들 수 있도록 모두가 함께해 달라는 부탁을 꼭 드리고 싶습니다.

제2부 진보정치, A에서 Z까지

제3부

권영국이 꿈꾸는 세상은

권영국

그 청년들은 왜 나를 찾아왔을까?

21대 대선이 끝난 뒤 강연회와 토크쇼 등으로 나를 섭외한 곳이 많았다. 행사가 끝나면 참가자들이 사인을 받기 위해 긴 줄을 서곤 했는데, 어디를 가든 그런 모습이 재연되어 마치 행사의 일부처럼 느껴질 정도였다. 한껏 상기된 얼굴로 나의 팬이라며 다가온 이들의 얼굴은 젊었다. 청소년, 청년, 대학생, 사회초년생들…. 그들의 얼굴을 보며 작은 흥분이 이는 것을 감추기 어려웠다.

대선 한 달 뒤인 7월 초 경기도 고양시에 위치한 '세리서점'에서 열린 토크쇼가 생각난다. '권영국의 귀갓길 토크'라는 이름의 행사였다. 평일 저녁에 열린 행사였음에도 작은 독립서점이 발 디딜 틈 없이 꽉 찼다. 그 자리에는 교복 입은 학생들도 몇몇 참석해 이런 질문을 내게 던졌다.

"우리 사회에서 연대해야 할 일이 일어날 때 무력감을 느낍니다. 내가 해결할 수 없고, 직접적으로 도움을 줄 수 없다는 점에서요. 어떻게 해야 이 무력감을 떨칠 수 있을까요?"

"제 주변 성소수자 친구들이 자주 좌절감을 느끼는데, 이 친구들에게 어떤 얘기를 하면 좋을까요?"

자기 삶에서 비롯된 고민에서 출발해 타인에 대한 연대로 나아가려는 차분하고도 속 깊은 질문과 기대감 어린 얼굴들 앞에서 대답할 말을 찾다가 문득 궁금해졌다. 이 친구들은 지난 대선 동안 나의 선거운동에서 무엇을 보았기에 이렇게 나를 찾아왔을까? 그것은 아마도 '익숙한 생경함' 때문이었을지도 모르겠다.

:: 젊은이들의 질문에 답하기

정의당은 지금의 청년 세대에게는 '비호감'이거나 잘해야 '낯선' 대상 정도로 인식되고 있을 것이다. 뼈아프지만 사실이다. 때로는 교조적이라는 비판까지 받을 만큼 원칙을 강조해 왔지만, 지난 2019년 조국 사태 등을 경유하며 젊은이들의 불신을 자초한 것도 사실이다. 진보정치를 말하면서 불공정에 눈감고 결국은 기득권을 편든다는 인상이 박혔을 것이다. 한편으로는 노동자들의 투쟁을 적극 지원하면서 '투쟁밖에 할 줄 아는 게 없다'는 이미지가 씌워지기도 했을 것이다. 소수정당으로서 여러 한계 속에서 고군분투했지만 끝내 원외로 밀려나면서 정의당은 청년 세대에게 잊힌 정당이 되고 말았다. 원내에서 진보정치를 대표하던 정의당이 원외로 밀려나면서 진보정치의 존재감 또한 함께 옅어졌다.

그러던 중 대통령 선거운동이 시작되었다. 정의당과 진보정치가 대선에서 다시 존재 이유를 확인받을 기회가 온 것이다. 대선 기간 동안, 아마도 청년들이 막연하게 느끼고 있던 어떤 답답한 감정을 '권영국'이라는 낯선 인물이 약간이나마 드러내 주었을 것이다. 말하고 싶었지만 정확히 어떻게 표현해야 할지 몰랐던 말을 진보정치라는 낯선 정치세력이 조금은 대신해 주었을 것이다. 대선 후 쏟아진 후원금 13억 원을 굳이 언급하지 않더라도, 정의당은 그렇게 다시 '발견'되었고 존재를 승인받았다. 우리를 다시 승인해 준 청년들에게 진보정치는 여전히 생경한 것이겠지만, 진보정치가 대변하는 가치는 그들에게 익숙하고 내심 기다려왔던 무엇이었을 것이다. 대선 후 젊은이들과의 만남에서 내가 느낀 건 그런 것들이었다.

대한민국은 지금 '세계 10대 경제대국'에 들어갈 만큼 급격히 성장했고, '국민소득 4만 달러 시대', '코스피 5천 시대'가 정치인들의 입에 오르내린다. 한국 기업들을 전 세계가 주목하고 있고, 명실상부한 선진국이 됐다는 선언도 이곳저곳에서 터져 나온다. 대선에 출마한 유력 후보들도 물론이었다. 모두 입을 모아 경제 강국을 약속하고, 성장을 주장하고, 기업을 대변하고, 코스피와 부동산을 얘기했다.

그러나 청년들은 이런 말들 속에서 심한 괴리감을 느꼈을 것이다. '세계 10대 경제 강국, 그런데 내 삶은 왜 이렇게 어려운가?' '국민소득 4만 달러 시대, 그런데 나는 왜 대출 빚에 허덕이고 있지?' '코스피? 부동산? 그게 나와 무슨 상관이야.' 'K팝 스타의 삶도 화려하고, K드라마도 전 세계에 난리인데 K청년인 나는 왜 이럴까?' 그러면서 막연하게 깨달았을 것이다. 아무리 경제 성장을 이뤄도 그 부가 나에게 오는 것은 아니구나. 그렇게 쌓은 부를 누가 가져가고 어떻게 분배하느냐에 따라서 나의 삶과 행복은 달라질 수 있구나.

나는 젊은 그들에게 다른 거대당 후보들과는 전혀 다른 말을 했다. 노력한 모두가 공정하게 보상받을 수 있는 나라를 만들겠다, 부자증세를 통해 부의 재분배를 이루겠다, 시민들이 함께 혜택을 누릴 수 있게 하겠다, 경제 성장의 혜택에서 소외된 사람들의 고통과 아픔을 돌보겠다…. 교과서 같은 말일 수도 있었다. 하지만 교과서가 아닌 현실 정치의 장에서 이런 말을 들었을 때, 청년들은 그간 막연히 느끼던 생각을 뚜렷이 확인하는 기회가 되었을 것이다. 내가 살아가는 팍팍한 삶의 근본 원인이 바로 부와 사회적 자원의 불평등한 분배 구조에 있고, 어떤 정치인은 이것을 해결하겠다고 하는구나 하는 깨달음.

대선 과정과 대선 이후, 언론 인터뷰를 비롯해 이런저런 질문을 받는 자리에서 가장 자주 들었던 질문이 있다면 "지금 대한민국의 가장 핵심적인 과제가 무엇이라고 생각하느냐"였다. 무엇이 문제냐고 묻는다면 지난 대선에서 제시했듯 사회적·경제적 불평등이지만, 어떻게 해결할 것인지 묻는다면 그 답은 한 줄로 정리할 수 없다.

앞에서 청년들과의 일화를 먼저 인용한 것은 이 질문에 제대로 답하기 위해서다. 청년들의 괴리감을 해소하고 청년들이 살아내는 팍팍한 삶을 바꾸는 일은 어떤 것 하나를 바꾼다고 해서 가능하지 않다. 그들이 막연하게 경험해 온 일련의 불평등과 부조리를 종합적으로 분석하고 함께 해결하지 않으면 안 된다. 모든 문제는 복잡하지만 분명하게 얽혀 있다. 이 사실을 이해하는 것이 진보정당의 차별성이고, 이 문제를 해결하는 것이 진보정당의 숙명일 것이다. 나와 '민주노동당'이라는 이름의 진보연대 정당이 지난 대선에서 한 일은 그런 것들이었다.

대선은 끝났다. 그리고 우리에게는 여전히 할 일이 있다. 이 글은 다가오는 2026년 지방선거, 그리고 지방선거 이후에도 지속될 진보정당의 미래에 대한 생각을 이야기하기 위해 썼다. 우리는 무엇을 하고자 하며, 어떻게 그것을 이루려고 하나?

제3부 권영국이 꿈꾸는 세상은

고집스럽게 보일지라도 '불평등'을 말하겠다

사회적·경제적 불평등이라는 문제에서 다시 시작해보자. 이것은 분명 우리 사회가 당면한 가장 핵심적인 문제다. 그런데 이 문제는 어느 하나를 바꾼다고 해결되지 않는다. 계급 사다리를 걷어차며 강고한 계급 사회를 만들고 있는 **부동산 문제**, 부의 대물림으로 세습 사회를 만드는 **자산 불평등 문제**, 대기업·공공기관·금융기관 등 소수의 안정된 일터를 제외하면 대부분 비정규직이거나 중소·영세업체를 떠돌며 불안정한 구조 속에서 일해야 하는 **고용과 노동 문제**, 부모의 재력이나 지위에 의해 진로가 결정되는 **교육 문제**, 경제 성장의 논리를 앞세워 농촌과 자연을 희생시키는 **지역 차별과 환경 문제**. 이런 문제들이 복잡하게 얽힌 결과로 만들어진 것이 사회적·경제적 불평등이기 때문이다.

지난 대선에서 '갈아엎자 불평등'이라는, 다소 추상적이고 과격하게 들릴 수도 있는 슬로건을 내세운 것은 불평등이라는 문제가 가진 이러한 특성 때문이었다. 부동산·자산·노동·교육·환경과 같은 영역들의 불평등이 연결되고 축적되어 사회경제적 불평등이 단단하게 형성된다는 점을 분명히 하면서, 평등으로 나아가기 위해 '불평등이라는 체제를 갈아엎는 정치'를 시작하자는 것이었다.

어떤 이들에게는 진부하게 느껴졌을지 몰라도 그 슬로건을 포기할 수는 없었다.

정의당과 민주당이 뭐가 다르냐는 질문도 자주 받았다. 정의당이 겪고 있는 곤란은 이 질문에 제대로 답하지 못했기 때문일 수도 있을 만큼 중요한 질문이다. 한마디로 말하면, '불평등'이라는 문제를 이해하는 방식에서 가장 중요한 차이가 있다. 민주당은 기본적으로 성장을 중시하는 중도보수 정당이다. 지난 대선 캠페인을 거치면서 이재명 대통령이 직접 인정한 바이기도 하다. '성장'인가 '평등'인가 하는 점에서 전혀 다른 지향점을 가지고 있다는 것, 그리고 그 차이를 선명하게 설득하는 것도 나와 정의당에 주어진 임무이다.

AI 산업, 반도체 산업을 첨단 전략산업으로 부르며 수백조 원을 투자하고, 이 산업들에 대한 투자를 독려하기 위해 어마어마한 세금 특혜를 부여하자는 것이 민주당의 길이다. 금융투자소득세 폐지, 가상자산 과세 폐지, 주식양도세 대주주 범위 축소, 고액 배당소득 분리과세 등 반복되는 부자감세 기조도 마찬가지다. 하나하나 뜯어보면 윤석열 정부의 기조를 그대로 계승하고 있는 것이나 다름없다. 노후 원전 수명연장과 신규 원전 건설, 신공항 건설, 케이블카 설치 등에서도 기후정의의 가치와 생태 보전보다는 성장을 중시하는 것이 민주당이다. 정의당의 길과 민주당의 길이 어떻게 다른지를 우리 사회의 가장 큰 관심사인 부동산, 노동, 환경 문제를 통해 들여다본다.

:: 부동산 문제, 소유 아닌 임대로도 충분히 만족스럽게

특히 부동산 문제에서 정의당은 민주당과 철저히 다르다. 정의당의 부동산 정책은 세입자 권리에 방점이 있다. 세입자가 안정적 주거권을 보장받는 사회, 내집 마련에 인생을 걸지 않아도 되는 사회, 동시에 임대주택을 또 하나의 좋은 선택지로 열어놓고, 예비 자가 소유자들이 안정적으로 자가 소유의 꿈을 이룰 수 있는 징검다리로 이용하는 정책을 지향한다. 반면 민주당 정책은 '1가구 1주택'이라는 중산층적 욕망을 목표로 설계된다. 평생 벌고 아껴도 1주택은 꿈도 못 꾸는 대다수 세입자, 청년들에게는 멀게만 느껴지는 정책들이다. 그런 정책은 지금 점점 심화되고 있는 자산 불평등을 전혀 해소하지 못한다.

실제로 이재명 정부 출범 직후 발표된 부동산 대책들은 집값 상승을 둔화시키거나 일시적으로 멈추게 하는 효과를 내기는 했지만, 역시 '1가구 1주택'이라는 틀을 벗어나지 못하고 있음을 분명히 알 수 있다. 주택담보대출과 갭투자 전세대출 한도를 축소한 6·27 대책은 과잉 대출을 규제해 실거주자의 주거권을 보장할 주거정책의 토대를 마련했다는 점에서 유의미하다. 토지거래허가제 확대를 골자로 한 10·15 대책도 마찬가지다. 하지만 두 대책 모두 보유세 등 세제 개편안은 빠졌고, 공공임대주택 확대와 세입자 권리 증진에 관한 내용은 포함되지 않았다. 별도로 발표된 정책들이 없는 것은 아니지만, 집값 문제와 세입자 문제를 분리해 다루는 이재명 정부의 접근방식은 '440만 세입자를 위한 정당'이 되려고 하는 정의당의 접근방식과는 근본적인 차이가 있다.

:: 노동―'노란봉투법'에서 '쿠팡'까지

노동 문제에서는 어떨까. 민주당은 단지 노동시장 내에 존재하는 차별과 격차를 좁혀 나가자는 정도에 그치고 있는 것처럼 보인다. 그런데 노동시장의 차별과 격차는 구조적인 문제이다. 비정규직과 정규직으로 양극화된 고용 문제, 특고·플랫폼·프리랜서 등 비임금 노동자들의 노동자성 불인정 문제, 5인 미만 사업장과 초단시간 노동자 등 근로기준법의 보호를 제대로 받지 못하는 노동자들의 문제가 그것들이다. 민주당은 이것이 구조적 문제라는 점을 명확히 인정하고 이러한 이중 구조를 해결해 나가려는 의지가 있을까?

정의당이 쿠팡 새벽배송 문제를 중요하게 받아들이면서 '올인'하다시피 대응하고 있는 이유가 여기에 있다. '쿠팡이 그나마 낫다'라는 말이 나오고 '노동자 당사자의 선택권'이라는 말까지 나와 논란이 되었다. 설령 그 말들이 쿠팡을 옹호하기 위한 것이 아닐지라도 그렇게 말해서는 안 된다. 그런 말들로 인해 노동시장의 구조화된 차별과 격차가 가려지고, 조금 나은 선택지를 마치 최선인 것처럼 받아들이는 신화가 만들어진다. 그 말들은 택배기사와 일용직 물류센터 노동자들의 불안정한 지위, 야간노동과 자영업 쥐어짜기 등 제로섬 게임을 강요하는 기업, 이러한 기업 활동과 구조가 유지되도록 하는 정치와 경제계의 유착 관계, 미국에 법인을 두는 방식으로 책임을 회피하는 초국적 자본의 문제를 가린다. '쿠팡'이라는 기업은 어느 날 갑자기 튀어나온 괴물이 아니라 한국의 노동·사회 구조가 만들어낸 종착점이라고 보는 것이 옳다. 쿠팡이 사라져도 이런 기업이 가능한 구조는 여전히 바뀌지 않는다는 얘기다. 정의당은 쿠팡을 앞장서서 비판하면서도 무엇보다 한국 사회의 잘못된 노동 구조를 바로잡기 위해 노력하고 있다.

민주당 또는 현 정부와 정의당의 차이는 '노란봉투법'으로 불리는 노동조합법 2·3조 개정안에 대한 태도에서도 상징적으로 드러난다. 노동자들의 오랜 염원을 담아 마침내 노란봉투법이 본회의를 통과하고 공포됐지만, 고용노동부가 마련한 시행령은 노란봉투법에 대한 기업주들의 주문을 충실히 반영하고 있을 뿐이다. 노란봉투법은 원청 노동자든 하청 노동자든 누구나 자신의 근로조건을 결정하고 있는 사용자에 대해 노동 3권을 행사할 수 있도록 하자는 법안이다. 그런데 고용노동부가 입법 예고한 노조법 시행령에서는 '교섭창구 단일화'라는 장치를 통해 하청노동자들의 교섭권을 협소하게 제한하고 있다.

상위법인 노동조합법에서는 하나의 사업 또는 사업장 단위(기업 단위)에서 교섭 대표 노조를 정하는 창구단일화 절차를 규정하여, 자신이 속한 업체 내에서 교섭창구를 단일화해야만 사용자에 대해 교섭권을 행사할 수 있도록 되어 있다. 그런데 시행령에서는 상위법의 규정을 벗어나서 하청업체 노조에게 원청업체 노조와 창구 단일화를 하도록 추가로 요구하고 있는 것이다. 단일화가 어려우면 노동위원회에 원청 노조와의 교섭단위 분리 신청을 하고 분리 결정을 받아 교섭하라는 것인데, 이는 원청 사용자에 대한 하청 노동자들의 교섭권을 무력화하거나 노동위원회 결정으로 교섭권을 제한적으로 허용하겠다는 의미 외에 다른 것이 아니다. 교섭창구 단일화 자체가 교섭 대표 노조가 아닌 노조들에 대해 교섭권과 파업권을 박탈하는 위헌적 제도인데, 그에 더하여 법에서 규정하지 않은 추가적인 장애물을 시행령으로 둔 것이다. 법의 범위를 이탈, 위반한 시행령이 아닐 수 없다.

노란봉투법이 통과되기까지 얼마나 많은 역경과 희생이 있었는지 돌이켜 본다. 파업과 쟁의 행위에 대해 민사적 손해배상 책임을 묻는 일은 쟁의 자체를 봉쇄하는 악의적 수단으로 이용되어왔을 뿐 아니라 파업 참여 노동자들의 삶 자체를 송두리째 파괴하는 결과로 이어지곤 했다. 2009년 쌍용차 노동자들이 정리해고에 반대하는 파업을 벌였다는 이유로 회사로부터 150억 원에 이르는 손해배상소송을 당했고(2013년 12월 1심 법원은 47억 원을 배상하라고 판결), 이로 인해 쌍용차 노동자들은 16년간 30명의 동료와 가족을 잃었다. 한화오션(전 대우조선해양) 조선 하청노동자들은 자신들의 근로조건에 대해 실제 결정권을 가진 원청(한화오션) 사용자에게 삭감당한 임금을 복원해 달라고 교섭을 요구했다. 하지만 원청은 근로계약 당사자가 아니어서 노조법상 사용자가 아니라는 이유를 들어 교섭을 거부했다. 한화오션 조선 하청노동자들은 실제 근로조건을 결정하는 진짜 사장인 원청과의 교섭을 할 수 없는 법제도적 현실에 가로막혀 0.3평 철제감옥에 자신을 가두고, 30미터 철탑 위에 올라 처절하게 싸워야 했다.

노란봉투법은 그 지난한 투쟁의 결과다. 권리를 요구하기 위해 죽음을 결의하지 않아도 되는 사회를 만들기 위해 정의당은 2015년 법안을 발의하고 2022년 농성 천막까지 쳤다. 그런 법을 통과시켜 놓고 시행령으로 무력화하는 이 정부를 어떻게 보아야 할까?

민주당의 노동 정책은 때로는 개혁적으로 보이지만, 실제 내용으로 들어가 보면 자본과 노동의 대립 속에서 구조적 문제를 해소하겠다는 정책적 의지가 애초에 없거나 중도 철회하는 경우가 다

반사이다. 문재인 정부 당시 최저임금 인상과 관련하여 최저임금 산입 범위에 상여금과 식비·숙박비·교통비 등을 포함시켜서 최저임금 인상의 효과를 대폭 후퇴시킨 것이 그런 경우이다. 또한 공공기관 비정규직의 정규직화 정책에서도 직접 고용 대신 자회사를 급조해 만들고, 그 자회사의 채용을 정규직 채용으로 인정함으로써 노동시장 이중구조와 차별을 해소하는 데 본질적인 한계를 보여준 바 있다.

:: 거꾸로 가는 민주당의 환경·생태 정책

환경·생태 문제도 이야기하지 않을 수 없다. 이 분야는 특히 이재명 정부에서 가장 두드러지게 퇴행하고 있는 지점이기도 하다. 불과 5년 전까지만 해도 탈원전 노선을 걷던 민주당은 'AI 강국'을 근거 삼아 완전히 돌아섰다. 수명이 다한 고리 2호기 등 노후 원전의 수명을 연장하고, 신규 원전 건설 여부에 대해서도 명확한 입장 표명 없이 원전 건설을 찬성하는 (부실한 설문으로 얻은) 여론조사 결과만을 내세우고 있는 상황이다. 가덕도·새만금 신공항 등 경제성도 없고 자연생태계를 심각하게 파괴하는 것으로 판명된 대규모 토건사업마저 국민의힘과 입장을 같이 하고 있다. 용인 반도체 산업단지 조성과 그에 따른 대규모 송전탑 건설 또한 재벌의 이익을 위해 농촌과 지역을 전기 식민지로 전락시키고 기후위기를 심화시키는 노골적인 반환경 사업이다. 이재명 정부의 환경·생태 정책들은 지역 균형과 에너지 평등, 기후위기 문제를 정면으로 배반하며 불평등을 심화시키는 반환경·반생태 정책으로 보지 않을 도리가 없다.

　정의당은 부동산 등 자산 불평등과 노동 및 고용의 불평등, 환경의 불평등이 구조적 문제이며, 이 문제들의 해결 역시 구조를 바꾸는 정책으로만 가능하다는 입장을 한 번도 바꾼 적이 없다. 이런 이유로 정의당은 종종 고집스럽게 보이고 교조적이라는 비판에 직면하고 있는 것도 사실이다. 하지만 정의당이 불평등을 핵심 문제로 삼고 있는 한, 이런 비판은 당이 감당하고 해결해야 할 과제라고 생각한다. 그러지 않을 때 정의당 그리고 진보정당의 존재 의의는 정말로 의심받게 될 것이다. 이 문제를 정면으로 돌파하는 것이 정의당의 과제이다.

진보정치의 길―위성정당인가, 연대연합인가

지금 진보정당은 앞서 언급한 문제들을 독자적으로 돌파할 역량을 충분히 갖추지 못한 상태임을 인정할 수밖에 없다. 단순히 21대 대선에서 기대에 못 미치는 득표율을 얻었다는 문제가 아니라, 2000년 민주노동당 창당 이래 패착과 분열을 거듭해 온 실패의 역사가 남긴 문제이다. 진보정치가 분열되고 쪼개지며 정치적 영향력과 존재감을 점차 잃어왔음을 부정할 수 없다. 그러한 역사를 넘어서기 위해 그동안 진보정치 세력들이 택한 노선으로는 두 가지가 있다. 하나는 '위성정당'의 경로, 그리고 다른 하나는 이번 대선에서 정의당 등이 시도한 '연대연합'의 경로다.

:: 진보 위성정당의 한계

위성정당의 경로는 2019년 준-연동형 비례대표제 도입을 계기로 2020년 21대 총선 때부터 등장했다. 거대 양당과의 합작을 통해 당의 생존을 모색하겠다는 세력들이 나타나기 시작한 것이다. 거대 양당이 비례대표용 임시 정당을 급조하고, 군소정당의 주요 정치인들아 탈당하여 임시 정당에 입당한 뒤 후보로 출마하여, 당

선된 후에는 '셀프제명'을 통해 기존 정당으로 복귀하는 기형적 정
치문화가 등장한 것이다. 정치적으로도 윤리적으로도 결코 수긍
할 수 없는 이런 방식은 22대 총선에서도 반복됐다.

22대 총선에서 진보당, 사회민주당, 기본소득당은 '더불어민주
연합'이라는 위성정당에 합류하는 방식으로 당선자를 확보했다.
이들이 원내에서 펼치고 있는 의정활동은 정의당이 기존에 펼쳐
온 의정활동과 유사한 진보적 색채를 띠고 있지만, 그러한 진보성
은 민주당이 비판의 대상이 되는 지점에서 급격히 멈춘다. 21대
대선 이후로만 시야를 좁혀 보아도 그렇다. 강선우 여성가족부 장
관 내정이나 조국 대표 사면, 통일교 접촉 의혹 등의 문제들에 대
해 앞의 진보정당들은 입장을 내지 않거나 원론적인 입장을 내는
데 그쳤다. 이런 사례들은 비일비재하다.

민주당이 원내에서 단독 과반을 차지하고 있고 국민의힘이 어
떤 갱생의 여지조차 없이 극우화되는 상황이다. 이러한 정치 구도
속에서 군소정당은 독자적인 입지와 기반을 갖추고 자기 목소리
를 단단히 낼 수 있는 정당으로 자리매김하기 위해 애쓰는 대신,
위성정당 구조 속에 안정적으로 편입되어 자신의 몫을 유지하는
전략을 택하고 있다.

앞서 말했듯이 이렇게 몫을 유지한 군소정당들의 원내 활동에
는 분명 진보적인 내용이 많은 것도 사실이다. 단 한 석일지라도
의석을 확보함으로써 국회의원 지위로 유의미한 의정활동을 이어
가려는 노력도 일부 이해할 만하다. 하지만 독자적 입지를 마련하
려는 노력 없이 얻은 의석은 민주당 내부의 노선 투쟁과 당적 결
정에 따라 언제든지 사라질 수 있는 신기루와 같다. 위성정당들도
이를 잘 알고 있기에 결정적 상황에서는 민주당을 거스르는 입장

을 최대한 자제하게 되는 것이다. 결과적으로 위성정당 전략은 지속 불가능할 뿐만 아니라 종국에는 진보정치의 자생력 자체를 방해함으로써 양당 구조의 고착화로 끝맺게 될 가능성이 높다.

:: 진보정당은 연대연합할 수밖에 없다

이러한 위성정당의 경로와는 다르게 정의당은 21대 대선에서 시도한 것처럼 '연대연합'의 경로를 택했다. 노동당, 녹색당 등 위성정당에 참여하지 않은 진보정당들과 노동·정치·사람(노정사), 노동자계급정당건설추진준비위원회(노정추), 노동해방을위한좌파활동가전국결집(전국결집), 노동자가여는평등의길(평등의길) 등의 진보적 노동운동 세력들, 또한 플랫폼C, 탄핵너머연구자네트워크 등의 시민사회단체, 그리고 민주노총 주요 산별노조들과 '사회대전환 연대회의'(정식명칭은 '가자! 평등으로 사회대전환 대선 연대회의')를 결성해 대선에 공동으로 대응했던 것이다.

결코 쉽지 않은 과정이었다. 정의당을 포함하여 각각의 세력들 사이에는 오랫동안 분열과 반목을 거듭하며 쌓여온 이념적 차이, 정서적 갈등의 역사, 당내 민주주의의 문제 등이 가로놓여 있었다. 가령 녹색당의 경우만 보아도 그러하다. 녹색당은 기성 정당들과는 다른 이념과 방식으로 창당된 정당이다. 강령에도 '반정당의 정당'이라는 말을 포함하고 있을 정도다. 하지만 '연대연합'은 기성 정당의 개념일 수밖에 없다. 22대 총선에서 '녹색정의당' 기획을 시도했을 때에도 녹색당 내에서는 큰 논쟁이 벌어졌다. 반면 노동당과 정의당은 옛 민주노동당이라는 한 뿌리에서 출발해 갈라져 온 역사를 공유한다. 정의당의 적지 않은 당원들과 활동가들이 노동당과 그 전신인 진보신당의 당원이기도 하다. 그러나 정의당만이 TV토론회 참가 자격을 갖고 있는 상황에서, 어느 당 또는 단체 소속이 후보로 정해지든 정의당 후보로 출마하자는 제안은 각 당과 단체로서 결코 쉽게 받아들일 수 있는 제안이 아니었을 것이다.

갑작스럽게 치러진 조기 대선을 앞두고 이런 문제들을 한순간에 해소하기란 어려운 일이었다. 실제로 '사회대전환 연대회의'가 성사된 뒤에도 넘어야 할 산들이 많았다. 첫 번째 산은 당명 개정에 관한 것이었고, 두 번째 산은 대선 후보를 정하는 문제였다.

누가 후보로 선출되든 정의당 후보로 출마하는 데 합의하는 조건으로, 각 당과 단체들은 당명 개정을 요구했다. 함께 치른 대선의 성과가 정의당의 것으로만 돌아가는 결과를 피해야 한다는 취지였다. 대선을 코앞에 두고 당명을 바꾸려면 그에 수반되는 절차들이 상당했고, 정의당이라는 이름에 누적된 인지도도 포기해야 했으며, 정의당 내에서도 13년 정든 이름을 바꾸자는 주장에 대해 동의를 구하기란 쉽지 않은 일이었다. 우여곡절 끝에 전국위원회와 대의원대회를 거쳐 간신히 '민주노동당' 이름으로 당명을 바꿀 수 있었다. 유사한 당명 탓에 혼란이 일어날 것을 우려한 노동당에 양해를 구하기 위해 '민주노동당' 이름은 대선에서만 한시적으로 사용하는 것으로 약속하고 이 문제는 일단락됐다.

후보를 정하는 과정도 긴 논의가 필요했다. 각 단위들 간의 합의로 추대할 것인지, 아니면 경선 과정을 통해 선출할 것인지를 두고도 상당한 토론이 있었다. 이는 단지 후보를 정하는 절차에 그치지 않고 이번 대선 공동대응의 성격을 규정하는 문제이기도 했기에 더욱 결론을 짓기가 어려웠다. 논의 끝에 경선 선출로 결론을 내렸다. 정의당은 공직선거 후보를 선출하는 권한을 당원들의 주요한 권리로 두고 있기에 이 절차를 위반할 수 없었고, 열악한 조건 속에서 뒤늦게 뛰어든 선거였으므로 경선을 통한 컨벤션 효과도 필요했다. 결국 연대회의 주관으로 선거인단을 모집하는 방식으로 경선을 진행했고, 나와 한상균 전 민주노총 위원장(노정추 공동대표)의 치열한 경선 끝에 후보를 선출할 수 있었다. '민주노동당 대통령 후보 기호5번 권영국'은 그렇게 만들어졌다.

각 단위들이 각자 가진 것을 일정 부분 양보하면서 이 모든 산들을 기어이 넘어 대선을 완주할 수 있었던 것은 적어도 진보정치에 대한 사명감과 문제의식에서는 공유하는 바가 컸기 때문이다. 이번 선거에서 연대연합을 통해 대응하지 않으면 진보정치가 정말로 위기에 빠질지도 모른다는 공통의 문제의식, 진보정치 없는 대선을 치를 수는 없다는 절박감, 이 시대에 진보정치의 목소리가 반드시 필요하다는 사명감 등이 모여 진보세력의 대표로 민주노동당 대선 후보를 세울 수 있었다.

다만 대선은 후보 한 사람을 정하는 선거라서 비교적 수월했다는 점을 간과할 수 없다. 총선과 지방선거 등 앞으로도 이러한 경로가 가능할 것인지에 대해 치열하고도 심도 있는 논의가 필요하다. 분명히 밝힐 수 있는 것은 그 일을 해내는 것이 반드시 필요하다는 점이다. 정의당은, 그리고 진보정치의 다른 동료들은, 연대연합의 정신을 바탕으로 진보정치의 활로를 반드시 찾아낼 것이다. 새로운 시대정신을 담아내는 진보정치의 주체와 슬로건을 만들어내고, 서로의 차이를 인정하면서도 시대정신을 중심으로 연대연합을 꾀할 수 있는 길을 모색해나갈 것이다.

제3부 권영국이 꿈꾸는 세상은

숨 가쁜 1년―당 대표에서 대선 후보까지

:: '오르고 싶지 않은 무대에 오르며'

지금 되돌아보면 참 복잡한 기분이다. 내 인생에서 전혀 생각해 본 적 없는 일들의 연속이었다. 정의당 대표가 된 것도 그러했다. 내가 대표가 된 시점은 정의당이 가장 어려운 시기를 보내던 때였다. 2024년 22대 총선을 앞둔 정의당은 창당 이래 가장 낮은 지지율을 기록하고 있었다. 직전의 20대 대선에서 윤석열이 대통령으로 당선된 것에 정의당의 책임이 있다는 비토 정서가 강하게 일고 있었고, 당은 명확한 비전을 제시하지 못한 채 안개 속을 걷고 있었다.

당이 침체 상태에 머물러 있는데다 민주 진영 일부의 적대감까지 더해진 상황이었기에 비례대표 후보군을 짜는 것부터 난항이었다. 결국 내게 비례대표 후보로 나서달라는 제안이 왔다. 몇 차례 고사했으나 가난하고 소외된 사람들의 편에 섰던 진보정당이 대안 없이 그냥 사라져서는 안 된다는 생각이 들었고, 결국 비례대표 후보 제안을 수락했다. 하지만 총선 결과는 충격적이었다. 창당이래 처음으로 원외로 밀려나게 된 것이다. 당시 총선에 임하기 위해 구성한 '녹색정의당'의 공동대표를 맡고 있던 김준우 대표는 총선을 끝으로 퇴임하기로 되어 있었고, 새로이 지도부를 구성해야 했다. 하지만 대표 선출 1차 입후보 등록기간에 아무도 등록하지 않았다.

대표조차 세울 수 없다면 당을 유지한다는 것 자체가 어려울 수 있다는 위기감에 휩싸였다. 대표로 나서달라는 요구가 안팎으로, 음으로 양으로 밀려들었다. 당 운영 경험이 없는 나로서는 감당하기 어려운 중책이었기에 처음부터 요구를 물리치며 고사했다. 그럼에도 출마 요청은 더욱 늘어나기만 했다. 비례대표 후보로 나서게 해준 당원들에 대한 최소한의 책임감도 있었다. 서서히 마음이 흔들리기 시작했다.

'오르고 싶지 않은 무대에 오르며'라는 글로 2011년 당시 진보신당 대표에 나섰던 홍세화 선생님의 출사표가 떠올랐다. 나는 결국 당 대표 후보 등록을 수락했다. 비례대표로 함께 출마했던 엄정애 전 경산시의원과 문정은 전 부대표가 부대표로 나서주었고, 나순자 전 보건의료노조 위원장은 사무총장을 맡겠다고 약속했다. 이은주 전 국회의원은 정무실장을 맡기로 했다. 그들이 함께 몸을 던지기로 했기에 대표 출마를 결심할 수 있었다.

그렇게 8기 당 대표로 선출된 직후 나는 먼저 정의당의 실패에 대해 시민들과 당원들께 반성하고 사과했다. 우리의 존재를 필요로 하는 "현장 속으로, 민중 속으로, 더 아래로" 내려가 "다시 시작하자"고 역설했다. 오랜 기간 '거리의 변호사'로 불렸지만, 이제는 '거리의 당 대표'가 되어 전국의 투쟁 현장을 찾아다녔다. 쉬는 날이 없을 정도로 고된 일정이었지만, 원외로 밀려난 당원들의 좌절감과 무력감을 달래기에는 여전히 부족하게 느껴졌다. 어떻게 당을 되살려야 할지, 무엇으로 희망을 만들어야 할지 고민하고 또 고민했다. 고민의 해답은 전혀 예상하지 못한, 그리고 결코 원치 않았던 방식으로 주어졌다.

:: 계엄의 그날 밤

2024년 12월 3일 밤, 윤석열이 불법 계엄을 일으켰다.

나로서는 당 대표 임기 6개월을 경과하던 무렵이었다. 누가 상상이나 했을까. 밤 10시가 넘은 시각 휴대폰에서 '비상계엄 선포' 속보가 떴다. 휴대폰으로 본 화면에서는 윤석열이 선포문을 읽고 있었고, '전공의 처단' 같은 황당한 표현들이 귀에 스쳤다. 충격적인 순간이었지만 곧 정신을 가다듬고 곧바로 당 대표단 긴급회의를 줌으로 소집했다. 당원들에게 최대한 신속히 국회의사당 앞으로 집결하라는 지침을 내렸다. 나는 대로로 뛰쳐나가 택시를 잡아타고 국회의사당을 향했다. 곧 당직자들과 당원들이 국회 앞으로 하나둘 모여들기 시작했다. 당원들과 시민들 모두가 국회 앞에서 긴 밤을 지새우며 싸웠다. 내란이었다.

그날 어떤 시민이 내어준 어깨에 목마를 타고 높이 올라 시민들에게 호소했다.

"지금부터 윤석열의 명령에 따르는 자는 쿠데타와 내란죄의 공범입니다. 이제 확실히 탄핵 사유가 만들어졌습니다. 그래서 탄핵을 외치겠습니다. 윤석열을 탄핵하라!"

그날부터 4개월을 오롯이 광장에서 보냈다. 주말마다 열리는 집회에 꼬박꼬박 참여하는 것은 기본이었고, 탄핵 소추와 파면 선고를 앞당기고 헌법재판소의 압도적인 결정을 이끌어내기 위해 당

대표로서 할 수 있는 모든 노력을 다했다. 2024년 12월 3일부터 2025년 4월 4일까지 123일의 시간은 그 자체로 하나의 책이 될 만큼 치열했다. 불법 계엄을 선포한 그날부터 이듬해 봄까지 정의당이 내란에 어떻게 대응했는지는 '정의당 내란정국 대응 타임라인'이라는 제목의 온라인 문서(https://m.site.naver.com/1YYcJ)에 정리되어 있다. 123일 동안 숨 가쁘게 달렸던 시간들과 당시 발표한 성명들을 볼 수 있다. 여의도와 광화문, 남태령과 한남동, 동십자각 천막 농성장, 만장일치 파면을 촉구하기 위해 정당연설회를 벌인 서울 시내 곳곳…. 마침내 윤석열의 파면이 선고된 날 안국역의 눈물과 환희도 생생하게 기억한다.

그리고 숨 쉴 틈도 없이 조기 대선의 시간이 시작되었다.

:: 준비 없이 찾아온 대선

사실 정의당 내에서도 대선 대응을 두고 논쟁이 거셌다. 당의 역량이 크게 줄어든 상황, 윤석열 당선에 따른 후유증, 인지도 있는 후보의 부족, 당 부채 문제, 내란세력 재집권 우려 등으로 출마하지 않는 것이 옳다는 의견들이 적지 않았다.

하지만 나는 평생 생각해 본 적도 없는 대선 출마를 결심하면서까지 대선 대응의 필요성을 강하게 설득하기로 했다. 중도보수를 선언한 민주당이 사회대개혁 요구를 제대로 이행할 수 있을까. 진보정치가 아니면 평등과 평화, 연대와 나눔에 대한 시민들의 열망을 어느 정치세력이 받아 안겠는가. 대선에 후보도 내지 않고 진보정치의 재건이 가능할까. 설득에 설득을 거듭했고, 결국 당원들이 이러한 의지를 이해해주었다.

제3부 권영국이 꿈꾸는 세상은

사회대전환 연대회의 후보 경선 출마 기자회견을 4월 16일 한화그룹 본사 앞에서 가지면서 대선 여정이 시작됐다. 한화오션 하청노동자인 김형수 지회장(거제·통영·고성 조선하청지회)이 2025년 3월 15일부터 고공농성을 벌이고 있었기에 선택한 장소였다. 그러고 보면 대선 전후로 이곳을 참 많이도 찾았다. 4월 4일 윤석열 파면 당일 저녁 이곳에서 열린 투쟁문화제에 참석했고, 5월 1일 대선 출마선언 기자회견 후에도 이곳으로 향했고, 5월 12일 공식 선거운동 첫날 새벽에는 안전모를 쓰고 고공농성장에 올라가 김형수 지회장과 눈을 맞추고 이야기를 나눴다. 선거운동 마지막 날인 6월 2일 저녁에도 이곳에서 유세를 개최했다. 우리가 만들고자 하는 사회가 무엇인지를 이 투쟁에 끈질기게 연대함으로써 상징적으로 보여주고자 했다.

4월 30일 연대회의 대통령 후보로 선출되고, 대선 출마를 선언한 건 바로 다음날인 5월 1일 노동절이었다. 파면 촉구 집회의 주무대였던 광화문을 출마 선언 장소로 택했다. 광화문 광장에는 아침부터 비가 세차게 내리고 있었다.

"우리가 지켜야 할 시민들의 삶이 있습니다. 우리가 마주하고 싶은 변화된 세상을 향한 꿈이 있습니다. 진보가 지켜내야 할 그 존재들이 있기에 저 권영국, 수많은 동지들과 함께 다시 한 번 용기를 내겠습니다."

빗물이 얼굴을 타고 흘렀고, 안경이 빗물에 젖었다. 절실함과 간절함도 빗물을 타고 밀려왔다. 함께 비를 맞던 동지들이 내 뒤에서 이름을 연호했다. 선언을 마치고 자리로 돌아오자 이상현 녹색당 대표가 어깨에 고인 빗물을 털어주었다. 고 김용균 노동자의 동료이자 나와 김용균 투쟁을 함께해 온 이태성 동지는 선대본부가 준비한 피켓이 아니라 "내가 김용균이다"라고 적힌 피켓을 들고 서 있었다. 나중에 알게 된 사실이지만, 중대재해처벌법 시행을 한 달 앞둔 2021년 12월 고 김용균 3주기에 썼던 피켓이었다.

우리는 선거운동 기간 동안 주요 후보들이 잘 찾지 않는 소외된 곳, 가난하고 힘겨운 삶의 현장, 그리고 자신의 권리를 찾기 위해 싸우는 노동자, 민중들의 투쟁 현장을 찾겠다고 다짐했다. 이 글에서 그들을 다시 한 번 기억한다.

- 정리해고 철회와 해고자 복직을 요구하며 고공농성 중인 고진수 세종호텔지부장(고진수 지부장은 2026년 1월 14일, 336일간의 농성을 마무리하며 지상으로 내려왔다).
- 고용승계를 요구하며 여성노동자 최장기 고공농성 기록을 세운 박정혜 한국옵티칼하이테크지회 수석부지회장.
- 1953년 근로기준법 제정 이후 72년이 지난 지금까지도 법 적용을 받지 못하고 있는 영세 봉제공장과 그 노동자들.
- 경기 침체로 폐업을 고민하는 식당 주인들.
- 쌀값 폭락으로 울상이 된 농민들.
- 남북 확성기 소음으로 일상을 잃어버린 접경지역 주민들.
- 중국산 제품으로 대규모 실업 위기에 놓인 여수 화학석유단지 노동자들.
- 화재로 인해 라인 가동이 중단된 광주 금호타이어 공장과 그 노동자들.
- 기후위기로 폐쇄가 예정된 태안화력발전소와 노동자들.
- 이동권을 보장하라라며 출근길 지하철 탑승 투쟁을 벌이고 있는 전장연과 장애인들.

제3부 권영국이 꿈꾸는 세상은

- 적극적으로 저항하지 못했다는 자책으로 손목을 그어 자결을 시도하고 비동의강간죄 제정을 염원했던 성폭행 피해자.
- 성정체성을 드러내지 못하고 차별금지법 제정을 기다리는 성소수자들.
- 차별과 폭언에 시달리며 비인간적인 조건에서 일하고 있는 공단의 이주노동자들.
- 십 수 년을 일하고도 프리랜서 계약으로 인해 하루아침에 쫓겨난 방송작가.
- 다단계 하청구조로 위험을 안고 노동하는 조선소 하청노동자들, 그리고 그들의 공장.

이들이 우리의 유세 대상이었고, 그곳들이 우리의 유세 장소였다. 선거운동을 하면서 우리 사회의 아프고 소외된 삶의 모습을 있는 그대로 보고 싶었다. 진보는 차디찬 이성의 영역이 아니다. 진보는 공감이다. 그 아픔들이 내게 전이되어 울컥울컥 눈물을 삼켜야 했던 적이 한두 번이 아니었다. 그리고 대선 TV토론 날이 다가왔다.

:: '무명'에서 진보의 대표자로

대선 TV토론회는 매우 중요한 기회였다. 토론회 전까지 나는 무명이었다. 여론조사 대상들에 끼지 못하는 경우도 흔했고, 언론에서도 거의 주목하지 않았다. 어디에 유세를 가더라도 알아보는 사람들이 드물었다. 그나마 거리를 편하게 다닐 수 있어서 좋았다고 할까? 그러나 첫 TV 토론회에 출연한 직후 상황이 완전히 바뀌었음을 바로 느꼈다. 알아보는 시민들이 많아졌다. 아니, 급격히 증가했다고 말하는 것이 맞겠다. 대중교통 정류장, 역 대합실, 공항, 시장 통을 지날 때면 인사를 청하고 함께 사진을 찍어달라고 부탁하는 사람들이 늘어났다. 나중에는 그런 분들이 몰려들어 줄까지 설 정도였다.

1차 토론회에서 내가 한 모두 발언은 나의 출마 이유와 선거운동의 의미를 요약하는 상징적인 문장이 되었다. "저는 오늘 이 자리에 혼자 오지 않았습니다. 차별과 불평등에 맞서 싸워온 수많은 이들의 목소리를 안고 이 자리에 섰습니다. 노동, 농민, 자영업자, 여성, 성소수자, 장애인 그리고 이주민들, 이들의 삶이 더 이상 밀려나서는 안 됩니다. 저는 오늘 이 자리에서 분명히 말씀드립니다. 불평등한 세상, 갈아엎어야 합니다." 지금까지의 정치에서는 아무도 호명하지 않던 사람들의 이름과 사연, 그리고 진보정치의 존재 이유와 가치가 전파를 타고 시민들에게 배송된 순간이었다.

광장과 대선을 거치며 정의당과 진보정치는 '다시 시작할' 기회를 얻었다. 전국 곳곳에서 '거리의 권영국'을 자처하며 선거운동에 나선 노랑·초록·빨강색 선거운동원들은 나날이 달라지는 시민들 반응에 즐겁게 선거운동을 이어갔고, 당원들은 총선 패배의 좌절과 무력감을 거의 떨쳐낼 수 있었다. 다만 이것은 '기회'일 뿐 '성공'이 아니라는 사실을 분명히 해두어야 한다. 다시 얻은 기회를 '성공'으로 바꾸는 것이 앞으로의 과제다.

제3부 권영국이 꿈꾸는 세상은

진보정치, 대중성과 선명성 사이에서

당장 2026년 6월 지방선거가 다가오는 시점에 이 글을 쓴다. 이번 지방선거는 여러 중요한 의미가 있다. 진보정당의 출발점은 처음부터 지방선거였다. '무상급식'과 같이 주민들의 피부에 와 닿는 정책을 만들어 정책 역량을 인정받고 지역에 밀착된 활동으로 증명해 보인 것이 진보정당이 성장해 온 길이었다. 2024년 총선에서 원외로 밀려난 정의당으로서는 2026년 지방선거가 다시 우리의 필요성을 증명할 계기가 될 것이다. 또 지난 대선에서 우리의 전환점이기도 했던 대선 TV토론회 참가 자격을 다시 얻기 위해서도 이번 선거 득표율은 매우 중요하다.

바라건대 이번 지방선거가 자유주의(민주당) 대 보수주의(국민의힘)라는 기존의 정치 구도를 진보 대 보수(민주당)의 구도로 바꾸는 거대한 분기점이 되었으면 한다. 이를 위해 대선에서 함께 일구어낸 작지만 소중한 연대의 성과를 대중적 정책과 현장 기획으로 이어가야 하고, 진보정치가 지역을 기반으로 다시 대중성을 확보해 나갈 수 있어야 한다. 이른바 '90퍼센트'로 표현되는 우리 사회의 다수 구성원이 자신의 목소리를 낼 수 있도록 우리 정치 현실을 바꿔나가는 것이 진보정치의 책임이자 과제이다. 나는, 그리

고 정의당은 그 토대를 다지는 선거로 이번 지방선거를 대비하고
있다.

:: 어떻게 대중의 마음을 얻을 것인가?

진보정치에는 오랜 고민과 풀지 못한 기획이 한 가지 있다. 대
중성과 선명성이라는, 언뜻 상반된 지향으로 보이는 문제에 관한
것이다. 불평등이라는 구조적 문제를 선명하게 드러내면서도 대
중의 지지를 충분히 끌어낼 수 있는 정책을 어떻게 만들고 알려야
할까? 지금 시민들이 겪고 있는 불안정한 삶의 문제와 그 해결 방
법을 어떻게 직관적으로 설득할까?

미국 뉴욕시장으로 당선된 조란 맘다니의 사례를 참고하고 싶
다. 조란 맘다니가 제시한 구호는 '당신이 감당할 수 있는 뉴욕'(Af-
fordable New York)이었다. 추상적이고 거창한 정책이 아니라 임대
료 동결, 무상버스, 무상육아와 같이 대단히 구체적이고 직관적인
정책을 제시해 호응을 얻었다. 대중성과 선명성을 모두 갖춘 정책
들이 여론조사 끄트머리에 간신히 잡히던 후보를 유력 후보로 성
장시키고 마침내 뉴욕시장으로 만들었다.

돌아보면 '무상정책 시리즈'는 사실 옛 민주노동당 시절부터 진
보정당의 무기였다. 무상급식, 무상교육, 무상의료와 같이 당시로
서는 굉장히 파격적인 정책으로 한국 사회를 뒤흔들었던 기억이
진하게 남아 있다. 처음 이 정책들이 제기되었을 때 한국 사회는
"그게 말이 되나"라는 반응이 주류였지만, 옛 민주노동당은 효과
적인 정치운동으로 그것들을 한국 사회에 안착시켰다. 아직 완전
히 안착되지 못한 무상의료 정책도 건강보험 보장성 강화, 재난적

의료비 지원, 본인부담 상한제 등의 형태로 일부 그 취지가 실현되고 있다.

이런 정신을 이어받아 정의당은 지난 대선에서 무상돌봄, 무상간병, 무상교통 정책을 제시했다. 또 주거정책의 일환으로 세입자의 무제한 계약갱신권 보장, 전세보증금 국가관리제 등을 주창했다. 노동자로 인정받지 못하고 있는 노무제공자들의 노동자성을 인정하여 최소한 4대 보험과 최저임금, 퇴직금을 적용받을 수 있도록 하겠다는 정책도 있었다. 조란 맘다니만큼이나, 어찌 보면 그보다도 더욱 급진적인 정책들일 수 있다.

그러나 우리가 얻은 대선 득표율은 단순히 좋은 정책을 대중 앞에 던진다고 해서 선명한 설득력을 얻는 것은 아니라는 점을 절실히 깨닫게 했다. 조란 맘다니와 권영국 사이에 다른 점은 무엇인지, 우리의 선명한 정책들이 어떻게 대중을 향해 설득력을 갖출 수 있을지, 지방선거를 준비해 나가는 과정에서 더욱 깊이 있게 고민할 필요가 있다.

:: 선거제도부터 바꾸어야 합니다

정책이 진보정치의 '소프트웨어'라면 정치구도는 '하드웨어'라고 할 수 있다. 정의당은 하드웨어를 강화하기 위해 '새로운 대중적 진보정당 창당'이라는 기획을 추진하고 있다. 21대 대선에서 시도했던 연대연합을 통한 진보 진영의 정치세력화를 재창당의 새로운 내용과 방식으로 이어나가자는 것이다. 거대 양당이 정권을 주고받고 군소정당은 위성정당으로 명맥을 유지하는 이 지리멸렬한 구도를 깨고, 우리 사회의 차별과 불평등이라는 근본적 문제에 정면으로 도전하는 정치세력이 대안세력이자 대중정당으로서 무게감 있게 등장해야 할 시점이 됐다고 판단한다.

이 문제와 관련해서 양당제 구도를 깨기 위한 정치개혁은 대단히 중요한 문제이다. 정치구도의 개혁은 또한 내란세력의 재기를 막기 위해서도 필수불가결하다. 상대가 패배하면 내가 승리하는 승자독식형 선거제도 속에서 영남 지역에 단단한 기반을 둔 국민의힘은 결코 쉽게 소멸하지 않을 것이다. 박근혜 파면 이후 벌써 망했어야 할 보수 정당이 재기에 성공한 것은 문재인 정부의 개혁 실패에 따른 반사이익을 거대 야당이 독차지할 수 있게 고착화된 승자독식 선거제도 때문이었다.

소수자와 소수정당의 목소리가 충실하게 반영될 수 있도록 하는 결선투표제의 도입부터 시작해야 한다. 그리고 위성정당으로 오염된 준-연동형 비례대표제를 넘어서, 다양성을 확대하고 소수자와 노동자를 위한 정치를 꽃피울 수 있는 완전 비례대표제의 도입으로까지 나아가야 한다. 시민의 생활, 시민의 삶터에서 자율적인 정치가 시작될 수 있도록 지역정당 활성화를 위한 정당법 개정도 필요하다. 이는 단지 진보정당의 성장을 위해서만이 아니라, 제2의 윤석열을 막고 내란세력을 역사적으로 완전히 퇴장시키기 위해서라도 반드시 필요한 일이다.

지금까지 정치개혁의 필요성은 수도 없이 제기되어 왔다. 그때마다 번번이 실패하거나 절반의 성과에 그쳤던 것은 민주당 또한 기존 구조의 수혜자이기 때문이다. 거대 양당이 기득권을 틀어쥐고 정치개혁을 가로막는 한 제2의 윤석열, 제3의 윤석열은 언제든지 다시 탄생할 수 있다. 이 카르텔에 균열을 내려면 진보정당이 견제할 힘을 갖추는 것이 대단히 중요하다.

제3부 권영국이 꿈꾸는 세상은

:: '새로운 대중적 진보정당'을 위하여

진보 정치세력 모두의 의제이면서 지방선거와도 맞닿아 있는 중요한 문제들에 대응하는 기획은 새로운 진보정당 창당의 원동력이 될 수 있다. 대표적으로 법의 보호를 받지 못하는 무권리 노동자, 즉 특수고용·플랫폼·프리랜서·5인 미만 사업장·자영업 노동자들의 권리를 확대하는 의제가 그러하고, 용인 반도체 클러스터와 같이 수도권의 AI·반도체 산업을 위해 지방을 전기 식민지화하는 정책에 맞서는 의제도 그러하다. 특히 후자의 경우 지역 소멸과 기후생태 문제, 자원 분배의 문제가 겹쳐 있어 그 의미가 크다. 석탄화력발전소 폐쇄에 따른 정의로운 에너지 전환 운동, 동성혼 법제화·차별금지법·가족구성권 보장 등 사회권 보장 의제도 중요한 축을 이룰 것이다.

무권리 노동자의 권리 보장은 대선 당시 우리의 제1호 공약이었다. 그만큼 창당에 함께할 주체들에게 설득력이 높은 의제이다. 근로기준법으로 보호받지 못하는 노동자들의 권리를 보장할 가장 합리적인 방법은 근로기준법을 확대 개정하는 것이다. 그러나 무권리 노동자의 권리를 지키겠다는 취지로 이재명 정부에서 발표한 '일하는 사람의 권리 기본법'은 근로기준법상 노동자의 정의는 그대로 유지한 채 근로감독 등 분쟁 해결 과정에서 노동자성을 확인한다는 내용으로 이루어져 있다. 결국 무권리 노동자를 별도의 영역으로 떼어서 법제화하겠다는 것이다. 이 정도의 구상이 민주당이 끝내 넘지 못하는 한계선임을 재차 확인하게 된다.

용인 반도체 클러스터 조성과 대규모 전기 송전탑 건설에 맞서는 운동 또한 진보정당의 필요성과 차별점을 분명하게 드러내는 중요한 의제다. 경제 성장이 필요하다는 것을 부정하기는 쉽지 않지만, 그것을 위해 누군가의 희생을 강요하는 것은 더 이상 용인되어서는 안 된다. 새로운 진보정당은 성장이 누군가의 독점이 아니라 '골고루 행복한 사회'를 위해 필요하다고 믿는다. 수도권과 재벌 기업에 자원을 몰아줘 AI·반도체 산업이 발전하면 지역과 노동자들에게도 혜택이 돌아올 것이라는 '낙수효과'는 이미 철 지난 개념이다. 이 문제로 인해 지역에서는 송전탑에 반대하는 대책위원회가 꾸려지고 있다. 우리는 이들과 연대하며 새로운 공동전선을 만들어가고자 한다.

성별 임금격차 해소와 비동의 강간죄 제정, '페미니즘 있는 민주주의', 그리고 차별금지법 제정과 동성혼 법제화 등 사회권 보장 의제 또한 진보정당의 존재 이유를 명확하게 보여주는 것들이다. 이 역시 이재명 정부가 결코 넘지 않는 한계선이다. 진보정당은 현재 기성정치에 만족할 수 없는 여성, 성소수자들과 함께 손잡고 이 경계를 거침없이 넘어설 것이다.

새로운 대중적 진보정당을 창당하는 기획은 이제 막 발을 뗀 수준이다. 작은 정치세력들 간의 연대연합이라고 해서 마냥 순조롭게 진행될 수 있는 과제가 아니다. 각자의 영역에서 원칙을 지켜온 정치세력들의 논의인 만큼, 서로 조율하고 풀어야 할 무거운 쟁점들이 적지 않다. 예컨대 직전 총선을 녹색정의당에 합류하는 방식으로 치른 녹색당은 당의 등록 취소 문제가 걸려 있다. 정당법에 따라 최근 4년간 총선이나 지방선거에 후보를 내지 않은 정당은 등록이 취소되기 때문이다. 또 지난 대선에서 정의당으로 성과가 귀속되는 문제를 피하기 위해 당명을 변경하긴 했으나, 결과적으로 정의당은 후보 인지도가 상승하고 정치후원금이 몰리는 등 정

제3부　권영국이 꿈꾸는 세상은

치적 성과를 거둔 반면, 노동당과 녹색당은 그렇지 못했다는 점에서 더욱 진정성 있는 열린 입장과 공동의 실천 과정이 필요할 것이다. 이러한 난관에도 불구하고 충분한 논의와 실천 전략을 고민하면서 창당 작업의 윤곽을 시민들과 지지자들께 공개할 수 있도록 노력할 것이다.

:: 시민들이 열어준 길, 시민들과 함께

지금까지 나와 정의당이 씨름해온 고민들을 책의 형태로 여러분과 공유할 수 있다는 점만으로도 희망을 가진다. 정의당은 22대 총선에서 원외로 밀려난 이후 깊은 절망감에 빠져 있었다. 어떻게 재기의 발판을 마련해야 할지, 어디서 활로를 열어야 할지 막막한 시간이 이어졌다. 내가 평생 해온 대로 지역으로, 현장으로, 더 아래로 내려가는 활동에 몰두하며 정의당의 체질을 바꾸는 데 주력할 뿐이었다. 그때 윤석열이 불법계엄을 선포했고, 사회대개혁의 광장이 활짝 열렸으며, 조기 대선이 시작되어 TV토론회 등을 통해 우리의 존재감과 당위를 드러낼 수 있었다.

감사하게도 수많은 유권자들이 투표, 후원금, 그리고 숫자로 포착되지 않는 유무형의 호응과 연대로 진보정치의 필요성을, 우리의 진심을 받아들여 주었다. 0.98퍼센트… 기대에 못 미친 득표율이었지만, 원외 정당과 후보의 낮은 인지도, 내란세력 청산이라는 엄중한 구도 속에서 치른 선거임을 감안하면 기적과도 같은 득표율이라고 생각한다. 내란세력의 재집권을 걱정하면서도 대선 내내 여론조사 지지율 1퍼센트를 넘지 못한 후보에게 기꺼이 표를 던진 분들의 마음을 헤아려 본다. 지지율 1퍼센트에 불과한 후보가 아니고는 누구에게도 기댈 수 없었던, 배제되고 밀려난 그 아픈 마음들을.

　대선 당일 출구조사 결과가 나온 직후부터 다음날 후원 계좌가 닫힐 때까지, 하룻밤 사이에 약 4만 명으로부터 후원금 13억 원이 쏟아졌다. 그 자체가 하나의 사건이었다. 영수증을 신청하며 남겨주신 한 마디 한 마디가 가슴에 깊이 남았다. 미안하다는 말이 참 많았다. 뽑고 싶었지만 그러지 못한 마음을 담았다는 말들이었다. 완주해줘서 고맙다는 말들도 정말 많았다. 차별받는 사람들의 편에 서주어서, 약자들의 목소리를 대변해주어서 숨통이 트였다는 말들이었다. "권영국이 후보로 나섰기에 외롭지 않았다", "보이지 않는 내가 보였다"는 말씀들, 차별금지법과 비동의 강간죄를 공약해줘서 고마웠다는 여성·성소수자들의 말씀들을 모두 가슴에 담는다.

　어떤 분은 후원금을 내기 위해 고사리를 캐다 팔았다. 어떤 분은 직접 그린 그림을 팔아 후원금을 냈다. 한 달 강의료를 모두 후원한 분도 있었다. 첫 월급을 후원금으로 낸 청년 여성, 한 달 월급의 60퍼센트를 후원한 청년 남성, 수입 없는 대학원생이지만 나를 응원하기 위해 후원금을 낸 학생…. 득표율과 후원금만큼이나 이 간절한 마음들이 내게는 너무나 소중하다. 다시 한 번 진심으로 감사드린다.

　고민을 담은 여러 통의 손 편지도 받았고 기죽지 말라는 응원도 있었다, 심지어 5퍼센트 득표를 기원하며 기도하는 마음을 담아 장시간 붓글씨로 불교 경전을 필사해 보내준 지지자도 있었다. 0.98퍼센트 득표율에 좌절감을 느끼지 않았다면 거짓말이지만, 이 모든 마음과 정성을 떠올리며 희망을 찾는다. 진보정치를 필요로 하는 사람들이 존재하는 한 우리는 포기하지 않는다. 다시 마음을 다잡고, 가난하고 아픈 사람들 편에 서서 차별과 불평등에 맞서는 정치를 만들어가야 한다고 다짐한다.

:: 혼자서는 할 수 없는 일입니다

대선 과정에서만이 아니었다. 대선 이후에도 분에 넘치는 사랑과 지지가 이어졌다. 그 덕분에 큰 자신감을 얻어 이 책에 담은 고민들을 조심스럽지만 당당하게 펼쳐나갈 수 있게 됐다. 오랫동안 시도조차 해볼 수 없었던 새로운 진보정당 창당이라는 기획을 준비해나갈 수 있게 된 것은 묵묵히 이 당에 남아 버텨주신 당원들과 우리를 응원하고 지지해 준 시민들과 지지자들 덕분이다.

여러분께서 어떤 이야기를 기대하고 이 책을 펼쳐 들었을지 궁금하다. 이 책에 실린 인터뷰와 이 글이 충분한 정보를 제공했을지도 확신하기 어렵다. 다만 이 책을 마무리하면서 꼭 전하고 싶었던 이야기를 하고 싶다.

지난 대선에서 '권영국'이라는 인물에 매력을 느끼신 분이라면 아마도 지금 우리의 현실이 부당하고 부조리하다고 느끼고 있는 분이라 짐작한다. 그 현실은 누가 만들었을까. 자본가와 권력자들이 가장 큰 지분을 차지하겠지만, 우리 같은 소시민들도 그러한 현실을 만든 데 정말로 아무런 책임이 없을까. 우리에게 지금의 이 세상에 대한 일정한 책임이 있다면, 이 세상을 바꿔나갈 책임 또한 주어져 있을 것이다.

결국 정치를 바꿔야 한다. 그것은 권영국이 홀로 할 수 있는 일은 아니다. 정의당도, 새로운 진보정당도 단독으로 해낼 수 없다.

어디선가 백마 탄 왕자가 나타나 해줄 수 있는 일도 아니다. 이 세상에 문제가 있다고 믿는 우리가 함께 고민하고 노력하고 실천해야 비로소 이룰 수 있는 일이다. 새로운 세상을 만들고 싶은 여러분 각자가 그 새로운 세상의 내용을 함께 만들어 주기를 바란다. 그렇게 해주시겠다면, 새롭게 창당될 진보정당이 기꺼이 여러분을 모아내는 플랫폼이 되겠다.

나 역시 새로운 세상을 꿈꾸는 일원으로서 내 자리에서 할 수 있는 노력을 다하면서 여러분을 만나겠다. 벌써부터 다음 지방선거와 재보궐 선거, 그리고 나아가 차기 대선에서 나의 역할을 묻는 질문들이 많다. 대선에서 여러분이 제게 준 영향력으로 후견의 역할을 할지, 아니면 또다시 선수로 앞에 나설지는 고민과 결단, 그리고 조직의 결정이 필요한 부분이다. 하지만 조기 대선이라는 어려운 선거에 출마했듯, 시민들과 조직이 역할을 요구한다면 함께 고민하며 헤쳐 나갈 것이다. 차별과 불평등을 갈아엎고 함께 사는 세상을 만들어 가는 진보정치의 길에 언제라도 함께 서 있고자 한다.

제3부 권영국이 꿈꾸는 세상은